나다운
페미니즘

나다운
페미니즘

HERE WE ARE: FEMINISM FOR THE REAL WORLD

코트니 서머스, 애슐리 호프 페레스,
정세랑, 이랑 등 44인 지음
켈리 젠슨 엮음 | 박다솜 옮김

창비

이제 막 여정에 오른 사람들을 위해,
그리고 앞으로 그 여정을 이어 나갈 사람들을 위해

함께해요!
페미니즘 파티

『나다운 페미니즘』은 페미니스트로 살아간다는 것의 의미를 소개하는 안내서이자 여러분의 인생을 바꿀 파티의 초대장입니다. 세상에서 가장 신나고 뜻깊은 파티에 온 여러분을 환영합니다!

여러분은 이 파티에서 페미니즘을 구성하는 다양한 경험과 생각, 믿음을 직접 겪게 될 거예요.

페미니스트들은 겉모습도 출신 배경도 각양각색입니다. 이들을 하나로 묶는 것은 젠더, 계급, 교육, 인종, 성, 장애와 관계없이 모든 사람은 평등한 대우를 받을 자격이 있다는 믿음이에요. 페미니즘은 사람들의 차이를 포용하고, 우리 사회를 좀 더 나은 곳으로 만들고자 하는 운동입니다. 잠깐, 한 가지 명심할 것. 페미니즘이라는 파티에서는 자신의 말을 하는 것만큼이나 타인의 말을 듣는 게 중요하답니다.

이 책을 읽고 여러분이 눈을 뜨기를, 영감과 용기를 얻게 되기를 바랍니다. 전보다 더 삐딱하게 생각하고, 사려 깊게 행동할 수 있기를요.

자, 이제 페미니즘 파티를 시작해 봅시다!

일러두기

1. 원서에는 민디 캘링(Mindy Kaling)과 록산 게이(Roxane Gay)의 에세이가 있으나, 이 두 작가의 글은 저작권 문제로 한국어판에는 번역 수록하지 않았다.
2. 이 책에 실린 정세랑의 글, 이랑의 글과 만화는 원저작권사와 협의를 거쳐 한국어판에만 추가로 수록한 것이다.
3. 본문의 주는 모두 옮긴이의 것이다.
4. 본문에 언급된 책 중 한국어판으로 출간된 책은 한국어판 제목을 썼다.

1부

여정의 시작

HERE WE ARE

페미니즘으로 가는 길은 사람마다 다릅니다.

누구를 만나고 무엇을 접하느냐에 따라,

어떤 경험을 하고 어떤 관점을 받아들이느냐에 따라

길이 계속해서 변하기 때문이죠.

여기에는 옳은 길도, 틀린 길도, 막다른 골목도 없습니다.

여러분은 이미 스스로를 페미니스트로 부르나요?

아니면 아직은 다른 사람들이 어떻게 페미니스트가 되었는지 궁금해하는 정도인가요?

어느 쪽이든 상관없습니다.

지금부터 소개하는 여러 사람의 경험과 관점을 발판 삼아

페미니즘을 향한 여정의 첫걸음을 떼어 봅시다.

영원한 페미니스트

멀린다 로

청소년소설 『애시』 『사냥하는 여자Huntress』 『적응Adaptation』 『유산 Inheritance』의 작가. 윌리엄C. 모리스 청소년문학 신인상, 안드레 노튼 상, 미서픽 판타지 상, 람다 문학상 후보에 올랐다. 현재 파트너와 함께 미국 매사추세츠주에 살고 있으며 웹 사이트는 malindalo.com이다.

고등학교를 졸업하고 15년이 지난 어느 날, 고등학교 동창의 아파트에 놀러 갔다가 졸업 앨범을 발견했다. 친구가 앨범을 훌훌 넘기더니 맨 마지막 페이지를 펼쳤다. 친구들이 졸업 전 마지막 한마디를 적어 놓은 그 페이지에는 내가 친구에게 남긴 메시지도 적혀 있었다. 잊고 있었는데 15년 전 나는 작별 인사 끝에 이렇게 서명했다. "영원한 페미니스트."

그걸 보자마자 나는 어색함을 숨기려 웃음을 터뜨렸다. 단숨에 미숙했던 그 시절로 돌아간 기분이 들어서였다. 어렸을 적 나는 아시아인 특유의 단정한 단발머리에 안경을 쓴, 분위기 파악을 잘 못하는 학생이었다. 어떻게든 내가 살던 작은 도시를 벗어나고 싶어 안달하면서도, 남들 앞에선 무리 없이 적응한 척을 했다. 내가 더이상 그 어린 여학생이 아니라는 사실에 문득 안심이 됐다. '영원한 페미니스트'라는 눈앞의 글귀가 마치 다른 세상에서 온 편지처럼 느껴졌다. 시간은 너무나 많은 것을 지워 버린다. 저 작별 인사를 나는 무슨 뜻으로 썼을까? 왜 썼을까? 그때 나는 정말로 어떤 사람이었던가?

성년을 앞둔 우리는 친구의 졸업 앨범에 "그대로 있어 줘!"라든가 "변하지 말기!" 같은 부탁의 말을 적었다. 그건 청소년기를 벗어나 성인이 된다는 피할 수 없는 변화에 대한 헛된 저항이었다. 내가 작별 인사에서 '영원한'이라는 단어를 쓴 것도 그런 저항의 하나였을 테다. 나만은 변하지 않을 거라고 선언하고 싶었던 거다. 그러나 나는 새봄에 얼었던 물이 녹아 산기슭을 타고 쏟아지는 것처럼 변화가 다가오는 걸 느끼고 있었다. 이미 저 멀리서 희미하게 굉음이 들려왔으니까.

그렇지만 '페미니스트'라는 건 또 무슨 뜻이었을까? 과거에서 온 메시지를 이해하기 위해 나는 내 기억 속에 겹겹이 쌓인 경험들을 파헤치는 발굴 작업을 시작했다. 내가 어른이 되면서 뒤에 남겨 둔 소녀를 알기 위해. 그녀는 누구였던가? 나는 아직도 그녀인가?

내가 생각하는 이상적 '페미니스트'는 나의 할머니 루스 언쇼로다. 미국 국적의 백인 여성인 할머니는 시카고대학교에 다니던 중 중국인 대학원생을 만나 사랑에 빠졌다. 두 사람이 만난 1930년 대는 아직 인종 간 결혼이 전국적으로 허용되기 전이었다. (미국에서 인종 간 결혼 금지법이 폐지된 건 1967년 러빙 대 버지니아 판결 이후다.) 그래서 1937년, 할머니는 할아버지 존 촨팡 로와 중국 상하이에서 식을 올렸다. 그런데 결혼식 바로 다음 날 일본군이 상하이를 침략했다. 두 사람은 급히 양쯔강까지 피란을 떠났고, 끝내는 미얀마와 국경을 맞댄 윈난성까지 내려가서 제2차 세계 대전 내내 난민으로 지냈다.

나는 우리 가족이 중국에서 어떻게 살았으며 어떤 역경을 겪었는지 들으면서 자랐다. 어렸을 적 할머니가 들려주셨던 활기찬 이야기 속에는 간간이 비극도 있었지만 날카로운 유머와 씩씩한 생존자 정신이 가득했다. 윈난성에서 '난민'으로 살면서 마지막 커피를 배급받던 이야기, 한정된 중국 식재료로 서양 빵과 파이를 굽던 이야기. 한번은 화물 항공사인 플라잉 타이거 소속 미국인 조종사가 근처에 불시착했다가 아시아의 외딴 곳에서 뜬금없이 미국 여성을 마주쳐 깜짝 놀랐다고 한다. 할머니는 미국 화물기를 타고 히말라야산맥을 넘어 인도로 들어간 이야기도 내게 들려주었다. 비행기가 격추당할 때를 대비해 얼굴에는 산소마스크를 쓰고, 등에는 낙하산을 맨 채였다. 그 비행을 시작으로 할머니는 인도에서 오스트레일리아와 남미를 거쳐 로스앤젤레스로 향하는 여러 달에 걸친 여정을 이어 나갔다. 주로 배를 타고 이루어진 여정 중, 할머니는 배 속에 아이가 들어선 걸 알아챘다. 그 아이가 우리 아버지다.

할머니의 인생은 그 뒤에도 산전수전이었다. 할머니와 할아버지는 전쟁으로 쑥대밭이 된 중국의 재건을 돕기 위해 1947년 그리로 돌아갔다. 1949년에 공산주의자들이 나라를 차지한 뒤에도 계속 중국에 머물렀다. 지금 보기엔 바보 같은 선택이지만 당시에는 마오쩌둥이 국민들을 얼마나 탄압할지 아무도 예상하지 못했다. 할머니는 결국 마오쩌둥이 죽고 다시 서양으로 출국이 허가된 1978년까지, 30년을 중국에서 보내야 했다. 내가 여섯 살이 되던 1980년, 할머니는 중국에서의 경험을 담은 회고록 『태풍의 눈에서 *In the Eye of the Typhoon*』를 펴냈다. 나는 자라면서 두 가지만은 확실히 알았다. 할머니는 작가였고, 나는 할머니처럼 되고 싶었다.

할머니는 원하는 것을 좇을 용기가 있는 여자였다. 수차례 격동에 휘말렸지만 그 과정에서 자신을 지켰을 뿐더러, 역경을 겪을 때마다 전보다 더 나은 사람이 되었다. 고난 속에서 지혜를 얻은 덕분이었다. 할머니는 수수께끼 같은 분위기에 신랄한 유머 감각이 있는 사람이었다. 내게도 글을 쓰라고 자주 격려했다. 할머니와 함께 이야기를 지어내며 놀던 것이 내 가장 오래된 기억이다. 나는 자라면서 차츰 내 이야기를 글로 써서 할머니에게 보여 드렸고, 할머니는 내 글을 진지하게 읽어 주셨다. 할머니가 없었더라면 나는 결코 작가가 되지 못했을 것이다.

할머니와 페미니즘 이야기를 한 적도 없고, 할머니가 스스로를 페미니스트로 여겼는지도 알 수 없지만, 내 머릿속에서 할머니는 뼛속까지 페미니스트였다. 내게 여러 페미니스트 영웅들을 소개해 준 것도 할머니였다. 작가 루이자 메이 올콧과 그녀가 만들어 낸 『작은 아씨들』 속 인물들, 작가 매들린 렝글과 그녀의 아름다운 소설들, 시인 에드나 세인트 빈센트 밀레이까지.

나이가 들면서 나는 소설과 시의 세계로 피난을 떠나기 시작했다. 현실 세계에서 나는 항상 이방인이었다. 내가 살던 작은 도시에 아시아계 미국인 학생은 나를 포함해 넷뿐이었다. 나머지 셋의 이름과 얼굴은 아직도 생생히 기억난다. 나는 '보통 애들'과 확연히 달랐다. 할머니의 이야기를 통해 우리 가족의 배경에 대해 자부심을 가졌지만, 한편으로는 다른 미국 아이들처럼 받아들여지기를, 평범하게 여겨지기를 갈망했다. 내가 가장 사랑한 여주인공들은 아시아인이 아니었다. 그렇지만 내가 그들과 다르다고 해서 편견을 갖지는 않았다. 그들의 세계에서 나는 정상이었다. 『빨간 머리 앤』을 읽고 할머니에게 그렇게 말하자 이런 대답이 돌아왔다. "그래, 네가 바로 앤이란다."

많은 소녀가 『작은 아씨들』에서 가장 좋아하는 인물로 생기발랄한 말괄량이 조 마치를 꼽는다. 나도 소설을 펼치자마자 모험심 가득한 조에게 홀딱 반했다. 나는 말괄량이와는 거리가 멀었지만 조처럼 작가가 되고 싶었고, 조가 겪는 곤경에 공감했다. 성공한 작가가 되겠다는 조의 꿈에 어찌나 몰입했던지 조가 꿈을 접고 베어 교수와 결혼해서 학교를 열기로 결정했을 때는 배신감마저 느꼈다. 그러는 사이 나는 가장 인기 없는 인물, 에이미를 차츰 달리 보게 되었다. 어렸을 때부터 예술가를 꿈꿔 온 에이미는 조와 달리 그 꿈을 이룬다. 많은 독자가 에이미를 이기적이고 버릇없는 아이로 여기지만 내게 에이미는 자기가 무엇을 원하는지 알고 그것을 좇을 용기를 지닌 사람으로 보였다. 나는 앤 셜리였지만, 에이미 마치이기도 했다. 고집 세고, 쉽게 발끈하고, 절대 사과하지 않는 에이미 마치.

나는 매들린 렝글의 소설 중 오스틴 가족 시리즈(내가 가장 좋아하는 『끝없는 빛의 고리*A Ring of Endless Light*』가 속한 시리즈다.)에 나오는 비키 오스틴에게도 깊이 감정 이입했다. 작가의 다른 소설인 머리 가족 시리즈와 달리 오스틴 가족 시리즈는 얌전하고 거의 이상적일 만큼 정상적인 사람들의 이야기였다. 나는 너무나 미국적이라 어디서도 튀지 않는 오스틴 가족을 동경했고, 우리 가족도 그랬으면 했다. 수학밖에 모르는 괴짜 메그 머리와 날리 비키는 나처럼 시를 쓰는 독서광이었다. 비키는 조용하고 다정하고 똑똑했지만, 갑갑할 만큼 매사에 올바르고 착하기만 한 아이는 아니었다. 남자애한테 반해 있을 때는 분별력이 흐트러져서 잘못된 선택을 하기도 했다. 비키는 불완전했고 인간적이었고 현실적이었다. 나는 비키 오스틴이기도 했다.

열다섯 살 때 할머니가 내게 에드나 세인트 빈센트 밀레이의 시 선집을 건네주었다. 거기 실린 시 한 편을 읽고 내 안에서 불이 반짝 켜졌다. "나의 초는 양쪽 끝에서 타오르네. 오늘 밤을 나지 못하겠지만 오 나의 적들이여, 오 나의 친구들이여. 그 빛이 얼마나 사랑스러운지!" 이런 즐거운 선언에는 어떤 십 대라도 공감할 수 있으리라. 밀레이는 열정적이었고, 자신의 열정에 정확을 기했다. 밀레이의 언어는 산뜻하고 아름다웠으며 십 대였던 나로서는 알 수 없었던 어른들의 세상을 엿보게 해 주었다. 밀레이가 페미니스트이자 커밍아웃한 양성애자 여성으로, 여러 틀을 깬 사람이라는 사실을 알게 된 건 그로부터 몇 년 후의 일이었다. 하지만 밀레이의 전성기였던 1920년대에 미국에서 청춘을 보낸 할머니는 분명히 잘 알고 있었을 것이다. 나는 할머니가 내게 밀레이의 시를 알려 준 것이 대담하게 내 생각을 말하고 열정을 따르라는 메시지였다고 믿는다.

내 우상인 여성 작가들 가운데 대놓고 페미니즘을 이야기한 사람은 아무도 없었다. 적어도 당시 내가 알기로는 그랬다. 그렇지만 앤 셜리와 에이미 마치, 비키 오스틴과 에드나 밀레이에게서 나는 이상적인 페미니스트를 보았다. 스스로 동기를 찾아내는, 이기적이지 않은 사람. 인간적이며 완벽하지 않은 사람. 대담하고 모험

정신이 넘치는 사람. 꼭 우리 할머니처럼 말이다.

고등학교 시절 나는 잔뜩 흔들어 둔 탄산음료 캔 같았다. 금방이라도 폭발할 태세였다. 나는 평범해지길 갈망하면서도 영영 그 꿈을 이루지 못할 거라고 믿었다. 페미니즘이 얼마나 복잡한지 몰랐고, 페미니즘의 의미를 둘러싸고 어떤 학술적, 정치적 논쟁이 벌어지는지도 몰랐다. 하지만 나는 본능적으로 페미니즘을 알았다. 나는 페미니스트였다. 나는 소설과 시와 우리 할머니를 보고 스스로 정의한 페미니즘을 믿었다.

열일곱의 내게 페미니스트는 삶에 충실한 사람, 어떤 일이 닥치든 견디고 극복하는 사람이었다. 행동하는 사람, 꿈을 좇아 결국에는 이루어 내는 사람이었다. 깊이 사랑하고 그 사랑으로 인해 변할 수 있는 사람이었다. 복잡하고 때로는 모순적이면서도 재치 있고 대단히 진실한 사람이었다. 내 마음속에서 페미니스트는 가능성을 전부 이루어 낸 여자였다.

지금의 나는 열일곱 살의 나와 다르지만, 내 안에는 아직도 그 소녀가 남아 있다. 나이가 들고 콜로라도의 시골 마을을 벗어나게 되면서 대학과 도시에서 나와 비슷한 사람들을 만났다. 매년 고향에 돌아갈 때, 내가 아시아계 미국인이라는 정체성을 전보다 한결 쉽게 받아들이고 있다는 걸 깨닫는다. 하지만 내가 아시아계 미국인이라서 남들과 다르다는 사실은 바뀌지 않았다. 나는 남자가 아니라 여자와 결혼했지만, 내가 픽션과 현실 속 남자아이들에게서 느꼈던 끌림은 진짜였다. 나는 여전히 할머니에게서 영감을 얻고, 매일 할머니를 그리워한다.

지금 '페미니스트'라는 개념은 많은 도전과 반발을 받고 있다. 그러나 여성과 남성을 서로 반대쪽에 두는 공고한 젠더 이분법에 문제를 제기하는 페미니즘은 여성뿐 아니라 남성을 위한 것이기도 하다. 페미니즘은 힘을 인식하고 그 힘을 인종, 계급, 장애, 젠더와 무관하게 모든 사람에게 똑같이 나누어 주기 위해 싸운다. 페미니즘은 멈추어 있지 않다. 한 번도 멈춘 적이 없다. 도리어 끝없는 변화를 요구한다.

고등학교 졸업 앨범에 적은 '영원한 페미니스트'라는 서명은 페미니즘이란 변화에 몸을 던지겠다는 결심이었다. 세상을 더욱 평등한 곳으로 만들기 위해 '영원히' 애쓰겠다는 결심. '영원한 페미니스트'는 나 자신을 위한 목표이기도 했다. 나의 모든 가능성을 이루기 위해 끊임없이 노력하겠다는 목표. 그렇다면 지금도 나는 '영원한 페미니스트'다.

'페미니즘'이 대체 뭘까?
탄생부터 지금까지
페미니즘의 짤막한 역사

수재나 와이스

『워싱턴 포스트』,『코스모폴리탄』,『엘르』,『세븐틴』 등 여러 매체에 글을 싣는 작가다. 젠더 및 성 연구, 현대 문화와 미디어, 인지 과학 등 세 분야에서 학위를 받았다. 이를 바탕으로 쓰레기 같은 텔레비전 프로그램을 낱낱이 분석하고 토론을 벌인다. 웹 사이트 suzannahweiss.com과 트위터 @suzannahweiss를 통해 그녀를 만날 수 있다.

요즘 사람들은 '페미니스트'라는 이름표가 붙는 걸 탐탁지 않아한다. '페미니즘'이 무엇인지 누가 페미니즘을 정의하는지에 관한 토론도 피하려고만 한다. 나는 그런 세태를 안타까워하다가, '페미니즘'이라는 단어의 역사를 파헤쳐 보기로 했다. 페미니즘이 어떻게 시작되어 어떻게 발전해 나갔는지 널리 알리고자 한다. 여러분은 내 이야기를 들으며 깜짝 놀라고, 웃음을 터뜨리고, 어쩌면 살짝 우울해질지도 모르겠다. 자, 지금부터 '페미니즘'이라는 단어의 짤막하고 단편적인 역사를 들려주겠다.

1세대 페미니즘, 1부: 19세기

『신세계 백과사전 *New World Encyclopedia*』에 따르면, '페미니즘'의 탄생은 오늘날까지도 페미니즘과 관련이 깊다고 여겨지는 두 가지에 뿌리를 두고 있다. 프랑스, 그리고 사회주의다. '페미니즘(féminisme)'이라는 단어를 만든 프랑스 사회주의자 샤를 푸리에는 자신이 상상한 미래 유토피아의 해방된 여성들을 이 단어로 묘사했다. 영어 번역어인 '페미니즘(feminism)'이 처음 등장한 문서는 1852년 발간된 미국 서부의 경제 잡지 『드보의 남서부 주 리뷰』 13호였다.

개혁파 부인들은 아직 자신들의 운동에 '주의(ism)'라는 이름을 붙이진 않았지만, 그럼에도 불구하고 남성 동료들에 견주어 손색없게 활동하고 있다. (……) 우리는 페미니스트 개혁가들 가운데 가장 온건한 축으로 알려진 E. O. 스미스 부인을 중심으로 취재했다. 강경파에 속하는 인사는 꽤 많은 수가 이러저러한 여성 집회 보고서를 통해 이미 대중에 공개되었기 때문이다.

1세대 페미니즘, 2부: 20세기 초

『옥스퍼드 영어사전』에 '페미니스트'라는 단어가 처음 등재된 것은 1800년대 후반이다. 그러나 버키 터코라는 기자가 조사한 바에 따르면, 1914년에도 이 단어의 사용을 둘러싼 혼란은 여전했다.

가령 노스캐롤라이나 지역 신문 『롭스니언』에 실린 글에서 오늘날까지 이어지는 오해를 엿볼 수 있다. "독자에게서 질문을 받았다. '페미니즘이 뭐요?' 짐작건대 이 단어는 나약하지는 않되 여성스러운 여인들을 일컫는 신조어다. 또한 이는 여성의 권리를 상징하는 용어다." 대체 이게 무슨 소리인가.

　같은 해 여성 참정권 운동가 캐리 채프먼 캐트가 『뉴욕 타임스』에 페미니즘에 대한 한결 발전된 설명을 실었다.

　　페미니즘이 무엇인가? 페미니즘이란 여성이 인간으로서의 자유를 누리지 못하도록 막는 모든 인공적인 법과 관습의 장벽에 맞서는 전 세계적 봉기다. 신은 여성을 남성 가족들의 노예나 하인, 피보호자, 장난감이 아니라 동등한 동료이자 동지로 설계했다. 여성으로 태어난 사람은 이 사실을 본능적으로 안다. 페미니즘은 그 본능으로부터 탄생했다.

　지금으로부터 한 세기 전인 1915년, 『워싱턴 헤럴드』는 여러 사람에게 페미니즘이 무엇인지 물었다. 대부분의 답변이 너무 학술적이었지만, 이렇게 명료한 정의도 나왔다. "페미니즘은 모든 성이 사회적, 법적, 정치적으로 평등해야 한다는 신조다." 이 정의는 지금과 별반 다르지 않다!

　1917년 펜실베이니아 지역 신문 『리딩 이글』에 실린 영국의 배우 겸 여성 참정권론자 베아트리스 포브스로버트슨 헤일은 페미니즘을 아주 색다르게 설명했다. "이 운동의 핵심 원칙 세 가지는 다음과 같다. 가장 높은 수준의 일부일처제를 발전시키는 것, 단일한 도덕적 기준을 세우는 것, 부모가 자녀를 위해 정신을 맑게 하는 것." 그저 일반적인 도덕론 아닌가 싶지만, 어쨌든 이 내용은 브루클린 윤리문화학회에서 주최한 강연 '페미니즘은 무엇인가?'에서 발표되었다.

같은 해 『시드니 모닝 헤럴드』에 실린 영국 작가 W. L. 조지의 책 『여성의 지성 The Intelligence of Women』에 대한 어느 서평은 놀라울 만큼 현대 젠더 정치학을 연상시키는 문장을 인용했다. "중요한 건 남성이냐 여성이냐가 아니라, 다수의 성이냐 소수의 성이냐다." 조지의 주장을 전달하기보다 그녀의 문체를 비판하는 데 더 많은 지면을 할애한 이 서평에 따르면, 조지는 여성 참정권론자보다 페미니스트가 더 급진적이라고 믿었다. 그 이유는 여성 참정권론자가 여성의 동등한 권리를 주장하는 데 그치는 반면 페미니스트는 한 발짝 나아가 여성으로서 혹은 남성으로서 산다는 것이 무엇인지에 의문을 제기하기 때문이었다.

2세대 페미니즘: 1950년대~1990년대

1세대 페미니즘의 최대 쟁점은 여성 참정권이었다. 역사 교과서에는 (엄밀히 말하면 1960년대 직전부터 1980년대 직후까지인)

2세대 페미니즘이 성과 생식권*에 초점을 맞췄다고 기록되어 있지만, 사실은 젠더 자체를 전면에 내세웠다. 2세대 페미니즘의 시작으로 여겨지는 것은 1949년 프랑스에서 (그리고 1953년 미국에서) 시몬 드 보부아르의 『제2의 성』이 출간된 사건이다. 실존주의에 근거한 이 책은 '페미니즘을 만든 텍스트'로 평가받는다. 여러분도 이 책에 실린 유명한 문장을 들어 보았을 것이다. "여자는 태어나는 것이 아니라 만들어지는 것이다." 지금도 소름이 돋게 만드는 한마디다. 보부아르는 처음에는 젠더 불평등의 해법이 경제 개혁에 있다고 믿고 일부러 여성 운동과 거리를 두었지만, 1972년에 알리체 슈바르처와의 인터뷰에서 자신이 실은 페미니스트라고 밝혔다.

이 시기에 눈여겨볼 만한 페미니즘의 정의가 몇 개 등장했다. 그중 하나가 작가 마리 시어의 풍자다. "페미니즘은 여자도 사람이라는 급진적인 관념이다." 미국 시인 에이드리엔 리치는 열변을 토했다. "페미니즘은 우리가 마침내 아버지들에게 복종하기를 그만두고, 그들이 기술한 세계가 세계 전체가 아니라는 것을 깨닫는다는 뜻이다. (……) 페미니즘은 남성들이 만든 왜곡된 이데올로기가 우리를 부당하세 대우 한다는 것을 깨닫고, 그 깨달음을 동력 삼아 계속 생각하고 행동해야 한다는 뜻을 담고 있다."

● 생식권 임신, 출산, 피임 등을 스스로 선택할 수 있는 권리.

3세대 페미니즘: 1990년대와 그 이후

시계를 빨리 돌려 보자. 1990년대에 등장한 3세대 페미니즘은 젠더를 비롯해 분류의 해체를 중심 논제로 내세웠다. (몇몇 학자들은 이미 4세대 페미니즘이 시작되고 있다고 말하지만) 지금 우리가 경험하고 있는 3세대 페미니즘은 젠더 이분법을 무너뜨리고 LGBT 공동체 및 페미니즘 내부의 다양한 관점들을 포용하는 데 집중한다. 1990년대 이후 페미니즘은 뜨거운 감자가 되어 1995년에는 출판물에서 '페미니즘'이라는 단어의 사용 빈도가 역대 최고를 기록했다.

페미니즘이 대중에 널리 알려지자 그만큼 반발도 뒤따랐다. 2014년, 일부 여성들은 자신에게 왜 페미니즘이 필요 없는지 적은 푯말을 들고 찍은 사진을 인터넷에 올렸다. 그들은 게시물에 #WomenAgainstFeminism(페미니즘에 반대하는 여성들)이라는 해시태그를 달았다. 최근엔 많은 유명인이 페미니즘을 "너무 강하다."라거나 "사람을 소외시킨다."라고 평했다. 반면 페미니즘에 대한 지지를 표명한 유명인들도 상당수 있었다.

2014년에 시사 주간지 『타임』은 2015년에 금지되어야 할 단어를 묻는 독자 설문 조사의 보기에 '페미니스트'를 넣었다. 마일리 사이러스에서 테일러 스위프트까지 수많은 연예인이 유행처럼 페미니스트 선언을 하면서 페미니즘 운동의 본질을 훼손했다는 주장이었다. 이 설문 조사가 '페미니스트'가 기피해야 할 단어라는 관념을 강화했다는 항의가 빗발치자 『타임』은 사과했다.

그러나 '페미니즘'이라는 단어가 가진 힘을 빼앗으려는 움직임은 계속 이어지고 있다. 구글 검색창에 '페미니즘은'을 치면 제일 먼저 '모두를 위한 것이다'가 나오지만, 그다음에는 바로 '헛소리다' '암이다' '나쁘다'가 뒤따른다.

트위터에서는 #WomenAgainstFeminism 해시태그가 순조롭게 업데이트되고 있다. 페미니즘이 오히려 젠더 평등을 막는다고 주장하는 여성들이 여전히 있는 것이다.

오늘날 페미니즘의 정의와 그 가치는 한 세기 전과 마찬가지로 격렬한 논란의 대상이다. 페미니즘이 주류에 받아들여지기까지 얼마나 오래 싸움을 이어 나가야 할지는 알 수 없다. 단어 '페미니즘'과 페미니즘 운동, 둘 다 승리하는 미래가 오기를 희망할 따름이다.

(이 글은 2015년 12월 bustle.com에 처음 실렸다.)

페미니즘
FAQ

Q 남자도 페미니스트가 될 수 있을까?

어떤 젠더 정체성을 택했든 (혹은 택하지 않았든) 상관없다. 누구나 페미니스트가 될 수 있다. 페미니스트가 되기 위해 필요한 건 모두가 공평한 기회를 누릴 자격이 있다는 믿음뿐이다.

Q 교차성 페미니즘이란?

1989년 킴벌리 크렌쇼가 만든 용어 '교차성 페미니즘'은 모든 형태의 억압은 서로 교차하기 마련이므로 그 교차점에서 페미니즘이 논의되어야 한다는 의미다. 예컨대 흑인 여성은 사회에서 여성으로서 한 번, 흑인으로서 또 한 번 어려움을 겪는다. 성별에 따른 문제와 인종에 따른 문제가 교차하는 것이다. 흑인 여성이 겪는 어려움은 백인 여성이 겪는 것과 비슷하지만, 흑인으로서의 어려움이 더해져 한층 심화된다.

이 책에 실린 에세이들은 장애와 페미니즘, 인종과 페미니즘, 젠더와 페미니즘 등 다양한 교차성에 주목한다. 그럼으로써 모든 개인의 삶이 여러 층위의 복잡성으로 이루어진다는 사실을 마음에 새기고자 한다.

특권

맷 네이선슨

샌프란시스코를 기반으로 활동하는 싱어송라이터. 오늘날 음악계에서 가장 칭찬받고, 활동적인 연주가라는 평을 받는다. 「어떤 미친 희망Some Mad Hope」「마지막 위대한 사기꾼Last of the Great Pretenders」「너의 이빨을 보여 줘Show Me Your Fangs」 등의 앨범을 발표했다.

나는 백인 이성애자 남성이다. 내 목소리는 지배하는 사람의 목소리다.

미국은 나처럼 특권 있는 사람들의 목소리를 중심으로 세워진 나라다. 그런 내가 게이, 퀴어, 트랜스젠더의 권리에 대해, 흑인의 생명이 중요하다는 사실에 대해 목소리를 내는 것은…… 중요하지 않다. 설령 내가 억압받는 쪽을 편들고 있더라도, 내 목소리가 남들에게 들리는 건 오히려 해로울 수 있다.

다들 나 같은 사람의 목소리는 지겹도록 들었을 테니 말이다. 내가 해야 할 일은 실제로 억압받는 사람들이 목소리를 낼 수 있도록 자리를 비켜 주는 것이다. 입을 다무는 게 내가 가장 쓸모 있어지는 길이다. 내 특권을 거두어 다른 사람들의 목소리가 들릴 공간을 내주는 게 내가 가장 도움이 되는 길이다.

내가 살면서 무언가를 배웠다면, 그건 다른 사람들의 목소리에 귀를 기울인 덕분이었다. 내가 성장했다면, 그건 다른 사람들의 이야기를 경험한 덕분이었다.

의식을 깨우고, 입을 다물고, 남의 말에 귀 기울이는 것이 내가 할 수 있는 최선이다.

그래서 페미니즘에 관한 에세이를 한 편 써 달라는 부탁을 받았을 때 나는 어안이 벙벙했다. 나는 페미니즘에 대해 말할 자격이 없는데 왜 내게 그런 부탁을 한 걸까? 페미니즘이라니? 나는 페미니즘이 정확히 무슨 뜻인지도 모른다. 사전적 정의야 알지만, 내가 스스로 뼛속 깊이 그 의미를 느껴 본 적은 한 번도 없으니까.

나는 남성이라서, 직장에 다닐 경우 나와 동등한 조건의 여성보다 임금을 더 많이 받을 것이다. 밤에 혼자 길거리를 걷거나 택시를 탈 때 강간당할지 모른다는 공포를 느끼지 않는다. 길거리에서 성희롱을 당하지도, 시선을 피한다는 이유로 '쌍년'이라고 불리지도 않는다. '아름다워져야' 한다고 나를 세뇌함으로써 수백만 달러를 그러모으는 산업도 없다. 나이 든 남성 법조인들이 내 몸으로 뭘 할 수 있고, 뭘 해서는 안 되는지 일일이 정해 주지도 않는다.

그러니까 페미니즘은 내 문제가 아니다. 그렇지 않나?

나는 페미니즘에 눈을 떴지만 완벽한 페미니스트와는 거리가 멀다. '눈을 뜨기 전' 몸에 밴 성차별적 습관을 아직 다 버리지 못했다. 아무리 경각심을 가지고 뿌리 뽑으려 노력해도 툭하면 오랜 버릇들이 다시 기어 나온다. 예를 들어 록 밴드 유투(U2)의 남성 보컬 보노는 좋아하는 가수라고 부르면서 그룹 하트(Heart)의 여성 보컬 앤 윌슨은 좋아하는 여가수라고 부른다. 아내가 일을 하느냐는 질문을 받으면 아내는 육아를 하는 전업주부이며 그것이 내가 하는 일만큼이나 어엿한 직업이라고 설명하는 대신, 반사적으로 "아니요."라는 대답이 튀어나온다. 내겐 그 밖에도 나쁜 습관이 여럿 있다.

이기적인 마음을 솔직히 털어놓자면, 나와 의견이 다른 사람들의 말을 듣는 게 싫다. '페미니즘'은 수류탄 같은 주제라서 페미니즘에 대한 글을 한 편이라도 쓰면 페미니즘을 두려워하는 사람들에게서 메시지 폭탄을 맞는다. 그들의 무식한 의견을 듣고 있다 보면 우울해진다. 나는 멀뚱히 제자리에 서서 진보와 변화와 평등에 대고 악다구니를 해 대는 사람들의 말을 듣고 싶지 않다.

나는 마흔두 살이다. 이제는 부정적인 에너지를 멀리하고, 그저 내 삶에나 충실하고 싶다. 도무지 배우려 들지 않는 사람들을 가르치는 건 내 일이 아니라고 타협을 본 거다. 그렇지만 어쩌면…… 그것마저도 내가 가진 흉측한 특권이다. 페미니즘의 당사자가 아니라서 그 문제를 비껴갈 수 있는 것, 뒷짐 지고 바라보기만 할 수 있는 것.

하지만 정말로 보고만 있는 게 답일까? 내가 진짜로 백인 이성애자 남성이라는 특권을 누리며 사는 데 아무 불만이 없는가? 아니, 그렇지 않다.

내게는 다섯 살짜리 딸이 있다. 그 애는 경이롭다. 재미있는 박자 감각을 타고났으며, 몸은 강하고, 생각은 톡톡 튀고, 세상을 놀라운 방식으로 받아들인다. 한계에 구애받지 않고 스스로를 표현한다. 항상 발가벗고 다니면서도 자기 몸에 결코 의문을 품지 않는다. 그 애는 자기 몸을 사랑한다. 다른 몸을 지닌 아이들이나 텔레비전 속 여배우, 포토샵으로 깎아 낸 잡지 속 몸매와 자신을 비교하지 않는다.

딸은 우주 비행사가 되고 싶다고 했다가 바로 다음 순간 가수가 되겠다고, 수의사가 되겠다고, 또 미국 대통령이 되겠다고 말한다. 엄마가 되고 싶다고도 말한다. 그 애는 아직 "안 돼."라는 대답을 받아들이지 않는다. 하지만 나는 안다. 딸아이는 한 걸음씩 세상에 들어가고 있다. 활짝 열린 지금의 마음은 사춘기가 되고 어른이 되면서 서서히 닫힐 테고, 세상은 그 애에게 하고 싶은 걸 다 할 수는 없다고 알려 줄 것이다.

내 딸은 여자이기 때문이다. 모두에게 열려 있어야 하는 문이 자꾸 그 애 면전에서 닫힐 것이다. 그 문을 열기 위해 내 딸은 남자보다 열 배는 더 노력해야 할 것이다.

텔레비전을 볼 때면 우리가 은연중에 받게 되는 남성 친화적 메시지가 얼마나 많은지 느낀다.

여자는 남자를 돕는 역할이다.

여자는 액세서리다.

여자는 누가 구해 줄 때까지 마냥 기다린다.

여자는 마법사가 아니라 그 남자 마법사의 조수다.

여자는 남자가 있어야만 완성된다.

내 딸은 세상으로 나아가며 이런 메시지들에 부닥칠 테고, 우리 부부가 언제까지나 딸이 올바른 길로 갈 수 있도록 곁에서 도울 수 있는 건 아니다. 내 딸은 자신의 성에 어떻게 대처할까? 다른 사람의 성에는 또 어떻게 대처할까? 세상은 지뢰밭 같다. 내 딸을 경로에서 이탈시킬 온갖 걸림돌이 즐비하다. 내 딸은 또래보다 키가 크고 체구도 크다. 딸을 안심시키기 위해 네 몸이 아름답다고 재차 말해 줘야 할 때가 오겠지? 성기와 가슴과 몸이 전부 너의 것이라고 몇 번이나 되새겨 주어야 할까? 네 몸으로 실수를 하든, 남과 어울리든, 네가 선택한 사람과 아름다운 경험을 하든 전부 네 뜻이라는 걸 얼마나 자주 알려 주어야 할까?

더 나쁜 건, 세상 사람들은 내 딸이 스스로를 사랑한다고, 스스로를 사랑하기 때문에 어떤 선택들을 했다고 흉을 보려 들 것이다.

청교도 문화에서 자란 우리는 여성이 자기 몸을 사랑하고, 속속들이 알고, 즐거운 성 경험을 하지 못하도록 억압하고 있다. 참 우습지 않은가? 내 딸은 사람으로서 자연스럽게 겪는 모든 것에 대해 스스로를 변호해야 할 것이다. 매일같이 쏟아지는 수많은 잡음을 거르고 다른 사람들과의 충돌을 요리조리 피해 가면서, 세상이 제시하는 왜곡된 성차별적 이미지에 스스로를 맞추지 않기 위해 애를 써야 할 것이다.

내 딸의 앞길에는 내가 겪지 않은 걸림돌이 놓여 있다. 물론 그 애에게도 남들에게는 없는 특권이 있을 테고, 그걸 무시하는 건 아니다. 하지만 내 딸이 지금부터 참가하려는 경기는 승패가 정해져 있다. 내 딸은 승부가 조작된 경기를 뛰며 남자들 틈바구니에서 자기 공간을 확보하느라 많은 노력을 쏟아야 할 것이다. 단지 그들과 어깨를 나란히 하고, 동등한 위치에 서기 위해서. 그 애를 돕는 건 부모로서 내 의무다.

그러나 페미니즘은, 특히 교차성 페미니즘은 그게 다가 아니다. 내가 오로지 딸을 위해 페미니스트가 되겠다고 말한다면 그 역시 문제일 테다.

깨어 있는 남자로서 나는 페미니즘이 내게도 이득이 된다는 걸 인정해야 한다. 페미니즘은 모든 젠더 고정 관념을 해체하고자 한다. '여성'이 된다는 것의 의미를 다시 정의하면서 '남성'이 된다는 것의 의미도 다시 정의한다. 남자들이 마음껏 감정을 표현하고, 사회가 정해 놓은 좁은 '남성성'의 틀에 스스로를 욱여넣지 않아도 되고, 본연의 고유한 모습 그대로 살 수 있다고? 그게 페미니즘이라면, 나도 페미니스트가 되겠다.

나는 자유롭고 차별 없는 세상에서 살고 싶다. 모두가 편안한 세상에서. 아무도 그늘에 숨지 않아도 되는 세상에서. 아무도 조롱받지 않는 세상에서.

혹시 내가 이상주의자냐고? 물론 그렇다. 이상주의자가 아니라면 지금 여기에 만족한다는 뜻이니까.

우리는 진화해야 한다. 남성이든 여성이든 혹은 젠더 이분법에서 벗어나고자 하는 사람이든, 누구도 억압받거나 수치심을 느껴선 안 된다. 지금의 체계를, 억압의 공포를 해체하는 건 하나의 혁명이다. 그 혁명의 핵심에 언제나 페미니즘이 있어 왔다.

페미니즘이 불러올 변화는 우리 모두를 위한 것이다.

내 삶에는 이제 페미니즘을 위한 공간이 있다. 나는 페미니즘을 믿는다. 페미니즘의 이슈들에 촉각을 곤두세우고, 큰 소리로 외칠 것이다. 여러분과 함께.

내 딸을 위해.

나 자신을 위해.

내가 사는 세상을 위해.

그리고 내가 원하는 세상을 위해.

같이 부르고 싶은 페미니즘 노래들

코디 케플링어

자신을 있는 그대로 받아들이고 사랑하는 것, 여자들의 우정, 가부장제에 대한 저항 등을 주제로 한 페미니즘 노래들을 모아 플레이 리스트를 만들어 보았다. 친한 친구들과 함께 신나게 불러 보자. 여러분을 위한 믹스 테이프라고 생각해 주길.

크리스티나 아길레라&릴 킴 Christina Aguilera & Lil' Kim / Can't Hold Us Down

더 도나스 the Donnas / Dancing with Myself

비욘세 Beyoncé / Flawless

케이시 머스그레이브스 Kacey Musgraves / Follow Your Arrow

아이코나 팝 Icona Pop / Girlfriend

헤일리 스타인펠드 Hailee Steinfeld / Love Myself

슈퍼칙 Superchick / One Girl Revolution

테건&세라 Tegan & Sara / Proud

비키니 킬 Bikini Kill / Rebel Girl

리틀 믹스 Little Mix / Salute

뮤지컬 「해밀턴」 삽입곡 the Hamilton Broadway Cast / The Schuyler Sisters

메리 램버트 Mary Lambert / Secrets

인디아.아리 India.Arie / Video

우리가 석고 인형으로
태어났더라도

정세랑

소설가. 『이만큼 가까이』 『보건교사 안은영』
『피프티 피플』 등 여섯 권의 장편소설을 썼다.

이제 나는 여자아이가 아니지만, 여자아이로 태어나 자랐던 경험만은 내 안에서 끝없이 반복 재생되고 있다. 여자아이들은 희고 무른 석고 인형으로 태어나 세상을 마주한다. 매순간 자신에게 흠집을 내려고 하고, 깨부수려고 하는 외부 환경에 대항해야 한다는 점에서 말이다. 어떤 날에는 완전히 부서져 영원히 온전한 스스로가 될 수 없을 것처럼 느껴지기도 할 것이다. 그러나 우리는 석고 인형의 상태에서 벗어나, 그 다음을 향해야 한다. 우리에게 그런 여정이 필요하다는 것이 한없이 슬프고, 한없이 벅찰지라도 참혹하고 추악한 세계에 단호히 맞서야 한다. 여자아이들이 여자아이들을 구하고, 여자들이 여자들을 구할 것이다. 다른 누구도 우리를 구할 수 없다. 나는 이 에세이에서 내가 어떻게 갑옷을 얻게 되었는지 개인적인 경험들을 털어놓고자 한다.

기억도 가물가물한 나이에 가장 자주 들었던 말은, "너는 왜 아들이 아니니?"였다. 80년대 중반생들에게는 흔한 경험일 것이다. 조금 더 노골적인 표현도 뒤따랐다. "고추는 엄마 배 속에다 두고 왔니?" 나는 장남의 장녀였고 친할아버지와 친할머니는 나의 존재를 아쉬운 것, 사랑스럽긴 해도 부족한 것으로 규정했다. 그저 그 시대의 말들을 되풀이했을 뿐이겠지만, 흔한 말들이야말로 어린아이들을 해칠 힘을 가지고 있다. 십여 년 후 남동생이 태어나서야 드디어 그런 말들을 듣지 않을 수 있었다. 최근 몇 년 사이에 친할아버지와 친할머니가 돌아가셨는데, 그다지 많이 울 수는 없었다. 차별이 우리 사이에 놓여 있을 때 사랑은 불가능했다. 그리고 그 불가능한 사랑에 죄책감을 가질 필요는 없다는 걸 어렵게 깨달았는데, 그 깨달음이 나의 첫 번째 단단한 비늘이 되었다.

그에 반해 외할아버지는 단 한 번도 차별의 말을 입에 담은 적이 없는 분이셨다. 만약 외가까지 비슷한 분위기였다면 유년을 보내기가 더욱 힘들었을 것이다. 자연스럽게 외할아버지를 사랑했고 훨씬 가까이 생각했는데, 어째서 외할아버지에게 바깥 외(外)자가 붙는지 여전히 받아들일 수 없다. 그래서 마음속에서라도 부계 조부모, 모계 조부모로 부르고 있다. 언젠가 조금 더 입에 잘 붙는 호칭을 찾고 싶기도 하다. 교육자였던 할아버지는 내가 스스로

글을 쓸 거라 생각하지 못했던 때에도 언젠가 쓰게 되리라 미리 알고 계셨다. 어떻게 그러실 수 있었는지 모르겠다. 헨리크 입센과 아쿠타가와 류노스케를 읽으라고 권해 주셨던 할아버지는 내 문학의 시작점이었다. 할아버지가 돌아가셨을 때 3년이 넘게 1리터쯤의 눈물을 흘리며 울었다. 사랑은 눈물의 불균형한 양으로 잴 수 있다. 할아버지 덕에 나는 모던으로, 모던으로 한없이 편향하는 사람이 되었다. 전통적인 가치가 아닌 현대적인 가치로 기울어도 좋다고 생각한다. 그 날카롭게 편향된 마음에 대한 확신이 나의 두 번째 단단한 조각이다.

부모님은 완벽한 일관성을 갖춘 페미니스트는 아니지만 큰 틀에서는 페미니스트였고 그 점이 나에게 무척 긍정적으로 작용했다. 뭐든지 될 수 있을 것이라는 격려와, 교육에 대한 지원을 풍족히 얻을 수 있었던 것은 아무리 생각해도 큰 행운이다. "남자아이 열 명을 데려와도 너와 바꾸지 않을 거야." 엄마는 자주 그렇게 말하곤 했다. 아빠는 나를 여성 CEO로 키우고 싶어 했다. 부모님의 진취성은 어른이 된 지금도 로켓 연료처럼 내 등을 밀어주고 있다.

하지만 세계는 더럽고 흉악하며, 부모의 사랑과 지지만으로는 충분한 방어막을 만들 수 없다. 첫 성추행을 당했던 건 열한 살 때의 일인 것 같다. 친척들과 계곡인지 호수인지로 놀러 갔는데, 친척 중 한 사람이 막 발달하기 시작했던 내 가슴을 세게 꼬집었다. 아직도 왜 내게 그런 행동을 했는지 이해할 수가 없고 20년이 넘게 지났지만 분노를 느낀다. 자주 주문처럼 되뇌곤 하는 말은 이것이다.

"나는 당신의 장례식에 가지 않을 거야. 당신이 죽어도 눈물 한 방울 흘리지 않을 거야."

나이를 생각하면 역시 그 친척이 나보다 먼저 죽을 가능성이 높다. 여자아이들의 머릿속에서는 학대자들의 장례식이 비밀스레 거행되곤 한다. 상상이 실현되려면 우리는 우리를 해친 사람들보다 오래 살아남아야 한다. 화가 나서 스스로를 소홀히 하고 싶을 때, 교통사고를 조심하고 케일 주스를 사 먹어야 한다. 오래 살아남아 우리가 경험한 폭력에 대해 말하는 것보다 나은 복수는 없을 것이다.

열세 살 때는 성추행 담임을, 열다섯 살 때는 성추행 체육 교사를 만났다. 담임은 초등학교 6학년들을 굳이 일대일 상담을 하자고 불러 어깨와 무릎을 만졌다. 체육 교사는 여학생들의 귓불을 시도 때도 없이 만지작거렸다. 학교가 끔찍해 모조리 잊는 쪽을 택했더니 그들의 이름이 기억나지 않는다. 기억해 뒀어야 했는데. 아직도 교단에서 그렇게 행동하고 있을까? 특정 교사의 행동을 떠나, 교문에서 가위로 머리를 잘리고 치마가 찢기고 속옷 검사를 당하던 경험 자체가 공포에 가까웠다. 2011년 학생 인권 조례가 제정되었을 때는 드디어 세상이 나아졌구나 하고 기뻐했는데, 현장에서는 여전히 인권 침해가 심각하다고 외치는 목소리들이 들려 더딘 변화에 가슴을 친다. 학교는 정말로 변해야 한다. 학교와 맞서 싸우거나, 학교를 거부하고 자신만의 길을 걷는 청소년들을 몇 번 만날 기회가 있었다. 그 용기에 박수치고 싶고, 덕분에 성인으로서 무엇을 더 해야 할지 고민하게 되었다. 나는 아직도 학교에 대한 악몽을 꾼다. 사람을 사람답게 대하는 교육 환경이 마련되고, 아무도 학교에 대한 악몽을 꾸지 않는 날들이 오길 간절히 바란다.

선생님들보다 더 큰 상처를 준 건 같은 반의 남자아이들이었다. 중학교 1학년 때 반장이었는데, 수련회를 갔을 때 반장의 역할은 산행 행렬 끝부분에서 이탈자가 없도록 걷는 것이었다. 행렬 끝부분에는 반에서 가장 키가 큰 남자아이들이 걷고 있었고 그들은 제주도의 어두운 숲속에서 나를 위협했다. 행렬과 행렬 사이가 벌어진 탓에 도와줄 사람은 아무도 없었다.

"반장 정말 여자야? 여자가 맞는지 한번 확인해 볼까?"

"너 정말 맛있겠다. 확 먹어 버릴까?"

말로만 하는 위협이었지만 동급생의 행동이었기에 더 큰 충격이었다. 애써 의연한 얼굴로 닥치라고 말했지만 배 속이 울렁였다. 그때의 남자아이들 중 한 명을, 재작년엔가 버스에서 마주쳤다. 눈도 마주치고 싶지 않을 만큼 좋지 않은 분위기의 어른이, 다른 사람들이 슬금슬금 피하는 어른이 되어 있었다. 그는 나를 알아본 것처럼 꺼림칙하게 웃었고, 나는 시선을 외면한 채 버스에서 내렸다. 내가 진 걸까? 심장이 빨리 뛰고 몸이 떨렸지만 어쩐지 진 것은 내

쪽이 아니라는 생각이 들었다. 여전히 그는 나를 위협하거나 해칠 수 있겠지만 더 나은 공동체를 위해 기여할 수 있는 쪽은 그가 아니라 나일 테니까 말이다. 우리의 정신은 그가 결코 나아가지 못할 데까지 나아갈 것이다. 내가 쓰는 이 미약하고 미약한 글들은, 여자아이들이 더 이상 폭력을 경험하지 않는 세계를 만들기 위한 작은 화살표로 작용한다. 그것은 의미 없지 않다. 이 글을 쓰는 것도 작은 화살표를 만드는 행위다. 의미 있다는 걸 아는 것으로 나는 조금 더 단단해진다.

성인 시기는 나았다고 말하고 싶지만 그렇지 않았다. 대학 생활은 분열적인 경험이었다. 스무 살 무렵의 균열로 인생이 산산조각 나지 않은 게 얼마나 다행인지 모른다. 페미니즘 소모임에 들어 페미니즘 공부를 하고 있었음에도, 데이트 폭력과 가스 라이팅●과 스토킹에 심각하게 시달렸다. 그때는 그 모든 폭력에 정확한 이름을 붙일 수 없었고, 정확한 이름이 없는 것과 싸우는 것은 지독히 어려운 일이었다. 남자 친구는 내게 물건을 던졌고, 목을 졸랐고, 다른 인간관계를 하나하나 끊어 냈다. 소설이고 뭐고 쓰기도 전에 죽을 뻔했다. 가학적인 관계에서 벗어나 회복하는 데는 기나긴 시간이 걸렸다. 타임머신이 있다면 돌아가 지금 알고 있는 폭력의 이름들을 전하고 싶다. 명확한 말들이 우리를 구할 것이다. 단어들이

● 가스 라이팅 상대의 심리와 상황을 조작해 상대가 스스로의 판단력을 신뢰하지 못하도록 만들어 자신의 지배력을 강화하는 행위.

우리의 갑피가 될 것이다. 아무도 그것을 막을 수 없다.

취업을 위해 광고 마케팅 회사들에 면접을 보러 다니던 때 역시 절망적이었다. 취업난이 상대적으로 덜 혹독했던 때였는데도, 겨우 서류 심사를 통과해 면접을 보러 가 보면 열 명의 지원자 중에 여덟 명은 남성이었다. 나와 다른 한 명의 여성은 국수의 고명 같은 것, 일종의 구색 맞추기용이었다. 서른 군데쯤 면접을 봤지만 결국 취업에 실패했다. 과를 수석으로 졸업했는데도, 공모전 입상을 여러 번 했는데도, 인턴을 네 군데에서 하고 영어 점수를 갖추었는데도 내 성별을 넘어서지 못했다. 나태하게 대학 생활을 하고 성적이 나빴던 남자 선배들이 대기업과 은행에서 삼사백이 넘는 월급을 받을 때, 나는 백오십만 원을 받으며 출판사에서 사회생활을 시작했다. 결과적으로는 잘 맞는 분야를 찾은 셈인데, 아직도 부당함에는 이가 갈린다. 하지만 불공평한 세계를 그대로 직시해야, 그다음도 가능하다. 노동에 있어 성 평등이 다른 수많은 문제들을 해결할 열쇠인 걸 이제는 알게 되었으니 말이다. 동일한 기회와 동일한 임금을 사회가 보장해 준다면 거기서부터 번져 나갈 수 있는 효과들이 얼마나 많을지 생각해 본다.

2007년의 문학 출판계는 사회 초년생에게 혹독했다. 편집자의 업무는 흥미로웠지만, 술자리의 꽃 취급을 당했던 것은 역겹고도 역겨운 경험이었다. 술자리 접대를 하기 위해 그렇게 열심히 공부한 것은 아니었다. 작가들은 편집자들을 험하게 대했고, 새벽에 전화를 걸어 왔고, 심한 경우 만지기도 했다. 최악의 경험은 모 원로 작가의 문하생들과 함께 있던 자리에서 겪었다. 방송국 피디라는 자가 나를 만지고 내 눈앞에서 돈 부채를 만들어 흔들며 말했던 것이다.

"너, 나랑 내 러시아인 여자 친구랑 따로 한번 만날래?"

몇 년 후, 나는 그자를 소설에서 추하게 그려 복수했지만 그자는 그때의 일을 기억도 못하리라 장담한다. 가해자들은 매번 기억하지 못한다. 그들에게는 일상이기 때문이다. 2016년 문학 출판계 성폭력에 대해 진술이 터져 나왔을 때 나는 증언자들과 함께 설 수밖에 없었다. 우리는 서로의 목격자였다. 입을 틀어막으려는 사람들이 아직도 많지만, 말하기를 멈추지 않을 것이다. 말하는 것으로 우리는 그 끔찍했던 날들이 돌아오는 것을 막아 낼 것이다. 법은 여성의 편이 아니라, 지난 일들에 대한 제대로 된 처벌이 당장 어려울지 몰라도 다음 세대는 우리가 한 경험을 하지 않을 수 있도록 만들 수 있다고 믿는다.

당신이 다음 세대다. 이 책을 읽고 있을 당신이. 이것은 당신에게 보내는 나의 편지다. 나도 당신도 석고 인형으로 태어났다. 우리를 해치려고만 드는 세상에 스스로를 보호할 방도 하나 없이 던져졌다. 폭력이 우리의 인격을 조각했다. 당신이 인권에 대해 생각하는 사람이 된 것은 크든 작든 폭력을 경험했기 때문일 가능성이 높다. 폭력은 우리를 부수기도 하지만 우리의 인격을 더 정교하게 만들기도 한다. 폭력의 손잡이를 쥔 그들보다, 우리가 정교하다. 우리가 미래에 가깝다. 우리가 옳다.

확실하게 말할 수 있는 또 한 가지는, 석고 인형은 석고 인형에서 끝나지 않는다는 것이다. 언제라고 정확히 짚을 순 없어도 석고 인형이 금속 주물을 위한 틀이 되는 때가 온다. 청동이든 황동이든 철이든 더 단단한 금속을 입을 수 있는 때가 온다. 세계를 정확히 바라보고 더 나은 세계를 요구할 수 있는 이는 더 이상 약하지 않다. 어렵게 얻은 발언권을 모두를 위해 쓰기로 결심한 이는 약하지 않다. 지금의 페미니스트들은 빛나는 갑옷을 입고 나아갈 것이다. 나는 역사 전공자이고 SF 작가다. 시간의 단위를 길게 쓰는 직업인으로서 단언하건대, 우리는 승리할 것이다.

먼 승리를 기다리며 견뎌야 할 것들은 여전히 남아 있다. 무엇보다 여성을 대상으로 하는 범죄가 당장 줄어들지는 않을 것임이 괴롭다. 여성들은 3일에 한 명꼴로 살해당하고 있다. 한 여성이 살해당할 때마다 내 안의 어떤 부분이 함께 죽는다. 5년 정도 깊이 고민했는데, 여성들이 끝없이 살해당하는 이 공동체가 끔찍해서 아이를 낳지 않기로 결심했다. 공동체가 나아지거나, 내가 지금보다 훨씬 강해지거나 두 조건 중 하나는 해결되어야 아이를 낳을 수 있을 것 같다. 이 상태로는 다른 사람을 이 세계에 살아 보라고, 함께 살아 보자고 초대할 수가 없다. 나쁜 뉴스를 보면 한없이 무너져 내리는 마음으로는 누군가의 보호자가 될 수 없겠다고 지극히 개인적인 판단을 내린 것이다. 나의 세계관, 내가 처한 환경, 내 건강을 고려하여 다른 누구도 대신해 줄 수 없는 결정을 했다. 그랬더니 어떤 일이 일어났는지 짐작이 가는지? 또다시 공격이 시작되었다. 나를 둘러싼 이들이 나를 두고 가짜 여성이라 부르며, 아이를 낳지 않으면 내가 하는 다른 일들은 모조리 무의미할 거라 속단하고, 모성애를 통하지 않고는 영영 세상의 진리를 얻지 못하리라 외쳐 대고 있다. 한숨이 나온다. 결혼과 결혼에 따라오는 주제들에 대해선 아직 정리할 시간이 필요한데, 언젠가 아주 긴 글을 쓸 수 있을 것 같다.

어쨌든 나는 이제 그 모든 압력이 거짓임을 안다. 한 여성의 몸과 마음은 오로지 그 여성의 것임을, 여성들은 여러 가지 형태로 행복해질 수 있음을 믿는다. 그 믿음이 나의 종교다. 당신도 같은 믿음을 가지고 있다면, 우리는 언젠가 만나게 될 것이다. 우리가 스스로 체화한 정교한 언어가 사슬처럼 연결될 것이다. 서로의 부서지고 금 간 부분이 금빛으로 수선된 것을 보고 웃을 것이다. 지난한 방식으로 마침내 갑옷을 얻은 여성들이 행진할 때에, 그 행렬 속에서 우리는 만날 것이다.

우리는 함께, 희고 무른 상태에서 영원히 벗어날 것이다.

2부

몸과 마음

HERE WE ARE

페미니스트에 대해 알아야 할 사실 하나.

몸매가 어떻든, 피부색이 어떻든 누구나 페미니스트가 될 수 있습니다.

페미니즘은 몸에 걸치는 제복이 아니니까요!

페미니스트는 화장을 하거나, 하지 않아요. 드레스를 입거나, 입지 않죠.

다리 제모를 하거나, 하지 않습니다.

여성의 정체성을 연기하기도, 남성의 정체성을 연기하기도 합니다.

특정 젠더로 정체성을 정하지 않는 페미니스트도 있습니다.

페미니즘은 외모에 대한 개인적 선택과는 관련이 없습니다.

페미니즘은 자신이 어떤 모습으로 보일지,

자신을 어떻게 돌볼 것인지 스스로 선택할 '결정권'을 뜻합니다.

2부에서는 우리의 몸과 마음이 작용하는 방법을 탐구하려 합니다.

몸과 마음을 지니고 산다는 것이 어떤 의미인지 돋보기를 통해 들여다보고,

그것이 페미니즘과 어떤 관련이 있는지 알아봅시다.

넓고 푸른 바다와
크고 묵직한 나의 몸

앤지 만프레디

미국 뉴멕시코주의 청소년회관 사서. 아이들과 책에 큰 열정을
품고 있다. 취미는 영화 보기, 소파에 푹 파묻혀 쉬기, 백인 시
스젠더 이성애자들이 지배하는 가부장제 깨부수기다.

난생처음으로 수영복 하나만 걸치고 푸르게 반짝이는 찬 바닷
물 속으로 걸어 들어간 그 순간을 나는 결코 잊지 못할 것이다.

평범한 기억처럼 들릴지도 모르겠다. 누구나 바닷가에서 만든
추억 하나쯤은 있으니까. 그래, 장담하건대 대부분의 사람들에겐
그럴 거다. 하지만 뚱뚱한 여자인 내게 그건 무모한 도전이었다.
그곳은 멕시코만이었다. 산들바람이 내 목을 보드랍게 감쌌고, 바
닷물이 내 두툼한 허벅지에 대고 찰싹였다. 나는 티셔츠나 긴 가운
으로 몸을 가리지 않고, 수영복 하나만 걸친 몸을 드러내고 서 있
었다.

잠깐, 설명이 필요할 것 같다. '뚱뚱한'이라는 단어가 당신을 괴롭히고 있는가? 그 단어를 쓰는 걸 피해야 한다고, 예의 바르게 돌려 말해야 한다고 배웠는가? 만약 당신도 나처럼 뚱뚱하다면 이 단어를 마주친 순간 마음이 불편해져서 움찔했을지도 모르겠다. 만약 당신이 뚱뚱하지 않다면 팔을 뻗어 내 손을 다독이면서 내가 뚱뚱하지 않다고 달래 주고 싶다는 충동을 억누르고 있을지도 모르겠다. 그건 우리 문화가 끊임없이 전달하는 뚱뚱한 몸에 대한 메시지를 당신이 내면화했기 때문이다. 그러니 당신의 반응은 아주 자연스럽다.

우리 모두 몸매나 몸집에 관계없이 이런 말들을 지겹게 들어 왔다. 뚱뚱한 몸은 열등하다, 혐오스럽다, 역겹다. 뚱뚱한 사람을 주인공으로 한 이야기는 참으로 드물고 패션쇼 런웨이나 잡지 속 모델들은 항상 날씬하다. 우리는 문화적으로 날씬함을 숭배한다. 똑바로 섰을 때 양쪽 허벅지 사이에 틈이 생기는 게 목표라는 말, 많이 들었을 거다. 다이어트 자극용 사진을 휴대 전화에 저장하고 다니는 사람도 많다. 이런 우리 문화에서 뚱뚱한 몸은 농담의 소재이자 끝내주는 우스갯거리다. 그게 내가 스스로에 대해 뚱뚱하다고 말했을 때 당신이 단박에 불편해지는 이유다. 당신은 내게서 그 단어를 지워 주고 싶을 것이다.

하지만 그러지 않았으면 좋겠다.

나는 그 단어를 되찾기 위해 싸워 왔다. 나 자신, 그리고 나 자신의 수치심과 싸웠다. 뚱뚱한 사람에게 맞는 옷을 만들지 않는 사회와 싸웠으며, 내가 소비하는 엔터테인먼트나 내가 참여하는 문화와 싸웠다. 뚱뚱한 사람들의 코빼기도 보여 주지 않는 사회와 싸웠다. 나는 '뚱뚱하다'라는 단어를 당당하게 사용할 권리를 위해 싸웠다. 이 단어를 되찾는 데 도움이 된 게 페미니즘이었다.

나는 **뚱뚱**하다. 내 몸무게를 알려 줄 수 있다. 내 사진을 보여 줄 수도 있고 옷 사이즈를 알려 줄 수도 있다. 내가 지금 이 글을 쓰는 시점과 당신이 읽는 시점 사이에 좀 변했을 수도 있지만, 내가 뚱뚱하다는 사실은 변함없다. 지방은 내 몸의 일부고 뚱뚱하다는 건 나라는 사람을 정의하는 요소다. 좋고 나쁠 것이 없는, 단순한 사실이다.

사람들은 '뚱뚱하다'라는 단어를 피하려고 다른 단어를 쓰곤 한다. 돌려 말하는 법이라면 나도 잘 안다. 몸매에 굴곡이 있다, 통통하다, 복스럽다. 이 단어들은 그 자체로는 나쁘지 않다. 당신이 스스로를 그런 단어들로 표현하기로 선택했다면 그것도 훌륭하다. 하지만 내겐 이런 단어들이 맞지 않다. 내 몸을 표현하는 단어로 적합하게 느껴지지 않는다. 내 몸은 뚱뚱하다. 뚱뚱하다고 해서 내가 상이나 벌을 받는 건 아니다. 나는 단지 사실을 말하는 것뿐이다. 나는 뚱뚱하다.

이만큼 몸에 대해 당당해지려면 수많은 작은 단계들을 밟아야 한다. 그게 얼마나 어려운지 나는 잘 안다. 하지만, 그게 우리가 함께 계속 걸어야 할 길이란 것도 안다. 다 그만두고 싶을 만큼 힘든 날이 온다. 혐오가 넘실대는 말을 듣고 자존감이 산산조각 나기도, 옷이 맞지 않아서 서럽기도, 대놓고 흉보는 소리를 듣고 기분이 상하기도 할 것이다. 하지만 괜찮다. 전부 괜찮다. 당신은 혼자가 아니다. 이 길에 오른 사람은 누구도 혼자가 아니다. 자신의 몸을 받아들이고, 사랑하려고 최선을 다하고 있는 사람들이 바로 옆에 있으니까. 이 길을 걷는 건 쉽지 않지만, 우리는 함께 걸어가고 있다.

힘든 날 도움이 되는 생각이 하나 있다. 내 몸을 미워하고 싶고, 나 자신에게 못된 말을 퍼붓고 싶을 때면 나는 이런 생각을 한다. 누군가 내 친구를 혐오하며 못된 말을 한다면 어떻게 할 것인가? 당연히 친구를 대신해 싸울 것이다. 친구 편을 들어 주고, 친구를 다독일 것이다. 그러니 자신이 싫어지는 날, 자신의 몸이 싫어지는 날이면 바로 당신 자신을 친구로 생각해 보라. 자신을 친절하게 대하고, 자신의 편을 들어 주고 친구가 되어 주어라. 그날이 유독 힘들더라도. 아니, 힘들수록 더 그래야만 한다.

당신도 나처럼 뚱뚱할지 모른다. 뚱뚱한 몸으로 사는 게 두려울지도 모른다. 사람들이 당신에게 부끄러워해야 싸다는 투로 "뚱뚱하다."라고 말했을지도 모른다. 많은 사람이 남의 겉모습에 대해 설명을 요구한다. '너는 왜 그렇게 생겼어?' 하지만 누구에게도 자신의 몸에 대해 설명해야 할 의무는 없다. 머리카락이 갈색이거나 안경을 쓴다고 해서 부끄러울 필요가 없듯이, 몸이 뚱뚱하다고 해서 부끄러울 필요는 없다. 몸에는 옳고 그름이 없다. 몸은 그냥 존재할 뿐이다. 당신은 있는 **그대로** 존재할 권리가 있다. 당신은 있는 그대로 가치 있는 사람이니까.

페미니즘은 내게 내 몸이 남들의 도마에 오를 대상이 아니라는 사실을 일깨워 주었다. 페미니즘은 사람의 존재 가치가 외모에 있지 않다는 사실을 알게 해 주었다. 사람은 가치 있게 태어난 존재다. 외모는 덧없는 것이라, 내일 머리를 삭발하거나 화상을 입더라도 당신은 여전히 당신이다. 페미니즘은 사람에게 가치가 있다고 말한다. 어떤 겉모습을 하고 있든, 얼마나 뚱뚱하든, 당신의 말에는 가치가 있다.

페미니즘을 신체 이미지와 관련 지어 생각하기 시작한 뒤로 나는 분명히 알게 되었다. 내 몸이나 내 뚱뚱함은 남들에게 평가받을 대상이 아니다. '뚱뚱하다'는 건 내가 남들보다 가치 없다는 판결이 아니었다. 페미니즘은 내가 스스로를 혐오하거나 수치스러워하지 않아도 된다고, 나라는 사람을 구성하는 하나의 요소를 굳이 조심스레 돌려 말하지 않아도 된다고 일깨워 주었다.

페미니즘 덕분에 나는 그 아름다운 날, 수영복 차림으로 푸르고 차가운 바닷물에 들어갈 수 있었다. 나는 다른 모든 사람과 같은 걸 누릴 자격이 있었다. 그리고 당신도 당신만의 넓고 푸른 바다를 즐길 자격이 있다. 당신을 위해.

페미니즘은 어떻게 외모를 가꾸고 어떻게 행동해야 하는지에 관한 사회적 기대로부터 여성을 해방시킨다고 배웠다. 하지만 실제로 살아 숨 쉬는 내 몸에 페미니즘을 적용해 보기 전까지는 그게 정말로 무슨 뜻인지 몰랐다. 내 몸으로 페미니즘을 받아들이고 서야, 페미니즘의 정의가 내 몸의 울퉁불퉁한 지방과 셀룰라이트, XXXL 사이즈 드레스에 해당된다는 걸 느끼고서야 나는 진짜 페미니즘을 알게 되었다. 페미니즘은 내가 상상한 것보다 훨씬 강력하다.

나 역시 그랬다. 나는 내가 상상한 것보다 강한 사람이었다. 아마 당신도 그럴 것이다. 당신은 당신이 상상한 것보다 훨씬 강한 사람이다.

충분히 예뻐

알리다 뉴전트

『걱정 마 점점 나빠지니까 *Don't Worry, It Gets Worse*』『날 좋아할 필요 없어 *You Don't Have to Like Me*』의 저자. 뉴욕 브루클린에 살며 립스틱과 베이글 쇼핑을 즐긴다. the-frenemy.com에 글을 올린다.

엄마한테 코 성형을 하고 싶다고 말했을 때 나는 고작 열네 살이었다.

나는 골동품 가게와 디자이너 핸드백 가게가 즐비하고 사과주 축제가 열리는 뉴욕주 교외의 웨스트체스터에서 자랐다. 이웃들은 친절했지만 아주 허물없지는 않았다. 우리 고등학교에는 보수적인 집안 출신의 아이들, 럭비 팀에서 뛰는 남자애들과 예쁘장한 백인 여자애들이 넘쳐 났다.

나는 예쁘장한 백인 여자애가 아니었다. 나는 혼혈이고, 혼혈다운 겉모습을 하고 있다! 그 덕분에 나는 자주 혼란을 느꼈다. 남들도 나를 보고 혼란스러워했다. 나는 절반은 푸에르토리코 사람이고 절반은 아일랜드 사람이지만 언뜻 보아서는 출신을 알기 어렵다. 내 머리카락은 아주 곱슬곱슬하지만 엄마처럼 뻣뻣하진 않다. 햇볕을 받으면 코는 빨개지지만 다른 부분은 갈색으로 그을린다. 후무스나 플랜테인 바나나를 먹는 나라라면 어디든 내 조국이라 말해도 그럴듯하다. 사람들은 거리낌 없이 내 국적을 퀴즈처럼 맞히려 든다. "아르메니아!" "그리스!" "쿠바?"

십 대 시절 나는 나를 진심으로 이해하지 못하는 여자애들과 신기하게도 깊은 우정을 나누었다. 그 애들은 자메이카나 멕시코의 리조트에서 몇 주 동안 태닝을 하고 돌아와서는 벌써 희어지기 시작한 팔을 내 팔에 대고 피부색을 비교하고는 했다. 아이들은 내 팔 털이 아주 까맣다고 아무렇지 않게 얘기했다. "이렇게 하면 훨씬 예뻐."라며 내 머리를 손질해 주기도 했다. 그때 나는 미간에 난 눈썹도 정리해야 했다. 사진으로 남은 그 시절의 나는 항상 웃고 있지만, 사실은 뱃살과 점점 커지는 가슴을 가리려 애쓰고 있었다. 친구들의 키가 훌쩍 크는 동안 나는 옆으로만 자랐다. 어린이 프로그램 「세서미 스트리트」의 노래에서처럼 다른 것 하나를 골라내야 한다면, 분명 나였다. 친구들의 집단에 속하지 않는 한 사람.

노력하지 않은 건 아니다. 나는 친구 들처럼 옷을 입었고 그 애들이 사는 향수를 따라 샀다. 말투와 습관까지도 따라 했다. 나는 거의 그 애들처럼 보였다. 하지만 결코 완전히 똑같아질 수는 없었다. 피부색이 더 짙었고, 몸무게가 더 나갔고, 그냥 본질적으로 달랐다. 나는 'r' 발음을 굴릴 수 있었다. 할머니와 살사 춤을 췄다. 부엌에는 아치오테 씨앗이나 소프리토 페이스트처럼 동네 식료품점 세계 식재료 코너에서조차 아무도 찾지 않는 이상한 재료들이 쌓여 있었다. 나는 친구들을 좋아했다. 친구들은 내게 다정했고, 또 내가 아름답다고 생각하는 주근깨와 장밋빛 뺨과 온갖 다른 특징을 지니고 있었기 때문이다. 하지만 그 애들과 나는 달랐다. 그건 바꿀 수 없는 엄연한 사실이었다.

"너 어디서 왔다고 했지?" 친구들은 때로 내게 물었다.

"열대 우림." 나는 이렇게 대답했다. 그리고 속으로 생각했다. '우리 아빠는 뉴욕 브롱크스 출신인데.'

내 외모에서 제일 못마땅한 건 코였다. 할머니와 할아버지와 조상들에게서 물려받은, 펑퍼짐하고 땅딸막하고 첫인상을 망가뜨리는 코. (짝퉁) 노스페이스 재킷을 입어도 코는 꿋꿋이 내 정체를 발각시켰다. "푸에르토리코 사람임." 내 코는 그렇게 말하는 듯했다. 남들도 들었는지 모르겠지만, 내 귀엔 분명히 들렸다. "백인 아님. 당신들과 다른 사람임." 그게 어찌나 싫던지.

어느 날 나는 차 안에서 엄마에게 코를 친구들처럼 날렵하고 오뚝하게 성형하고 싶다고 말했다. 차 안을 택한 건 엄마 얼굴을 마주하지 않아도 되어서였다. 내가 차 안에서 엄마에게 말하는 건 죄다 나쁜 것들이었다. "수학 시험에서 C 학점을 받았어요." "할머니한테 전화해서 생일 선물 감사하다고 말씀드리는 걸 까먹었어요.""내 못생긴 얼굴을 고치려고 대수술을 받고 싶은데 허락해 주세요."

엄마는 대답했다. "넌 예뻐."

내 장점은 나도 잘 알았다. 나는 속눈썹이 길었고 남의 말을 잘 들어 주었고 양초를 보기만 해도 냄새가 좋은지 판단할 수 있었다. 하지만 난 예쁘지는 않았다. 예쁘다는 건 엘프 뺨치게 오똑한 코를 지닌, 학교에서 최고로 인기 많은 애시 같은 애한테 쓰는 말이었다. 어느 날 나는 식료품점 계산대에 줄을 서 있다가 잡지 표지에 실린 연예인 코 성형 사진을 보았다. 잡지에서는 코가 예뻐졌다고 말하고 있었다. 자기 얼굴에 100% 만족하는 사람은 없다는 걸 깨달은 건 훨씬 나중의 일이고, 그때 내가 알았던 건 이 동네에서 코 수술의 '성형 전' 사진 같은 얼굴로 돌아다니는 아이가 나 하나라는 것뿐이었다. 나는 내가 예쁘지 않다는 걸 알았다. 그건 냉혹하고 단단하며 협상 불가능한 '사실'이었다. 나는 자주 스스로에게 예쁘지 않다고 말했다. 그러면 다른 사람이 내게 그렇게 말했을 때 놀라지 않을 테니까.

예쁜 건 중요했다. 예쁜 여자애들은 데이트를 했고 남자 친구를 사귀었고 원하는 걸 전부 손에 넣었다. 하지만 그때 나는 예뻐지고 싶기보다는 스스로 예쁘다고 느끼고 싶었다. 그러면 소속감을 느끼고, 편안해지고, 행복해질 수 있을 것 같았다. 예쁜 친구들과 같은 방에 둘러앉아 놀고 싶었고, 그 애들이 내게 팔짱을 끼면서 "나도 너처럼 생겼으면 좋겠어."라고 말하기를 바랐다.

열여덟 살 생일을 맞아 나는 가족과 함께 할머니가 계신 푸에르토리코를 방문했다. 푸에르토리코에 가는 건 아주 어렸을 때 이후 처음이라, 어떤 곳이었는지 기억도 잘 나지 않았다.

무언가 혹은 누군가를 처음 보고서 마치 평생 알아 온 것처럼 편안하게 느낀 적이 있는가? 반쯤 비어 있던 인생이 갑자기 충만해진 적이 있는가? 평생 무언가를 그리워했는데 문득 그 그리움의 대상을 찾았다고 느낀 적이 있는가?

푸에르토리코가 내게 그랬다.

푸에르토리코는 모든 면에서 놀라웠다. 파스텔 톤으로 칠해진 집, 코코넛 아이스크림, 작은 가게 바깥에서 구슬 목걸이를 파는 사람들, 아보카도, 습하고 짭짤하고 당장이라도 한바탕 비가 퍼부을 것 같은 대양의 공기. 집 앞 잔디밭 의자에 앉아 라디오를 듣는 노인들, 몰래 맛본 엄마의 칵테일 피냐 콜라다, 활기찬 음악, 사람을 겁내지 않고 곳곳에서 시끄럽게 우는 작은 개구리들. 그곳에서 엄마는 더없이 행복해 보였다. 어렸을 적 추억에 잠긴 엄마는 뺨에 홍조를 띤 채, 해변에서 게를 줍고 나무에 올라가고 온갖 사람들을 만나던 얘기를 들려주었다.

하지만 내가 정말 홀딱 반한 건 푸에르토리코의 여자들이었다.

넓은 코, 커다란 접시 같은 눈, 큰 가슴, 땅딸막한 키, 작은 손, 털이 난 팔. 그들은 나와 닮아 있었다. 가게, 미용실, 음식점, 쇼핑몰, 어디에나 그런 여자들이 있었다. 나처럼 생긴 소녀들, 내가 자기처럼 생겼다고 생각하는 소녀들. 푸에르토리코에서 나는 그때껏 그리워하는 줄도 모르고 그리워하고 있던 감각을 찾았다. 어딘가에 속하는 기분, 나만 외톨이가 아니라는 기분, 내가 다른 사람과 같다는 기분이 들었다. 뜨겁고 습한 날씨에 아름답게 헝클어진 머리를 하고 가게에 들어가면 가게 주인들이 스페인어로 말을 걸었다. 나는 편안했다. 그리고 행복했다. 마침내, 나다운 게 뭔지 알 것 같았다.

비로소 내가 친구들의 겉모습을 닮고 싶었던 게 아님을 깨달았다. 친구들은 예뻤지만, 그건 그 애들의 이목구비 때문이 아니라 내가 백인 여자애들을 유일한 예쁨의 기준으로 삼았기 때문이었다. 나는 사실 습한 날이면 부스스해지는 갈색 머리가 싫지 않았다. 피부색이 짙고 키가 작은 것도 싫지 않았다. 그냥 외톨이가 되는 게 싫었을 뿐이다. 정말로 나를 괴롭혔던 건 내 코가 펑퍼짐하다는 사실이 아니라, 내가 코 때문에 남들에게 환영받지 못한다는 믿음이었다.

같은 반 여자애들처럼 예뻐지고 싶다고 바랐을 때 내가 정말로 바랐던 건 어딘가에 속하는 것이었다. 내 몸을 편안하게 받아들이는 것, 나 자신을 믿는 것, 내가 누구인지 아는 것이었다. 다른 사람이 되고자 하면 절대 자기 자신이 될 수 없고, 자신이 누군지도 알아낼 수 없다. 그런데 나는 유머 감각을 연마하고, 사랑하고, 살고, 용기를 내고, 젊음을 즐기고, '나다워지는' 법을 배우는 대신 백인 같은 주근깨를 바라고 있었던 거다.

푸에르토리코 여행 한 번으로 모든 게 해결되지는 않았다. 내 코는 여전히 펑퍼짐했다. 하지만 나는 새롭고, 신기하고, 멋진 걸 배워 왔다. 세상에 나를 위한 장소가 있다는 사실. 미간에 난 털로 두 눈썹이 이어지고 피부색이 짙고 뱃살이 있다 해도, 나는 혼자가 아니었다. 나는 이곳에, 현실로, 나답게, 존재하고 있었다.

나다움을 느낀다는 게 어찌나 아름다운지.

성장한다는 것 ● 리즈 프린스

안녕! 내 이름은 리즈 프린스야.

페미니스트지!

하지만 처음부터 페미니스트였던 건 아니야.

주의: 십 대 여성 혐오주의자 리즈 프린스 등장

쯧쯧,
여자애들이란.

여성 혐오

여성 혐오에 대한
흔한 오해
몇 가지 알려 줄까?

1. 여자는 여성 혐오주의자가 될 수 없다.
불행히도, 여자를 싫어하는 여자는 널렸어.
여성 혐오는 문화적으로 권장받기도 해.

여자애들이랑 잘 어울리지 못했던 불만투성이
선머슴이 빠지기 딱 좋은 함정이지.

누구나 '진짜 여자'를 좋아하는군.
난 진짜 여자가 되지 못할 거야.
여자들 정말 밥맛이야.

여성 혐오

2. 여성 혐오는 선택이다.
우리는 여성을 남성보다 열등하게 그리는 서사의
폭력을 받고 있어. 그 서사에 담긴 메시지를
흡수하지 않는 건 불가능에 가까워.

날 구해 줘요!

아가씨, 히스테리
좀 그만 부려!

우웩!

3. 여성 혐오주의자는 페미니스트가 될 수 없다.
사람은 누구나 성장하기 마련이야.
새로운 경험을 쌓으면서 자신의 정치와 이상을
발전시키는 건 인생의 큰 부분이지.

세상에! 나, 완전히
잘못 생각하고
있었잖아!
내 적은 여자가
아니었어!

리즈 프린스 만화가. 자전적 만화이자 회고록인 첫 그래픽 에세이 『톰보이*Tomboy*』가 2015년 아멜리아 블루머 프로
젝트에 의해 어린 독자들에게 페미니즘을 소개하는 책으로 선정되었다. lizprincepower.com에서 그녀를 만날 수 있다.

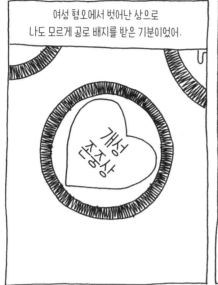

여성 혐오에서 벗어난 상으로
나도 모르게 공로 배지를 받은 기분이었어.

앞으로 내가 받을 수 있는 공로 배지가 많이 남아 있겠지?

나는 아직도 성장하고, 배우고, 발전하고 있으니까.

벼락같은 깨달음의 순간이
또 오기만을 기다리고 있어.

빵을 먹는 사람

릴리 마이어스

워싱턴주 시애틀에 산다. 작가 겸 음악가로 블로그 '우리가 만드는 형태들 (shapeswemake.com)'에서 페미니즘과 자기 자신을 사랑하는 법, 신체 긍정성에 대해 이야기한다. 가족과 신체 이미지를 다룬 성장 소설 『불가능한 빛*This Impossible Light*』을 썼다. 트위터 @lmyerspoetry에서 그녀를 만날 수 있다.

나는 눈앞에 빵 바구니가 내밀어지는 순간을 끔찍이 싫어했다. 웨이터가 따뜻한 빵을 테이블 위에 내려놓는 순간, 입안에는 군침이 돌고 빵을 집어먹고 싶은 마음이 간절해진다. 하지만 나는 빵을 향해 손을 뻗다가 멈칫한다. 빵은 '나쁜 음식'이니 먹으면 안 된다는 생각이 들어서다. 그렇게 내적 갈등이 시작된다. 빵을 먹을까, 말까?

빵, 아이스크림, 그 밖에 '나쁜 음식'이라는 딱지가 붙은 온갖 것들을 먹을지 말지 망설이느라 얼마나 많은 시간을 허비했는지 모르겠다. 당신도 나와 같다면 아마 몸매에 대해 생각하는 데 인생의 꽤 많은 부분을 사용했을 것이다. 내가 그 사실을 알아차린 건 중학생 때였다. 여자 친구들끼리 누가 가슴이 큰지, 누가 작은지, 누가 키가 큰지, 누가 날씬한지 남모르게 몸매를 비교하기 시작한 때. 그 시절 우리는 급격히 변하는 몸에 자연스러운 호기심을 느꼈다. 다른 여자애들의 가슴을 은근슬쩍 훔쳐보는 것은 이상한 일도 아니었다.

한편, 방심한 사이 우리의 대화에는 새로운 단어들이 슬며시 기어들어 왔다. 내가 처음으로 "난 뚱뚱해."라고 말한 건 6학년 때였다. 사실 나는 뚱뚱하지 않았고 그 사실을 잘 알고 있었다. 하지만 뭔가를 보고선 스스로 뚱뚱하다고 생각해야 한다는 걸 배운 거다. 같은 해 어느 날 점심시간에 친구가 나를 '거식증'이라고 불렀다. 우리 사이에서 그 말은 칭찬으로 통했다. 날씬하다는 뜻이었으니까. 나는 그 단어의 이면에 파괴적인 의미가 있다는 것을, 아주 끔찍하고 치명적인 병이 있다는 것을 생각하지 않았다. 단지 날씬해 보여서 기쁠 따름이었다.

사춘기에 접어들기 전까지는 몸매에 대해 별 고민이 없었다. 하지만 변화가 시작되자 나는 혼란에 빠졌다. 갑자기 키가 훌쩍 큰 탓에 더 많은 공간을 차지하게 된 것이다. 처음으로 몸집이 커진 기분이 무척이나 싫었다. 미디어와 대중문화에서는 끊임없이 작은 몸의 여성이 아름답다고 말한다. 남자들에게는 몸을 키우라고 하는 반면, 여자들에게는 살을 빼라고 한다.

그래서 나는 이상적인 여성이 되고자 노력하기 시작했다. 내가 먹는 음식에 예민하게 신경을 곤두세웠다. 신경과민은 대학 초반에 정점을 찍고 강박 수준으로 발전했다. 1학년을 마치고 여름 방학을 맞아 집에 돌아가는 길, 새로 정을 붙인 캠퍼스를 떠나는 걸 서운해하다가 문득 생각했다. '뭐, 그래도 방학 동안 할 일이 있잖아.'

그 '할 일'이란 살을 빼는 것이었다. 나는 다이어트라는 게임에 빠르게 빠져들었다. 끝없는 뺄셈의 게임. 베이글 한 개보다 반 개를 먹는 게 나았고, 아예 안 먹는 건 더 나았다! 쉼 없이 죄책감과 뿌듯함을 안겨 주는 이 게임에는 중독성이 있었다. 거의 아무것도 먹지 않고 하루를 보내면 예뻐진 기분이 들었고, 성취감을 느꼈다. 빵을 먹거나 한 탓에 '망한' 때는 며칠 동안 죄책감이 남았다.

이 죄책감은 어디에서 온 걸까? 날씬한 몸매를 유지하는 게 내 존재의 핵심이라고 믿게 된 건 언제부터일까? 이 파괴적인 믿음의 정확한 출처를 짚어 내는 건 불가능하다. 슬프게도 우리 모두가 그 믿음의 열성 신도들이니까. 우리 문화는 수많은 방식으로 외모가 여성의 가치를 결정한다고 일러 준다. 우리의 가치와 몸매는 서로 뗄 수 없는 관계라는 메시지를 쏟아 낸다.

식료품점 계산 줄에 서 있다가 진열된 잡지 표지에서 흠 없이 매끈한 피부와 납작한 배, 말도 안 되게 탄탄한 허벅지를 드러낸 여자들을 본 기억이 있는가? 나는 그때마다 스스로가 형편없게 여겨졌다. 결코 그런 외모가 되지는 못할 테니까. 잡지 표지가 죄다 그런 이미지로 장식되어 있다는 사실은 아름다움의 기준이 하나라는 메시지를 전달한다. 매력적인 여자가 되려면 이런 외모를 지녀야 하고, 모두가 그 이상에 도달하려 노력해야 한다고. 잡지를 사고, 운동하고, '나쁜' 음식을 끊고, 쉴 새 없이 더 예뻐져야 한다고. 터무니없이 들려도, 그렇게 해야만 한다고.

하지만 진실은 이렇다. 잡지 표지에 박힌 때깔 좋은 사진? 그건 가짜다. 단지 포토샵으로 보정된 사진이라서 가짜라는 게 아니다. 그 사진들은 당신과 나처럼 살아 숨 쉬는 사람이 아니기 때문에 가짜다. 사진에 담긴 건 흐르는 시간 속에 멈춰진 찰나의 짧은 순간일 뿐이다. 현실에서 우리는 그런 식으로 존재하지 않는다. 우리는 살아 있는 동안 하루도 빠짐없이 자라고, 변한다. 유기적인 생명체인 우리는 에너지를 흡수하고 발산한다. 세상 속에서 활동하고 생각하고 창조하고 유희하고 존재하기 위해 연료를 소비한다. 이는 완벽한 신체를 '얻을 수 있다'는 개념이 순전히 헛소리라는 뜻이다. 잡지 표지에 실리는 몸을 열망하는 것은 영원히 멈춰서, 시간 속에 갇혀서, 움직이지 않는 철제 가판대에서 세상을 가만히 내다보고 싶다는 뜻이다.

마침내 이 사실을 깨닫고 나는 가까스로 식이 조절과 죄책감의 악순환에서 벗어났다. 내 몸을 완성된 제품으로 보는 대신, 내가 사랑하는 일을 할 수 있게 해 주는 도구로 보기 시작했다. 기타를 치고 춤을 추고 내 친구들을 껴안을 수 있게 해 주는 도구. 마음이 불편할 때면 스스로에게 주문처럼 되뇌었다. '오늘은 내 몸이 이런 모양을 하고 있네.' 이 말은 매일 내 몸의 모양과 느낌이 조금씩 달라진다는 것에 초점을 맞추며, 내 몸이 나의 집이라는 사실을 기억하게 했다. 몸은 내가 지금까지 살아왔고 앞으로도 살아갈 집이다. 나는 더 이상 내 집과 못난 싸움을 반복하고 싶지 않았다.

동시에 나는 몸을 관리하는 데 대단한 시간과 정신적 에너지를 쏟고 있었다는 것을 깨달았다. 여러 달 동안 매일 밤낮으로 '살 빼기'나 '날씬한 상태 유지하기'를 목표로 세우고, 그 목표를 중심으로 하루를 계획했다. 그게 스스로를 더 나은 사람으로 만드는 방법이라고 생각하면서. 하지만 사실 그건 나 자신을 옭아매는 방법이었다. 내 머릿속의 목소리가 끈에 매달린 공처럼 자꾸 돌아와서 내 몸을 조목조목 비판했다. 그 소리를 듣고 있자면 진이 빠지고 우울해졌다. 정신적 덫에 걸려 내 생각을 제어하지 못한 과거의 몇 년을 떠올리면 아직도 마음이 아리다.

스스로 강박에 사로잡혀 있다는 걸 인정하는 건 어려웠다. 하지만 이를 인정한 덕분에 내가 덫에서 빠져나오길 바란다는 사실을 깨달을 수 있었다. 남은 인생을 통째로 다이어트에 허비하고 싶지 않았다. 내 열정과 흥미와 친구들에게 집중하고 싶었다. 점심 식사 시간에 입안으로 들어가는 음식의 칼로리에 신경을 곤두세우는 대신 친구들과의 대화에 참여하고 싶었다. 빵을 먹느냐 마느냐 하는 갈림길에서 방향을 잃어버린 채로 바깥세상에서 벌어지는 일에 진정으로 집중하기란 불가능했다.

마침내 내가 알게 된 비밀은 이러하다. 빵을 먹든 말든 상관없다. 그건 중요하지 않다. 중요한 건 당신이 빵을 먹는 문제에 얼마나 신경을 쓰고 있는가다. 거기서부터 끝없는 악순환이 시작된다. 당신이 원하는 몸을 '얻었다'고 쳐도, 강박은 끝나지 않는다. 몸매가 마음에 들었을 때조차 나는 그 몸매를 유지해야 한다는 생각에 사로잡혀 있었다. 기껏 만든 몸매를 망칠까 봐 두려웠기 때문이다. 그러니 이 악순환에서는 승리할 길이 없다. 순환의 고리를 끊는 것만이 유일한 답이다.

우리의 잘못이 아니다. 미디어는 날씬한 몸매를 유지하는 것이야말로 우리의 최우선 과제라고 세뇌시킨다. 그게 바로 신체 이미지가 페미니즘의 문제인 이유다. 몸매를 완벽하게 유지할 '책임'은 여성에게 요구된다. 물론 남성도 자신의 신체에 대해 불안을 느낄 수 있지만, 남성에게 가해지는 신체 이미지의 부담은 여성에 비해 가벼운 수준이다. 여성들은 사회로부터 여성의 가치는 좁디좁은 신체적 아름다움의 이상에 얼마나 부합하는 몸을 지녔는지에 달려 있다는 말을 반복해서 듣는다. 때로는 미묘하게, 때로는 노골적으로.

증거가 있냐고? 아까 말한 잡지 표지를 한번 봐라. 여성 잡지에 실린 기사는 거의 전부 외모에 관한 것이다. ("눈 깜짝할 사이에 5킬로그램 빼는 법!" "해변을 위한 완벽한 몸매 만들기!") 반면 남성 잡지에는 실제로 세상에서 무언가를 하는 남성들에 관한 기사가 실린다. 이는 우리 사회가 여성과 남성에게 제시하는 성공의 지표가 다르다는 걸 보여주는 사례다. 남성들에게는 실제로 해낸 일이 성공의 지표인 반면 여성들에게는 체중계 숫자가 성공의 지표다.

페미니즘은 이런 신체 강박에서 벗어나겠다는 선언이다. 개인적인 게 곧 정치적이다. 자신의 몸을 사랑하기로 선택하는 것, 자신의 몸을 긍정하고 자신의 몸이 얼마나 멋진 일들을 할 수 있는지 기억하는 것은 곧 자신을 억압하는 체계에 저항하는 것이다. 자신의 몸에 강박을 느끼게 만들고 자신을 비판하고 억압하게 만드는 현상에 적극적으로 맞서 싸우는 것이다.

신체에 대한 강박에서 벗어나는 것이 정치적 행위인 또 다른 이유는 여성의 불안감으로부터 직접적인 이득을 취하는 수억 달러짜리 '미용' 산업에 시간과 돈을 지불하지 않겠다는 선택이기 때문이다. 미용 산업은 광고를 통해 우리가 스스로에게 의심을 품고 미용 제품을 사게 만든다. 우리는 미용 제품을 살 때마다 우리를 불안하게 만드는 산업에 돈을 보태고 있는 셈이다.

몸이 정치적이라는 사실은 쉽게 잊힌다. 신체 이미지가 지극히 개인적 차원의 문제로 느껴지기 때문이다. 우리는 온갖 수를 써 가면서 몸 때문에 힘들어한다는 사실을 숨긴다. 나 역시 신체 강박에 사로잡혀 있다는 걸 인정하기 싫어서 핑계를 대곤 했다. "아, 나는 밥 먹었어.""아이스크림 별로 안 좋아해서." 겉모습을 완벽하게 위장하려면 그래야 하니까. 완벽한 몸을 원하되 완벽한 몸을 얻기 위해 쏟는 노력을 숨겨야 하니까. 이건 아주, 아주 외로운 싸움이다. 여성들이 자신의 몸에 대해 느끼는 불안을 터놓고 얘기한다면 우리를 괴롭히는 것이 사실은 정치적 문제라는 것을 기억하기도 더 쉬워지지 않을까? 자신의 몸을 사랑하는 여정을 함께하며 연대할 수 있지 않을까?

자기 몸에 대해 강박을 느끼던 사람이 자기 몸을 사랑하기란 어렵다. 신체 이미지의 압박에서 벗어나는 건 스위치를 끄듯 단순한 일이 아니다. 하지만 단 한 가지만 기억하자. 자기 몸을 사랑하는 건 혁명이고 페미니즘이며 우리에게 힘을 준다. 우리의 가치가 체중계의 숫자에 달려 있지 않다는 걸 기억하자. 계속해서 기억하는 것만으로도 큰 차이가 생겨난다. 뇌에는 '신경가소성(Neuroplasticity)'이라는 것이 있어서 구조가 바뀔 수 있기 때문이다. 즉, 어떤 방식으로 계속 생각하다 보면 그것이 기본 사고방식이 된다는 거다. 매일 스스로에게 '넌 참 아름답구나.'라는 말을 들려주면, 그 말을 내뱉는 일이 점점 쉬워지다가 나중에는 자연스러워질 것이다. 몇 년 동안이나 내 몸을 낱낱이 비판하며 살다가 내 몸을 사랑하게 된 기분이 어땠는지 아는가? 정말 끝내줬다.

이 여정을 시작하는 게 쉽진 않았다. 나는 완벽해지고 싶은 욕구를 버리고 현실주의자가 되어야 했다. 중요한 건, 내가 언제나 고민 끝에 결국은 빵을 먹었다는 것이다. 웨이터가 빵 바구니를 들고 오면 속으로는 안 된다고 호통을 치면서도 항상 빵을 먹었다. 내 안에서는 매일 전쟁이 일어났다. 군살 없이 매끈한 배와 허벅지를 원하는 나와, 그냥 항복하고 갓 구운 빵의 두툼한 껍질을 베어 물고 싶은 나의 전쟁.

후자가 이겨서 다행이다. 나의 싸움은 아직 끝나지 않았다. 나는 지금도 은연중에 내 몸을 비판한다. 그럴 때마다 그만하라고 스스로를 다독여야 한다. 그렇지만 이제 나는 불완전함을 받아들여야만 자유로워진다는 사실을 안다. 저녁을 먹으면서 내면의 꾸짖음에 정신이 팔리는 대신 친구들의 말에 귀를 기울일 수 있다. 해변에서 배에 힘을 주는 데 온 신경을 집중하지 않을 수 있다. 내 몸매가 어떻게 보일지 불안해하는 대신, 물 위에 둥둥 떠서 나를 둘러싼 무한한 세계를 느낄 수 있다.

여자는 사람이다. 그 자체로 온전하고, 복잡하고, 흠이 있고, 아름답고, 가치 있는 사람이다. 그러니 자신이 비현실적으로 완벽해지길 기대하는 건 자신을 억압하는 일이다. **진짜**로 살아가는 즐거움과 특권을 박탈하는 것이다. 페미니스트는 불완전한 인간으로 사는 자유와 즐거움을 누린다. 강박을 버리면 자신을 사랑할 공간이 생긴다. 이 세상을 살아가는 여성들에게 있어 스스로를 사랑한다는 건 급진적이다. 그 사랑은 급진적이고, 즐거우며, 갓 구운 빵만큼이나 맛있다.

스스로를 사랑하는 법

콘스턴스 오거스타 제이버

학생이자 작가. 매사추세츠주 서부에 살고 있다. 우울증이 있고
갓 구운 빵을 심하게 사랑한다. 백인 양성애자 트랜스젠더 여성
으로서의 경험을 기반으로 작품 세계를 구축하고 있다. 트위터
@augustazaber에서 그녀를 만날 수 있다.

어렸을 적, 할머니의 화장대에서 블러셔를 슬쩍했다. 내 얼굴이
싫어서 그랬다. 광대와 눈, 이마와 머리칼, 무엇 하나 마음에 들지
않았다. 사람들이 나를 보고 "저 애는 **남자야**."라고 말하게 만드는
모든 게 싫었다. 겉모습을 바꾸고 얼굴을 비틀어서, "저 애는 여자
야."라는 말을 듣고 싶었다.

꼬마였던 나는 화장을 하면 고민이 해결될 거라 기대했다. 할머
니가 화장하는 걸 지켜볼 때면 립스틱과 블러셔를 바르는 신중하
고 섬세한 손놀림에 매혹되곤 했다. 할머니는 화장으로 타고난 아
름다움을 돋보이게 했다. 나도 그럴 수 있다고 믿었다. 화장이 할

머니에게 불어넣은 힘과 자신감을 나도 얻고 싶었다.

그래서 할머니의 자그마한 블러셔를 훔쳤다. 아마 할머니의 핸드백에서 사탕을 찾다가 블러셔를 발견하고 슬쩍했던 것 같다. 고작 열 살 때의 일이라 정확히 어떻게 훔쳐 냈는지는 흐릿하지만, 그때의 내가 말로 다 표현할 수 없는 좌절감에 휩싸여 있었던 것만은 생생히 기억난다. 내 몸 때문에 상처받는 것이 지긋지긋했고, 절망스러웠다. 블러셔를 훔치는 게 유일한 해결책으로 느껴질 정도였다.

나는 몇 년 동안 그 블러셔를 꼭꼭 숨겨 두었다. 그때 내 주위 사람들은 전부 내가 남자라고 믿었다. 그건 내가 화장을 해서는 안된다는 의미였다. 우리 가족은 진보적이고 열려 있었지만 집을 나서면 내가 젠더 역할을 잘 수행하는지 감시하는 시선들이 쏟아졌다. 학교 아이들은 '남자답게' 행동하지 않는 애들을 깔보았다. 스스로 그런 불안감을 안고 있는 남자아이들이 유독 잔인하게 굴었다. 그러니 내가 정말 남자라면, 화장을 하고 바깥으로 당당히 나갈 수 있는 날은 죽을 때까지 오지 않을 터였다.

아주 가끔 집이 비어서 아무도 내 방에 들이닥치지 않을 게 확실한 날이면, 나는 은밀하게 블러셔를 꺼냈다. 분홍빛 진주처럼 반짝이는 블러셔에 작은 브러시를 대고 쓸어 보았다. 그런 다음, 용기 내어 블러셔를 뺨에 발랐다. 하지만 거울을 보면 속이 메스꺼워졌다. 할머니의 뺨에서 섬세하고 아름다운 빛을 냈던 블러셔는 내 얼굴을 오히려 흉측하게 만드는 듯했다. 역겨웠다. 배신감과 고통은 곧 분노로 바뀌었고, 나는 블러셔를 내다 버리겠다고 결심했다. 하지만 그 결심을 실행에 옮기지는 못했다. 블러셔가 내게 힘을 줄 거라는 믿음을 버릴 수 없었던 거다. 나는 블러셔를 서랍 안에 고이 모셔 두었다가, 마음의 상처가 슬슬 잊힐 때쯤 다시 꺼내 발라 보고는 했다.

중학교에 입학하면서 나는 내 외모를 사랑할 수 있으리라는 희망을 아예 버렸다. 주위 여자아이들이 새로운 스타일로 변신하는 동안 나는 매일 똑같이 지루한 옷을 걸쳤다. 지금 돌이켜 보면 그 여자아이들에게도 청소년기가 참 힘들었겠다는 생각이 들지만, 그때 나는 그 애들이 마냥 부러웠다. 귀를 뚫는 것, 립글로스를 바르는 것, 머리를 기르는 것, 운동화가 아닌 다른 신발을 신을 수 있는 것. 내게는 허락되지 않는 옷과 화장을 선택할 수 있다는 게 부러웠다. 8학년에 올라가서 나는 젠더 역할이 자연스럽게 타고나는 것이 아니라 사람들이 임의로 만든 것이라는 개념을 접했다. (인터넷이 최고다!) 하지만 남자애가 보라색 가방을 메고 다닌다고 놀리는 반 친구들 앞에서 그런 추상적인 정보는 소용이 없었다.

고등학교는 그야말로 암흑기였다. 하지만 1년에 딱 하룻밤, 빛이 찾아왔다. 드래그* 파티가 벌어지는 밤이었다. 차도 없고, 외딴

---

* 드래그 성 고정 관념을 탈피해 다른 성별의 옷차림과 행동 등을 따라하는 것.

곳에 사는 데다, 사회적으로도 고립된 십 대 청소년이 어떻게 드래그 파티에 참여했냐고? 물론 부모님의 도움을 받았다.

우리 부모님은 작은 대학에서 일했는데, 내가 8학년 때 부모님의 제자 하나가 프라이드 위크*를 기념하여 교내 드래그 파티를 열었다. 나는 그 행사에 관한 부모님의 대화에 귀 기울이며 사소한 내용 하나하나까지 머릿속에 새겼다. 당시엔 내가 트랜스젠더라는 생각을 완전히 부정하고 있었지만, 그럼에도 마음이 두근거렸다. 남자가 드레스를 입고 화장을 하고 여자가 될 수 있는 (그런 척을 할 수 있는) 마법 같은 행사라니! 나는 드래그 파티에 대한 생각을 도무지 떨칠 수가 없었다. 다음 해에 또 한 번 드래그 파티가 열린다는 소식을 듣고, 나는 언니에게 같이 가 달라고 말했다. 그리고 내가 파티에 참여할 수 있게 도와 달라고도 부탁했다.

그날 밤 언니가 처음으로 나를 분장시켜 주었다. 아이라이너와 마스카라를 칠하고 빨간 립스틱을 바른 거울 속 내 모습을 마주하자 눈물이 날 것 같았다. 블러셔로 끔찍한 실험을 벌였을 때와는 다른, 기쁨의 눈물이었다. 화장한 내 얼굴이 마음에 쏙 들었다. 거울 속 나에게서 눈을 뗄 수 없었다.

나는 행사장을 마음껏 당당하게 돌아다녔다. 걸음을 디딜 때마다 파란 드레스가 사각거리는 소리가 났고, 아이라이너가 내 눈을

* 프라이드 위크 LGBTQ(레즈비언, 게이, 양성애자, 트랜스젠더, 퀴어)로 대표되는 성소수자들의 축제가 벌어지는 주간.

반짝이게 만들었다. 내 모습을 즐기는 건 나 혼자가 아니었다. 그 날 밤, 나는 여자였다. 드래그 파티의 여왕이었다. 사람들이 나를 여자 이름으로 부르거나 '그녀'라고 칭할 때마다 온몸에 전율이 일었다. 그 파티에서 나는 처음으로 세상 사람들에게, 그리고 나 자신에게 본래의 내 모습을 솔직하게 드러냈다. 사실 언니가 해 준 화장은 내 취향보다는 과감하고 화려했다. 하지만 중요한 건 화장을 하자 세상이 나를 위해 변했다는 것이다.

그리고 그보다 더 중요한 건, 내가 거울 속에서 여자를 보았다는 것이다.

나는 그날 파티에서 1위를 놓치고 2위에 만족해야 했지만, 진짜 승리는 그 뒤에 찾아왔다. 여장을 하고 찍은 사진을 페이스북에 올리자 사촌이 댓글을 단 것이다. "너, 예쁜 여자였구나."

내가 다닌 대학은 미국의 아주 작은 도시에 있었지만, 워낙 시 골이었던 고향 마을과 비교하면 맨해튼이나 다름없었다. 나는 고 향 사람들의 눈초리에서 벗어나자마자 고등학생 때는 절대 입지 못했을 옷들을 입기 시작했다. 청바지와 헐렁한 티셔츠만 가득했 던 옷장에 차츰 중고 드레스와 싸구려 하이힐이 자리 잡았다. 입 고 싶은 옷들을 입게 되자 내 몸이 좀 더 나답게 느껴지는 기분이 들었다. 그러나 내 얼굴은 여전히 낯설었다. 드러그스토어에서 싸 구려 화장품을 잔뜩 사들였지만, 화장법을 가르쳐 달라고 할 만한 사람이 없었다. 립스틱과 마스카라 말고 다른 걸 얼굴에 발라 보려는 시도는 항상 눈물범벅으로 끝났다. 화장이 어찌나 어렵던지, 그것만은 여자들의 전유물로 남겨 두고 포기해야 한다는 계시라도 받은 기분이었다.

대학 2학년 때 나는 완전히 무너지고 말았다. 장장 20년 동안 억눌려 산 스트레스가 한번에 폭발한 것이다. 그 후 몇 년을 나는 엉망진창으로 살았다. 대학을 그만두고, 새로운 주로 이사하고, 백수가 되었다. 새 대학에 입학했지만 우울증으로 과제를 하지 못해 퇴학을 당했다. 하지만 그 시기에 좋은 일도 있었다. 내가 남자라는 거짓말을 더 이상 믿지 않기로 한 거다. 나는 남들에게 내가 여자라고 말하기 시작했다.

사람들에게 당신이 틀렸다고 말하는 건 꽤나 즐거운 일이었다.

트랜스섹슈얼 여성으로 커밍아웃함으로써 잿더미 위로 당당히 날아오르는 불사조처럼 나의 모든 싸움에서 벗어나게 되었다, 라고 말할 수 있다면 참 좋으련만. 사실은 전혀 그렇지 않았다. 나는 커밍아웃을 한 덕분에 계속 살아갈 수 있었지만, 모든 문제가 해결된 건 아니었다. 나는 아직도 매일같이 우울증과 불안에 시달린다. 고용 차별, 정부 공식 문서의 성별 표기, 기분 잡치는 길거리 성희롱 같은 새로운 문제에 맞서야 한다.

커밍아웃을 한 덕분에 나는 거짓말을 그만두고 진짜 삶을 시작할 수 있었다. 그렇지만, 아직도 나는 거울 속 내 모습과 싸운다.

그나마 화장을 할 때는 기분이 좋아진다. 화장을 하면 힘이 생기니까. 화장은 내 겉모습이 내게서 힘을 앗아 가지 못하도록 바꾸는 도구다. 과거에 나는 얼굴이 없는 척을 하며 살았지만, 이제는 내 얼굴을 속속들이 안다. 내 피부 톤을 알고, 내 눈에 거슬리는 부분이 어디인지 정확히 안다. 반대로 마음에 쏙 들어서 온 세상에 자랑스럽게 내보이고 싶은 부분이 어디인지도 안다. 이제는 내 모습이 정말 싫어, 하고 생각하는 대신 스스로에게 질문한다. 어디가 싫지? 그걸 어떻게 바꿀 수 있지?

화장 자체에 신비로운 힘이 있는 건 아니었다. 나는 그 사실을 여러 해가 지나서야 깨달았다. 화장은 마법의 약이 아니라 그 약에 들어가는 중요한 재료다. 화장을 한 나는 내 몸을 당당히 내놓고 걸을 수 있다. 다른 사람들이 나를 쳐다볼 때 거뭇거뭇한 수염 자국이 눈에 띄는지 걱정하는 대신 내가 오래 전 할머니에게서 훔친 바로 그 블러셔로 예쁘게 부각시킨 광대가 시선을 끄는 거라고 생각할 수 있다. 화장은 일상의 고통을 덜어 주었고, 내게 감정적 여유를 허락했다. 그 덕분에 나는 주위에서 보이는 폭력과 억압과 소외에 맞서 싸울 수 있다.

화장을 하는 건 페미니스트답시 않다는 말을 자주 듣는다. 화장이 순전히 남성의 시선을 끌기 위한 수단이며, 여성의 성적 대상화를 불러온다는 이유에서다. 나는 그 주장에 동의할 수 없다. 나의 화장은 온전히 나의 것이다. 화장은 나를 안전하게 지켜 주고, 내 겉모습에서 즐거움을 찾게 한다. 화장은 내가 직접 '예쁨'을 정의할 수 있게 한다. 내 광대와 아랫입술이 얼마나 예쁜지, 짙고 촘촘한 눈썹을 이용해 내가 얼마나 풍부한 감정 표현을 할 수 있는지 알려 준다.

지금 내가 거울 속 나와 눈을 맞출 수 있는 건 화장 덕분이다.

무시무시한
질문과 대답의 책

앤 테리오

토론토에서 활동하는 작가이자 사회 운동가. 우울증에 관한 짧은 회고록
『내 마음은 가을날의 차고 *My Heart Is an Autumn Garage*』를 썼다. 『워
싱턴 포스트』, CBC 등의 매체를 통해 페미니즘과 사회 정의, 정신 건강에
대해 발언해 왔다. 고양이에게 우스운 별명을 붙이는 것이 특기다.

내게 정신 질환과 청소년기는 워낙 깊숙한 곳에서부터 엉겨 있
어서 별개로 생각하기가 어렵다. 나만 그런 건 아닐 테다. 정신 질
환과 청소년기는 서로를 먹고 자란다. 호르몬이 신경 회로를 침수
시키는 한편, 신경망은 다시 균형을 잡고자 고군분투한다. 세상이
기우뚱거린다. 때로는 느리게, 때로는 빠르게 삐걱거리면서. 그 세
상에 붙어 있으려면 같이 기울어져야 한다. 한때 명료하다고 여겼
던 것들이 유령의 집 거울에 비친 상처럼 뒤틀려 보인다. 예기치
못한 일들이 자꾸 일어난다. 붙잡고 의지할 단단한 물체를 찾을 수
가 없다.

84

내가 겪은 정신 질환과 청소년기를 떼 놓을 수 없듯, 정신 질환과 페미니즘도 떼 놓을 수 없다. 표현만 조금씩 바뀌었을 뿐, 여성들은 역사의 시작부터 수없이 미친 사람 취급을 받았다. '히스테리' 같은 딱지들로 여성들의 입이 틀어막히고 신용이 깎였으며 의견을 묵살당했다. 이 전통은 오늘날까지도 이어진다. 나는 남자들에게서 '미친 전 여자 친구' 이야기를 지겹게 들었는데, 내용을 잘 들어 보면 요점은 "전 여자 친구가 감정이 너무 풍부했다." 내지는 "전 여자 친구가 내가 멋대로 굴지 못하게 했다."라는 게 전부다. 그러니 내게 페미니즘이란 여성들에게 해를 입히는 고정 관념을 깨는 수단이기도 하다.

좀 더 넓은 의미에서도 페미니즘은 정신 건강 운동과 손을 잡아야 한다. 정신 질환을 지니고 사는 사람들은 낙인찍히고 차별당하기 일쑤이기 때문이다. 예를 들어 우울증이 아무리 심해도 병가는 낼 수 없다. 우울증 환자는 집 밖을 나서기가 너무 두렵고 겁이 나더라도 꾹 참고 견디거나, 아니면 상사에게 전화를 해서 가짜 기침 소리를 들려줘야 한다. 대부분의 학교와 일터에 정신 질환을 지닌 사람들을 위한 시설이 충분하지 않기 때문에, 좋은 성적을 받거나 괜찮은 일자리를 지키는 것도 어렵다. 정신병을 우스갯거리로 삼아 정신 질환자에게 상처를 주는 농담도 빼놓을 수 없다. 신체적 질병이나 장애를 가진 사람을 비웃으면 안 된다는 건 다들 잘 안다. 그런데 어째서 정신 질환을 가진 사람은 비웃어도 된다고 생각하는 걸까? 페미니즘은 여러 층위의 권력 구조를 무너뜨리는 것이다. 정신 질환을 대하는 우리 문화의 유해한 태도 또한 페미니즘이 무너뜨려야 할 대상이다.

　내가 혹을 발견한 건 열한 살 생일을 맞기 며칠 전이었다. 한쪽 젖꼭지 바로 옆에 부드러운 물집이 생겼다. 건드리거나 가볍게 누르면 아팠고 뾰루지처럼 터뜨려 보려고 세게 누르면 터지지 않고 옆으로 미끄러졌다. 거의 살아 있는 것처럼 느껴지는, 작고 기묘한 혹이었다.

　나는 마음을 편하게 가지려고 애썼다. '그냥 멍일지도 몰라. 내일 아침이면 없어지겠지.' 그리고는 잠을 청했지만 도무지 잠이 오지 않았다. 나는 침대 위에 봉제 인형들을 원 모양으로 늘어놓고, 그 한가운데 앉아서 새벽녘까지 불안에 떨었다.

　드라마를 많이 본 터라 바로 확신이 섰다. 나는 암에 걸린 거다. 이미 몇 주 동안, 심지어 몇 달 동안 내 몸속 깊고 어두운 곳에서 비밀스럽게 부패가 진행되고 있었을 것이다. 의사들은 혹이 더 자라지 못하도록 내 가슴을 잘라 낼 것이다. 나는 몇 달 간 입원해서, 혈관에 독을 주사 맞을 거다. 머리카락이 뭉텅이로 빠질 것이다. 같은 반 친구들은 내게 쾌유를 빈다는 카드를 보내고 나서 나를 까맣게 잊거나, 아니면 병문안을 와서 나와 함께 잠시 어색한 시간을 보낸 다음 병실을 나서자마자 보통 아이의 삶으로 돌아갈 것이다. 내가 긴 싸움 끝에 숨을 거두는 마지막 순간, 부모님이 파리하게 야윈 내 손을 부여잡을 것이다.

나는 혹에 대해 아무에게도 얘기하지 않기로 했다. 그러면 입원하지 않아도 되고, 친구들의 동정을 사거나 부모님을 슬프게 할 일도 없을 테니까. 그냥 자다가 조용히 죽기로 했다. 그게 제일 현명한 선택이라고 생각했다.

나는 일주일 가까이 그 결심을 고수했다. 조용한 슬픔에 잠겨 시간을 보냈다. 이따금 가슴이 당기는 걸 느꼈고 자꾸 겁이 나서 소름이 돋았다. 금요일 저녁, 아버지가 날 위한 선물이라며 책을 한 권 꺼냈을 때 나는 결국 두려움에 굴복했다. 아버지가 내게 건네준 『무시무시한 질문과 대답의 책 *The Monster Book of Questions and Answers*』은 제목에서 짐작할 수 있듯 크기도 무게도 무시무시했다. 소파에 앉아 광택 도는 푸른빛 표지를 쓰다듬다가 책을 펼치려는 찰나, 나도 모르게 울음이 터져 나왔다. "암에 걸렸어요. 저 이제 죽어요." 나는 흐느끼며 말했다.

나는 부모님에게 가슴에 혹이 생겼다고 털어놓았다. 고백을 마구 쏟아 놓고 나니, 어머니가 내가 아픈 게 아니라고 말했다. 그 혹은 건강하게 성장 중인 가슴 조직일 따름이며, 내 몸 역시 건강하게 성장 중일 따름이라고. 안도감에 나도 모르게 웃음이 터져 나왔다. 웃음을 멈출 수 없었다.

죽는 게 아니라니! 그냥 자라고 있을 뿐이었다니.

하지만 두려움은 사라지지 않았다. 두려움은 내 안에 자리를 잡아, 때로는 잊고 지낼 만큼 작고 희미해졌고 때로는 다른 모든 걸 가릴 만큼 커다랗게 부풀었다. 두려움이 폭발할 때면 몸으로 먼저 느낄 수 있었다. 두피가 가려웠고, 목구멍과 목이 부어서 음식을 삼키기가 어려웠다. 암에 대한 걱정은 잊은 지 오래였지만 이제 다른 생각들이 나를 괴롭혔다. 돌연 머릿속에 떠오른 이미지들을 아무리 애써도 지울 수 없었다. 하루는 어머니와 여동생이 차에 치이는 이미지가 생생하게 떠올랐다. 어째서 그런 생각이 들었을까? 괴물이 된 기분이었다. 한번 머릿속에 둥지를 튼 생각들은 내 힘으로 떨쳐 낼 수 없었다.

폭력적인 이미지들이 떠오르는 건 내가 괴물이라는 증거가 아니라, 불안 장애의 증표인 침투 사고였다. 침투 사고란 스쳐 지나가야 할 생각이 어쩐 일인지 머릿속 깊이 자리 잡은 것을 일컫는다. 새벽 세 시에 나를 잠에서 깨우고 밤새 뒤척이게 만든 그 생각들 가운데 일부는 고집 센 강박으로 발전했고, 일부는 끝없는 걱정의 굴레를 이루었다. 똑같은 생각들이 머릿속에서 고장 난 레코드판처럼 끝없이 빙글빙글 돌곤 했다.

두려움과 침투 사고에 몇 년을 시달리던 나는 임상적 우울증을 진단받고 의사의 권유에 따라 치료사를 만났다. 치료사는 문진표의 '기분' 란에 내가 "냉소적이고 권태로움."이라고 적은 걸 보고 웃음을 터뜨렸다. 나는 단지 어른스러워 보이고 싶었을 뿐인데. 나를 비웃은 치료사에겐 다시 찾아가지 않았다. 그 대신 수많은 약물을 처방받았다. 그 부작용으로 불면증을 앓기도 했고, 만성 피로에 시달리다가 수업 중 잠이 들기도 했다. 약을 먹으면 번번이 머리가 멍해졌다. 아침에 침대에서 일어날 수가 없어서 결석을 하기 시작했다. 수업에서 낙제했다. 결국 나는 입원했다.

한동안 모든 게 엉망이었다. 그렇게 시간을 엉망으로 보내는 일이 여러 번 반복되었다. 그때 나는 이런 일을 겪는 게 나 혼자일 거라고 생각했지만, 알고 보니 그렇지 않았다. 정신 질환의 최초 발병 시기는 청소년기와 청년기가 가장 흔하고, 미국 십 대 다섯 명 중 한 명이 정신 질환의 일종을 경험한다. 청소년기는 워낙 험난한 시기인 데다가 고등학교와 대학에서 받는 심한 사회적, 학업적 압박이 더해지니 이상할 것도 없다. 십 대들은 좋은 성적을 받고, 과외 활동에 참여하고, 아르바이트를 하고, 그러는 와중에 친구를 사귀고 잠잘 시간까지 내야 한다. 게다가 부모님은 당장 소파에서 일어나 방을 정리하라고 잔소리를 해 대고, 사이 나쁜 친구는 인스타그램 계정을 찾아와 교묘하게 공격적인 댓글을 단다. 이 시궁창을 결코 헤어 나올 수 없다는 강한 예감이 들지 않겠는가.

이런 상황에선 누구나 무력감을 느낄 수 있다. 일상적 스트레스에 대처하는 데 도움이 필요할 수도 있고, 일상적 범위를 넘어선 스트레스에 시달릴 수도 있다. 그 상태는 정신 질환으로 진단될 수도 있고, 그냥 인생의 힘든 한때로 기억될 수도 있다. 당신이 아니라 사랑하는 사람이 정신 질환에 맞서 싸우는 걸 지켜봐야 할 수도 있다.

어떤 경우든, 당신이 만일 혼자서 견뎌 내기 힘들다고 느끼는 지점에 다다른다면, 지금 내가 하는 말을 꼭 기억했으면 좋겠다.

1. **당신은 혼자가 아니다.** 그렇게 생각하기 너무나 어려울 때조차도 수많은 사람이 곁에 있다는 걸 기억하자. 곁에 있는 모든 사람이 당신에게 애정을 쏟고 도움을 주진 않겠지만, 적어도 당신이 가치 있다고 생각하는 사람이 많다는 걸 기억하면 하루하루를 버티는 데 도움이 될 거다. 정신 질환을 가지고 사는 사람이 아주 많다는 점에서도 당신은 혼자가 아니다. 수많은 학생과 교사, 가족이 당신처럼 고통과 맞서 싸운다. 우리는 수가 많다. 인구의 거의 4분의 1을 차지할 정도다. 자, 우리 클럽에 온 걸 환영한다. 가입할 의향은 없었겠지만, 그리고 우리 클럽 활동이 대학 합격에는 아무 도움도 안 되겠지만, 맛있는 간식은 내줄 수 있다.

2. **당신의 전문가는 당신이다.** 당신이 무엇을 겪고 있는지 아는 건 당신뿐이다. 당신의 몸에 어떤 일이 벌어지는지는 당신이 결정한다. 치료의 내용과 방식에 대해 당신에게 발언권이 있다는 뜻이나.

3. **당신이 느끼는 건 모두 유효하다.** 당신의 감정이 객관적 사실이라는 뜻은 아니다. 예를 들어, 친구들이 전부 당신을 미워하는 것

처럼 **느껴지더라도** 그게 꼭 사실은 아니다. 하지만 당신의 감정이 실제 일어나는 일을 정확히 반영하지 못 하더라도, 그게 당신이 그런 감정을 느끼는 게 잘못이라거나 나쁘다는 뜻은 아니다. 감정에는 옳고 그름이 없다. 당신이 느끼는 건, 말 그대로 당신이 느끼는 것이다.

4. **당신의 정체성은 당신이 정한다.** 정신 건강 문제와 싸우고 있지만 스스로 정신 질환자로 생각하기는 싫다면, 괜찮다. 만약 정신 질환이 당신이라는 사람을 구성하는 요소라고 생각한다면, 그것도 괜찮다. 스스로를 미친 사람으로 정체화하고 싶다면 그것도 전혀 문제없다. 하지만 명심할 것 하나. 당신의 정체성을 당신이 정한다면, 타인의 정체성도 타인이 정한다는 걸 기억하자. 사람마다 경험이 다르므로 당신에게 무례하게 느껴지지 않는 말이 다른 사람에게는 불쾌할 수 있다. 그러니 당신 스스로에게, 그리고 당신이 만나는 사람들에게 예의를 지켜라.

5. **얘기하면 좀 낫다.** 누구에게든 털어놓아라. 그게 쉽지 않다는 건 안다. 나도 정신 건강에 대해 말하는 것이 얼마나 힘든지 아니까. 모두가 잠든 한밤중에 긴급 상담소에 전화를 걸었던 걸 제외하고는 5년 동안이나 내 정신 질환에 대해 누구에게도 얘기하지 않고 산 적도 있었다. 그러다 보니 병이 점차 악화되어서, 얘기하기

싫어도 얘기할 수밖에 없는 지경에 다다랐다. 그런데 마침내 사실을 털어놓고 나니 의외로 속이 다 후련했다. 사람들은 너무나도 다정하게 나를 응원해 주었고 일부러 정신 질환을 숨기는 거짓말쟁이가 된 기분도 더는 느끼지 않아도 되었다. 또 하나의 장점은 내가 소파에 앉아 슬픈 노래를 듣다가 울음을 멈출 수 없어 약속을 취소해야 할 때, 사람들에게 사실 그대로 말할 수 있게 되었다는 것이다. 사람들은 이해해 주었다. 남들의 이해심에 놀라는 경험, 당신도 하게 될 거다.

6. **롤 모델은 중요하다.** 진부한 조언처럼 들리겠지만, 나와 같은 감정을 느껴 본 사람들을 찾는 건 마법의 연고를 찾는 것과 같다. 내 롤 모델은 시인 실비아 플라스였다. 최악의 상태에 빠지면 나는 일단 실비아 플라스의 일기를 읽으면서 이 끔찍한 고통에 시달리는 게 나 혼자가 아니라는 걸 기억한다. 장담하건대 지금 당신이 어떤 상태에 처해 있든, 당신보다 앞서 그 상태를 겪어 본 사람이 분명히 있을 것이다. 그 사람을 찾아라.

7. **당신은 이미 최악의 날들을 100% 확률로 견뎌 냈다.** 무슨 뜬금없는 소리냐고? 물론 견뎠으니까 지금 살아서 이 책을 읽고 있는 게 아닌가. 그걸 기억했으면 좋겠다. 언젠가 깊은 수렁에 빠져, 여기서 벗어나는 건 불가능하다고 느끼는 날이 올지도 모른다. 하지만

당신이 지금껏 힘들었던 날들을 하루하루 살아 냈다는 사실은 당신이 그런 날을 하루 더 견딜 수 있다는 훌륭한 증거다. 통계는 당신의 편이다. 당신은 강하다.

8. 한 번 더 말한다. 당신은 강하다. 하지만 혼자 힘으로 해낼 수 없다고 느끼는 날에는 도움을 청해도 괜찮다.

나는 이제 어른이다. 직업이 있고 결혼을 했고 아이도 있다. 하지만 지금도 이따금 열한 살의 나로 돌아간다. 두려움에 사로잡혀 손발이 뻣뻣해지고, 심장이 미친 듯 달음박질치던 어린 날로. 침대를 도무지 벗어날 수 없는 날도 있다. 가끔은 베개에 얼굴을 묻고 울면서 하루를 보낸다. 하지만 내겐 괜찮은 인생이 있고, 대부분의 시간은 괜찮게 지나간다.

할 수만 있다면 어린 시절의 내게 편지를 써서 그 애가 얼마나 용감하고, 영리하고, 재미있고, 좋은 사람인지 알려 주고 싶다. 그럴 수 없기에 나는 이 글을 쓴다. 당신이 얼마나 용감하고, 영리하고, 재미있고, 좋은 사람인지 알려 주기 위해. 지금은 이 말이 필요 없을지라도 기억해 주길 바란다. 언젠가는 도움이 될 테니까.

당신은 용감하고, 영리하고, 재미있고, 좋은 사람이다. 이 한마디가 당신이 미래에 이룰 모든 일들의 기반이 될지도 모른다. 언젠가는 당신에게 크게 쓰일지도 모른다.

위대한 과학자 10인

◇◇◇◇◇◇◇◇◇◇◇◇◇◇◇◇◇◇◇

(그러고 보니, 전부 여자잖아?!)
앤 테리오

1. **에이다 러브레이스** Ada Lovelace (1815~1852)
   세계 최초의 컴퓨터 프로그래머 ('해석 기관'을 검색해 볼 것!)

2. **마에 제미선** Mae Jemison (1956~)
   나사 소속 우주 비행사로 최초로 우주를 여행한 흑인 여성

3. **마리아 메이어** Maria Mayer (1906~1972)
   원자핵의 원자 껍데기 모델을 제안한 노벨상 수상자

4. **셜리 잭슨** Shirley Jackson (1946~)
   MIT에서 박사 학위를 받은 최초의 흑인 여성이자 광섬유 케이블 발명가

5. **리제 마이트너** Lise Meitner (1878~1968)
   핵분열 가설을 세운 최초의 과학자

6. **애니 점프 캐넌** Annie Jump Cannon (1863~1941)
   별 분류법 개발에 핵심 역할을 한 천문학자

7. **캐럴라인 허셜** Caroline Herschel (1750~1848)
   혜성을 발견한 최초의 여성이자 영국 왕립학회에 연구가 소개된 최초의 여성

8. **사미라 무사** Sameera Moussa (1917~1952)
   핵 기술을 의학적으로 사용할 수 있도록 연구한 이집트의 핵물리학자

9. **로절린드 프랭클린** Rosalind Franklin (1920~1958)
   DNA와 RNA 구조를 밝히는 데 기여한 과학자

10. **히파티아** Hypatia (360~415 추정)
    이집트 알렉산드리아 지역의 신플라톤학파를 이끌었던 수학자이자 천문학자이
    자 철학자

머리가 엉망인 날

스테이지아 버링턴

본명은 케이토. 미술가이자 일러스트레이터로 어른과 어린이를 위한 책에 삽화를 그렸고, 건물과 헬멧과 옷에 그림을 그렸다. 세상에 연민과 아름다움을 불어넣기 위해 매일 노력하고 있다.

3부

젠더

HERE WE ARE

개는 걸레야. 개는 꽉 막혔어. 개는 발랑 까졌어. 개는 내숭을 떨어. 개는 싸게 굴어.

섹스를 하겠다는, 혹은 하지 않겠다는 결정을 놓고 사람들이 하는 말입니다.

이 말들에는 도덕적 평가가 들어 있습니다. 하지만 섹스를 할지 말지에 대한 선택은

남이 왈가왈부할 문제가 아닐뿐더러, 한 사람의 성생활이 그 사람의 가치나

지위에 영향을 미치지도 않습니다.

그. 그녀. 퀴어. 트랜스. 무성애자.

페미니스트는 여성, 남성, 트랜스젠더, 젠더퀴어 ● 혹은 다른 무엇이든 될 수 있습니다.

성 정체성을 정하지 않을 수도 있고, 오늘은 이런 정체성으로 살았다가

다음 주에는 다른 정체성으로 살 수도 있어요. 특정 신체 부위가 있고 없고는

페미니즘과 관련이 없으니까요.

페미니즘 파티에서는 특정 신체 부위 때문에 누군가를 내치지 않습니다.

우리 파티에서 중요한 건 모든 개인이 평등하다는 믿음뿐이거든요.

여러분이 스스로를 트랜스 남성으로 정체화하든, 여러 젠더를 유동적으로 오가든,

자유롭게 섹스를 즐기든, 섹스를 전혀 하지 않는 편을 택하든 상관없습니다.

여러분은 성 정체성과 관계없이 페미니스트이자 중요한 사람이니까요.

여러분의 목소리와 그 목소리로 들려줄 이야기는 모두 소중합니다.

원하는 대로, 크거나 작은 목소리로 이야기를 풀어놓으세요. 그럴 자격이 있으니까요.

● **젠더퀴어** 젠더를 남녀로 구분하는 이분법에서 벗어난 성 정체성.

삼십 대에 친한 여자 친구가 생겼다.

이랑 '한 가지만 하라'는 말을 많이 듣는 사람. 영화와 음악 그리고 그림 그리는 일을 전부 직업으로 삼고 있다. 정규 앨범 「욘욘슨」 「신의 놀이」와 단편 영화 「변해야 한다」 「유도리」 등을 발표했고, 「이랑 네컷 만화」 「내가 30代가 됐다」 「대체 뭐하자는 인간이지 싶었다」를 썼다. 이랑은 본명이다.

아직 낯설지만 그래도 즐겁다.

우정과 사랑의 차이는 뭘까?

그러던 어느 날

있잖아

너랑 자고 싶어

!!!

뭐라고 대답하지?!?

일단

나.. 나는
아직..그..그런 걸
해 본 적이..
없는데...

친구랑 키스 연습은 해 본 적 있고

우와 크다

하핫 작다

가슴을 서로 보여 준 적도 있지만

그것보다 더 할 수 있을까?

일단 멈춤

가능성

내가 ○○ 라고 확신할 수 있을까?

난 삼십 대나
됐는데?

혼란스럽다고 말해도 될까?

바뀌면 바뀌는 대로

머리 모양이 바뀌듯이

옷 입는 취향이 바뀌듯이

혼란을 자연스럽게

오늘 밤 나는

혼란과 함께 울고 있다

언젠가, 적당한 답도 우리 가족이 될 거야

여자 친구에게
고백을 받았다

이랑

'한 가지만 하라'는 말을 많이 듣는 사람. 영화와 음악 그리고 그림 그리는 일을 전부 직업으로 삼고 있다. 정규 앨범 「욘욘슨」 「신의 놀이」와 단편 영화 「변해야 한다」, 「유도리」 등을 발표했고, 『이랑 네 컷 만화』 『내가 30代가 됐다』 『대체 뭐하자는 인간이지 싶었다』를 썼다. 이랑은 본명이다.

초등학교 4학년 때, 엄마가 나를 데리고 성남 뉴코아백화점에 옷을 사러 갔다.

그날 내가 고른 옷은 나무색 바지 정장이었다. 그 옷에 마음을 빼앗긴 뒤에는 다른 어떤 옷도 눈에 들어오지 않았다. 백화점 직원은 그 옷이 '남아용'이라며, 옷을 붙잡고 놓지 않는 나를 설득했지만 나에게 '남아용' 따위는 전혀 중요하지 않았다. 결국 내 고집을 꺾지 못한 엄마와 직원은 그 옷을 쇼핑백에 담아 주었다. 당장 다음 날 그 옷을 입고 학교에 갔고, 예상대로 내 옷은 모두의 눈을 사로잡았다. (아니 사로잡았던 것 같다!) 내 옷을 본 선생님과 친구들이 '이건 남자 옷 아니냐'며 이런저런 말들을 얹었지만 그런 말들은 하나도 중요하지 않았고 나는 그 날, 학교에서 제일 멋있는 옷을 입은 사람일 뿐이었다.

며칠 뒤, 다른 반 남자애가 내 바지 정장과 똑같은 옷을 입고 학교에 왔다. 그것으로 내 옷이 정말 '남자 옷'이었음이 모두에게 증명되었고, 나는 부끄러움을 견딜 수 없었다. 당시 내가 나 스스로를 뭐라고 생각했던 간에 나는 학교에서 '여자애'로 분류되어 있었기 때문이다.

그날 이후, 두 번 다시 그 정장을 입지 않았다.

나는 내 '여성성'을 아주 어릴 때부터 부정했었다. 엄마가 나를 임신했을 때 '아들'임을 확신했기 때문에 나를 낳았다는 이야기를 쭉 들어 오기도 했었고, 어린 눈으로 보기에 어디에서나 주도적인 인물은 남자이기 때문인 것도 있었다. 어릴 때 엄마를 따라다녔던 종교 집회에서 무대에 올라 마이크를 잡는 사람은 언제나 남자였고, 이런저런 행사를 주최하고 사회를 보는 사람도 남자였다. 그랬기에 나도 오빠들을 따라다니며 집단을 주도하는 무리에 끼려고 노력했다. 그런 나를 두고 언니들이 모여 쑥덕거리는 것도 애써 무시하면서 나는 오빠들 곁에서 최대한 버텼다.

어떤 가족 내력인지는 모르겠으나, 나도 그리고 우리 친언니도 항상 무리에서 눈에 띄는 존재여야 한다는 의식이 있었다. 그것이 공부든, 오락이든 상관없었다. 두 살 위인 언니는 항상 공부에서 전교 1, 2등을 유지하며 반장이나 회장을 맡았고, 나는 매해 반의 오락 부장을 맡았다. 자고로 회장이나 부장은 어디에서나 기세가 등등해야 하는 법. 그래서 나도 항상 목소리를 크게 내고 크게 웃고 큰 소리로 욕을 많이 했다. 4학년 때 산 그 정장은 더는 못 입었지만, 여전히 '남자처럼' 옷을 입고 남자애들과 잘 어울리는 것이 나의 장점이라고 여겼다.

그렇게 기세 좋은 오락 부장으로서 학교생활에 어려움이 없던 5학년 어느 여름, 처음으로 같은 반 남자애 발에 얼굴을 걷어차였다. 그날, 턱이 돌아갈 정도로 세게 걷어차여 내 입에선 피와 침이 섞여 줄줄 흘렀다. 그 애는 내 얼굴을 걷어찬 이유가 내가 "나대는 게 기분 나빠서."라고 말했다. 입에 피가 흥건한 탓에 말도 제대로 못하는 상태로 울면서 억울함을 호소했지만, 선생님은 내 눈앞에서 애써 사태를 무마했다. 가해자인 그 애는 다음 날 '인디안밥' 한 봉지를 사과랍시고 내 책상에 올려 두었다.

그 시절의 내 모습을 생각하면 항상 '남자처럼' 행동하려고 애썼던 것 같은데, 그럼에도 불구하고 매년 남자애들에게 얼토당토 않은 '결혼하자'는 편지로 고백을 받고는 했다. 주변에서 시작한 설익은 연애는 언제나 '남자애♡여자애' 구성이었고 여자애들은 보이 그룹을, 남자애들은 걸 그룹을 좋아했다. 걸 그룹을 좋아하는 여자애들이나, BL 만화를 보는 여자애들이 간간이 있었지만 그렇게 눈에 띄지는 않았다.

캡 모자에 반바지를 입고 날뛰던 초등학교 생활을 마치고 입학한 여중에서는 중성적인 친구들이 인기가 많았다. 치마 교복도 잘 어울리지만 체육복 바지를 입었을 때 더 근사한 친구가 반에서 제일 인기였고, 숏 커트에 키가 큰 농구부 친구에게 돌아가면서 한 번씩 안겨 보는 게 반 애들 사이에서 유행이었다. 서로 윗옷을 들어 올려 가슴이 자란 걸 비교해 보거나 여러 명이서 한 명을 붙잡고 바닥에 눕혀 치마와 스타킹을 벗기는 놀이를 하기도 했다. 운동장에서는 농구도 피구도 말뚝박기도 고무줄놀이도 다 했다. 그때 제일 친했던 정아라는 친구와 나는 아침 인사로 서로의 입술에 뽀뽀를 하고 서로를 '미친년~'이라고 욕하며 즐거워했다. 하지만 우리 중 '레즈비언'이나 '동성애'라는 말을 아는 사람은 없었다.

지금 기억해 보면 항상 묘한 교류가 흐르고 있었던 성남여중 생활은 가족들이 산본 신도시로 이사해 남녀 공학 중학교로 전학하면서 끝이 났다. 초등학교 때와 별반 다를 게 없는 남녀 공학 중학교 생활은 '묘한 여중 생활'을 1년이나 겪은 내 수준과 맞지 않았지만, 놀라울 정도로 금방 적응해 '때리고 도망치는 남자애 쫓아가서 잡기' 놀이를 쉬는 시간마다 했다.

영 수준이 나아지지 않는 중학교 생활이 끝나고 나는 (2주 만에 그만두긴 했지만) 안양여고에 진학했다. 그 잠깐의 여고 생활 중에 처음으로 '레즈'라는 말을 배웠다. 우리 반에 다른 학교 여자애와 사귀는 '레즈'가 있었기 때문이다. 그때 내가 그 친구에게 물어봤던 질문이 아직도 생각나는데 그 질문을 다시 생각하니 부끄럽기만 하다.

"너네는 만나면 뭐 해?"

어느 쉬는 시간 내가 우리 반 레즈 친구에게 물었다.

"그냥 카페 갔다가 영화 보고 노래방 가고 그래."

그 대답을 들은 나는 "뭐야~. 그냥 친구랑 하는 거랑 똑같잖아." 라고 실망한 듯 말했고, 우리 반 레즈는 "그렇지 뭐." 하고 웃었다.

그다음에 내가 정말 그 말을 했는지 지금 와서 지어낸 기억인지는 모르겠으나

"그럴 거면 왜 여자랑 사귀어?"라고 물었던 것 같기도 하다.

그리고 나는 삼십 대에 처음으로 여자 친구에게 고백을 받았다.

그 친구와 나는 카페에 가고 영화를 보고 자주 밥을 같이 먹었다. 밤새도록 이야기를 나누어도 전혀 지루하지 않았고 매일 만나는 것도 지겹지 않았다. 심지어 그 당시 사귀던 남자 친구를 만나는 것보다 그 친구를 만나는 게 더 좋았다. 외국인이었던 그 친구가 1년 동안 일했던 학교 일을 마치고, 본국으로 돌아가기 전까지 3주 동안은 내 집에서 쭉 같이 지냈다. 그 여름, 에어컨도 없던 내 방에서 나는 속옷만 걸치고 잠을 잤고, 친구는 내 침대 밑에서 잤다.

그러던 어느 날, 친구가 "집에서 잘 때는 옷을 좀 입고 있어 줘."라고 곤란한 얼굴로 말했다. 친구는 나를 좋아하고, 나와 섹스를 하고 싶은 욕망이 있기 때문에 힘들다고 고백을 했다. 동성 친구가 나를 보고 '섹스'를 떠올릴 수 있다는 사실을 처음 접하고 매우 놀랐지만, 놀란 것을 고스란히 드러내고 싶지 않아서 그 순간엔 장난을 치며 방금 들은 말을 무마하려고 했다. 그 친구와의 매일매일이 이토록 즐거운데, 그 관계에 성적인 관계를 추가하는 것은 생각해 본 적도 없거니와 일부러 더 생각하지 않으려고 노력했다. 그저 혼란스러운 상황을 피하고만 싶었다. 그 친구가 돌아가는 날까지 집 안에서는 조금 더 신경 써서 몸을 가리는 옷을 입었고, 우리는 전처럼 함께 카페에 가고 영화를 보고 밥을 먹는 생활을 계속해 나갔다.

친구가 돌아가기 전날 밤, 부엌 식탁에 마주 앉은 우리는 약속이나 한 듯 말을 아끼고 있었다. 나는 이 헤어짐이 다른 이별과는 뭔가 다르다는 것을 느끼고 있었지만 성적인 관계의 가능성을 열어 보겠다는 결심이 선 것도 아니었기에 어떤 말도 섣불리 꺼내기가 어려웠다. 친구가 자러 가겠다며 자리에서 일어나기 전, 마지막으로 내게 한 번 더 자기 마음을 말했다.

"내가 너를 좋아하는 거 알지?"

나는 "응, 알아."라고 대답하고 더 다른 말은 얹지 않았다. 그 후 오랫동안 혼자 부엌에 앉아 있다가 방에 들어가 친구가 누워 잠든 모습을 조용히 내려다보았다. 침대에 누워서 잘 오지 않는 잠을 청하며 '내일 헤어질 때 굿바이 키스 정도는 나도 할 수 있겠지.'라고 생각 혹은 다짐을 했다.

아침에 일어나니 친구가 누워 있던 자리는 멀끔하게 정리되어 있고, 친구도 그녀의 짐도 보이지 않았다. 깜짝 놀라 집 안을 둘러보니 식탁 위에 브라우니 포장지가 눈에 띄게 놓여 있었다. 우리가 거의 매일같이 사 먹었던 그 브라우니의 하얀 종이 포장지에는 "너를 깨우고 작별 인사를 하는 게 너무 힘들어."라고 쓰여 있었다. 브라우니 조각이 군데군데 묻어 있는 그 편지를 읽자마자 나는 소리를 지르며 엉엉 울기 시작했다. 부엌에 앉아 몇 시간을 내리 울면서 아주 많이 후회했다. 사랑하는 사람에게 사랑한다고 솔직하게 말하지 못한 것. 지금까지 동성을 '사랑하는 상대'로 생각해 본 적이 없다는 이유로 함께 있을 때 그녀에게 내 마음을 전하지 못한 게 제일 후회스러웠다. 3주간의 동거 생활에서 그녀에게 많은 상처를 주었을지도 모른다는 생각에 죄책감도 많이 들었다. 그녀가 떠난 뒤에 이렇게 이별에 아파할 줄 몰랐다.

그녀와의 만남과 이별 이후, 나는 내 사고방식과 성 정체성에 큰 혼란을 겪었다. 지금은 그 혼란을 피하지 않고 더 많이 생각해 보면서 살아가고 있다. 그 대상이 누구든 사랑하는 상대의 몸을 보고 싶고 만지고 싶은 것. 그 열망은 지금 나에게도 있고 러시아에서

여자 친구와 함께 살고 있는 그녀에게도 여전히 있을 것이다. 그것
을 내게 솔직하게 표현해 준 그녀에게 고마운 마음을 전하고 싶다.
그리고 그때 하지 못한 말도 비겁하게나마 이 글을 통해 전하고
싶다.

I love you, Ksenia.

호감의 규칙

코트니 서머스

캐나다에 살면서 글을 쓴다. 청소년소설 『소문보다는 *Cracked Up to Be*』『이건 시험이 아니다 *This Is Not a Test*』『올 더 레이지』 등을 썼다. 2015년에는 젊은 여성들을 지지하는 메시지를 보내자는 내용의 #ToTheGirls 해시태그 캠페인을 벌이기도 했다. courtneysummers.ca에서 그녀를 만날 수 있다.

여러분에게 들려주고 싶은 이야기가 하나 있다.

주인공은 한 소녀로 정해 두었다.

까다로운 여자아이.

그 애가 까다로운 건 내가 일부러 계획한 게 아니다. 다섯 권의 책을 쓰고 펴내면서 내가 깨달은 어떤 사실 때문에 그 애는 까다로운 소녀가 될 수밖에 없었다.

우리가 사는 세상에서 '소녀는 설탕과 향신료와 온갖 좋은 것들로 만들어진다.'라는 동요 가사는 제안이라기보다 기대에 가깝다. 최악의 경우 여자아이들에게만 주어지는 요구이기도 하다. 여자아이들은 얌전하고, 이타적이고, 자기를 내세우지 않고, 조심스럽고, 조용하고, 공손해야 한다. 회사에서든 가정에서든 정부에서든, 여자는 지도자가 될 수 없다. 자기 몸에 대한 발언권도 없다. 우리는 여자아이들에게 반드시 어떻게 되어야 한다고 끝없는 강요를 한다.

여자라면 사회가 정해 준 선을 넘자마자 이 사실을 알게 된다. 선 밖에서 첫 숨을 들이쉬는 순간 누군가 이래라저래라 하면서 간섭하고 나설 테니까.

그러나 내 책 속 소녀들은 선 밖에서 숨 쉬며 살아간다. 내 책의 주인공 소녀들은 고통과 트라우마와 맞서 싸운다. 못된 사람들과 우울, 죽음, 자살, 성폭력으로 가득한 잔인하고 적대적인 환경에서 최선을 다해 앞으로 나아간다.

그들은 첫 페이지 첫 문장부터 깜깜한 방에 갇혀 고통받는다. 이어지는 여러 페이지에 걸쳐 출구를 찾아 헤매다가 문을 발견한다. 문고리를 찾아 어둠 속을 더듬는다. 자신이 갇혀 있는 방을 나가기 위해 분투한다.

내 책 속 소녀들은 언제나 출구를 찾는다.

그런데 주인공이 출구의 문을 열자 다른 방이 나오고, 거기에 독자들이 있다면 어떨까? 몰래 그녀를 지켜보고 있었다면? 어떤 이들은 주인공의 분투에 공감할 테지만 그러지 못한 이들도 있을 것이다. 소설에 대한 감상은 주관적이기 마련이니까. 어떤 이들은 이렇게 말할지도 모른다. "네가 여기까지 오느라 정말 고생한 건 알겠지만, 좀 더 호감 가게 행동했을 수도 있을 텐데.”

소설에서 제일 중요한 건 호감이다.

즉, 소설의 세계는 호감의 규칙이 지배한다.

여성 인물은 다른 무엇보다도 호감이 가야 한다. 그러지 않으면 독자의
이상에서 어긋나니까.

안타깝게도, 고통과 트라우마는 설탕과 향신료와는 달리 여자
아이를 만드는 요소가 아닌 모양이다. 솔직히 말해 고통에서 **호감**
을 느낄 게 뭐가 있겠는가. 고통은 괴롭고 이기적이다. 사람을 갉
아먹어 외톨이로 만들고, 시끄러우며, 흉측하다. 고통에 빠진 여자
아이 역시 그렇게 될 수 있다. 그런 주인공은 확실히 독자가 기대
하는 이상과 거리가 멀다. 우리 솔직해지자. 못된 여자아이 이야기
를 읽는 건 즐겁지 않다.

어떤 독자들은 생각한다. 호감의 규칙을 깨 버린, 그리고 소설
후반에 이르러서도 반성하지 않은 여성 인물은 독자의 공감과 지
지를 얻지 못해도 싸다고. 호감 가지 않는 여성 인물은 독자의 시
간과 연민, 공감이나 친절을 받을 자격이 없다고 여긴다.

심지어 책 속 다른 인물의 시간과 연민, 공감이나 친절을 받을 자
격도 없다고 생각한다.

2015년에 나는 『올 더 레이지』라는 소설책을 냈다. 주인공 로미

는 지역 보안관의 아들에게 강간을 당한다. 가해자는 유력한 집안 출신의, 미래가 촉망받는 젊은이이고 로미는 완벽과는 거리가 먼 가난뱅이다. 로미가 강간당했다는 이야기가 퍼지자 온 동네가 로미에게서 등을 돌린다. 로미에게는 즉각 거짓말쟁이라는 낙인이 찍히고 "강간당했다고 떠벌리고 다니는 여자"라는 꼬리표가 붙는다.

로미는 고통을 추스르고 삶을 계속하기 위해 고군분투하는데, 그 싸움을 한결 힘들게 만드는 건 로미를 지켜보는 무자비한 청중들의 존재다. 청중들은 로미를 믿지 않는 편이 더 쉽고 안전하다고 생각한다. 로미가 실수를 하거나 미심쩍은 행동을 하거나 (특히) 트라우마 때문에 남들에게 호감을 주지 않는 행동을 보이면 과연 로미는 신뢰할 수 없는 사람이라고 속단한다.

로미를 둘러싼 강간 문화는 이렇듯 여러 끔찍한 결과를 낳는다.

이 소설에는 로맨스도 한 가닥 들어 있다. 로미는 일터에서 리언이라는 남자아이를 만난다. 인생에서 제 뜻대로 할 수 있는 게 외모 꾸미기밖에 없는 로미는 일종의 갑옷처럼 빨간 립스틱과 매니큐어를 바르고 다니는데, 리언이 그 점에 관심을 보인다. 로미도 리언에게 호감을 느낀다. 강간당한 이후 처음 있는 일이다.

그렇지만 로미는 외상 후 스트레스 장애(PTSD)에 시달리고 있다. 과거의 경험들은 로미가 원하는 미래를 꾸려 나가기 어렵게 만든다. 리언은 한 마을 건너에 살기 때문에 로미에게 무슨 일이 일어났는지 모른다. 리언 앞에서만은 '강간당했다고 떠벌리고 다니는 여자'가 아닐 수 있다는 점이 큰 위안이기 때문에, 로미는 리언이 그 일에 대해 끝까지 모르기를 바란다.

소설이 진행되면서 로미는 점점 더 두 자아를 분리하는 데 어려움을 겪는다. 로미는 리언과의 관계를 엉망으로 만들어 버리지만, 그래도 리언은 떠나지 않고 로미의 곁을 지킨다. 왜냐면……

"왜? 대체 왜 떠나지 않지?"

소설을 내고 나서 나는 같은 질문을 숱하게 들었다. 그다음엔 이런 푸념이 뒤따르곤 했다. "리언이 그렇게 까다롭고 비호감인 여자랑 사귀는 이유를 모르겠어."

로미는 호감의 규칙을 깼다. 따라서 리언의 사랑도 독자의 응원도 받을 자격이 없는 인물이 되었다.

로미는 까다롭다. 사실이다. 성급하게 움직이고, 때로는 못되게 굴기도 한다. 로미가 비호감일 수는 있다. 하지만 사람이라면 누구나 그렇지 않던가? 더군다나 로미는 트라우마를 안고 있다는 걸 기억하자. 겉보기에 까칠해 보일지언정 저 나름대로는 최선을 다하고 있는 것이다. 리언을 향한 로미의 최선이 독자의 기대에는 까마득히 모자랄지라도 말이다.

독자의 기준에서라면 로미는 리언의 사랑을 받을 자격이 없다. 로미를 한번 비호감으로 낙인찍은 독자들은 리언이 로미의 아픔을 이해하는 것조차 마뜩지 않게 여긴다. 로미가 노력하고 있다는 건 독자의 기준에선 별 의미가 없기에, 리언이 로미를 소중히 여기고 도우려는 동기로 부족하다. 이런 독자들은 로미가 주는 상처를 리언이 기꺼이 감내하는 것에도 별 의미를 두지 않을 것이다. (하지만 그건 작가인 내겐 중요한 사실이었다. 고통받고 있다는 게 다른 사람을 못살게 굴 자격이 있다는 뜻은 아니니까.) 리언은 장래가 기대되는 청년이고, 로미는 그가 제공하는 좋은 것들을 누릴 자격이 없다. 그런데도 관계를 유지하기 위해 노력하고 있는 쪽은 로미가 아니라 리언이다. 로미는 그의 사랑을 받을 자격이 없다.

자, 위 주장을 우리가 지금껏 한 톨의 의심 없이 받아들인 **남성 인물**들의 서사와 나란히 놓아 보자. 많은 남성 인물이 자기 고통을 이겨 내느라 주위 여자들을 함부로 대하고 이용한다. 그런데도 그들은 깊이 있고 복잡한 인물이라는 칭찬을 받는다. 여성 인물들을 다정하게 대하는지 여부는 남성 인물의 평가 항목에서 제외된다. 남성 인물들은 **복잡**해도 된다. 실제 현실 속 인물들처럼.

어떤 독자들은 작중 인물이 '비호감인 여성 인물'에게 시간과 애정을 쏟음으로써 개인적으로 이득을 얻는다면, 그 여성 인물이 시간과 애정을 받을 가치가 있다고 여긴다. 반면 그녀를 사랑함으로써 얻는 이득이 뚜렷하지 않고 손에 잡히는 보상이 없다면, 그녀는 사랑받을 가치가 없다고 여긴다.

소설 속 여성 인물이 호감 가는 사람이길 바라는 건 괜찮다. 어떤 인물에게는 끝까지 호감을 느끼지 못해도 괜찮다. 하지만 '호감'과 '비호감'을 스스로 어떻게 정의하고 있는지는 한번 면밀히 검토해 볼 필요가 있다. 어쩌면 놀라운 사실을 발견하게 될지도 모르니까. 혹시 당신이 인물에 대해 느끼는 호감과 비호감의 조건이 인물의 성별에 따라 달라지지는 않는가?

만일 그렇다면, 정확히 어떻게 그러한가?

우리가 소설 속 여성들에게 어떤 잣대를 들이대는지, 그리고 그 잣대가 현실 속 여성에 대한 기대를 어떻게 반영하는지, 무엇보다도 그 잣대가 여성들에게 어떤 감정적 여파를 미치는지 반드시 점검해 보아야 한다. 까다롭고 상처받았다는 이유로 여성 인물들이 사랑받을 가치가 없다고 말할 때, 우리는 현실의 여성들에게도 같은 말을 하고 있는 게 아닐까? 고통을 숨기고 호감 가는 행동을 해야만 사랑받을 자격이 생긴다고 말하고 있는 게 아닐까?

많은 여성 독자가 내 책을 읽고 자기 이야기를 털어놓았다. 내 소설 속 까다롭고 비호감인 여자 인물에게 감정을 이입할 수 있었다고 말해 주었다. 자신 또한 비슷한 일을 겪었으며, 지금도 고통을 견디면서 살아간다고 말했다. 책 속에서 자기와 닮은 여성을 발견한 그들은 안도했다. 마침내 자신의 경험이 유효한 것으로 인정받았다고 느낀 것이다. 사회에 깊이 뿌리내린 여성에 대한 기대를 충족시키는 데 '실패한' 사람이 자기만이 아니라는 걸 알고 외로움을 덜었다. 내 책의 여성 인물들을 만나기 전에는 상처를 직시하고 극복하는 대신, 고통을 무시하고 아무 일도 없었던 척해야 한다고 생각했단다. 좋은 여자가 되려면 그래야 하니까. 이렇듯 많은 여성이 언제나 상냥하고 호감이 가도록 굴어야 한다는 압박을 느낀다. 때로는 스스로를 좀먹으면서까지 다른 사람들의 호감을 사려고 노력한다.

단지 편안하게 술술 읽히는 이야기를 만들기 위해 여성 인물에게 복잡한 감정을 허락하지 않는 세상은, 곧 여성이 어떤 조건을 만족시켜야만 가치 있다고 말하는 세상이다. 여성들이 일상적으로 겪는 난관과 분투를 인정하고 이해하는 세상이 바로 여성이 중요하다고 말하는 세상이다. 소설 속에서 여성이 얼마나 중요한지 보여 주면 현실의 여성들이 힘을 얻는다. 그리고 힘을 얻은 여자는 무엇이든 마음먹은 대로 해낼 수 있다. 사회 부조리를 소리 높여 규탄할 수 있다. 시민운동을 시작할 수 있다. 노벨상을 탈 수 있다. 유리 천장을 깰 수 있다. 세상을 바꿀 수 있다.

세상을 바꾸는 도구를 발명함으로써 다른 여성들에게도 힘을 전파할 수 있다.

독자로서 당신은 어느 쪽인가? 소설 속 여성 인물들이 호감 가게 행동하는 것이 제일 중요하다고 생각하는가, 아니면 타인의 호감을 얻는 게 여성의 유일한 존재 목적은 아니라는 사실을 이해하는가?

나는 지금 까다롭고 상처투성이이며 마음속에 분노가 가득한 '비호감 여성 인물'에 대한 소설을 쓰고 있다. 앞으로도 계속 그럴 것이다. 내 소설에서 그들은 언제나 누군가에게서 보살핌을 받고 사랑받을 것이다. 내 소설을 읽고 해명을 요구하는 독자도 있을 것이다. 하지만 나는 해명하지 않겠다. 그럴 이유가 없으니까.

고통받는 여성에게 타인의 시간과 인내와 이해와 연민과 공감과 사랑을 얻을 자격이 없다는 생각은 이제 그만두자. 상냥하고 호감 가게 행동해야만 그런 자격이 생긴다는 생각도 그만두자. 내가 호감의 규칙에 반대하고 나선 이유는 사회가 그은 선 밖에서 살아가는 여성들을 내 눈으로 똑똑히 보았기 때문이다. 자기 고통을 숨기지 않더라도, 남의 호감을 사려 노력하지 않아도, 모든 여성에게는 존재 가치를 인정받고 인생의 좋은 것들을 누릴 자격이 있다. 상처 입은 여자들에게 우리의 마음에 들도록 노력할 의무가 있는 건 아니다. 의무는 오히려 우리에게 있다. 우리는 그들에게 알려주어야 한다.

당신은 가치 있으며, 좋은 것들을 누릴 자격이 있는 사람이라고.

그렇다, 정말 그렇다. 당신은 귀하다.

진실이라 착각했던
거짓말들

케일라 웨일리

『아동문학에서의 장애*Disability in Kidlit*』의 편집자. 웨일리의 글
은 『더 토스트』 『이스태블리시먼트』 『언캐니』 등에 실렸다. 트위
터 @PunkinOnWheels나 웹 사이트 kaylawhaley.com에서 그녀
를 만날 수 있다.

케일라에게.

최근 네 생각을 많이 했어. 너는 내 생각을 안 했겠지. 지금 네게
이십 대는 마치 다음 생처럼 멀게 느껴질 테고, 어떤 의미에선 실
제로 그렇기도 하니까. 하지만 나는 네가 그립구나. 무엇이든 할
수 있다고 믿었던 너의 확신이, 처음 보는 사람에게도 겁 없이 웃
어 보이던 너의 편안함이 그리워. 도무지 바닥나지 않을 것 같던
너의 희망이 그리워.

하지만 그것도 결국은 바닥나더라. 너도 사람이니까. 남들은 네

128

가 탄 휠체어가 마치 성스러운 부적이라도 되는 양, 네가 순수하고 강인한 사람일 거라고 지레짐작하지. 오로라 공주에게 선물을 건네는 요정처럼 확언하기도 해. "너는 깨끗해, 너는 순수해, 너는 착해." 그러면 너는 고개를 끄덕이고 고맙다고 말해. 그래야지 뭐, 별수 있겠어?

네가 망가졌다는 걸 처음 깨달았을 때가 언제였는지 기억하니? 지금 나는 기억나지 않아. 나는 언제나 '그냥 나'였으니까. 물론 보통 애들이랑 다르긴 했지만. 인생의 어느 시점에 내가 '다르다'에서 '틀리다'로 건너뛴 건 분명해. 아니, 건너뛰었다는 건 조금 과장된 표현이겠다. 넓은 세상 속에서 작고 여렸던 내게 '다르다'와 '틀리다'는 그리 멀지 않았으니까. (이런 말 하긴 싫지만, 세상은 아직도 넓어. 하지만 나도 그만큼 자랐지.) 어쩌면 '다르다'와 '틀리다'는 고작 숨결 하나 차이일지도 모르겠어. 말했잖아, 잘 기억나지 않는다고.

쓸데없는 말이 길어져 버렸네. 중요한 건 네가 '망가진 사람'이었고, 너도 그 사실을 알고 있었지만, 한편으로 너는 그냥 너였다는 거야. 너는 (다들 말하듯) 미소가 아주 예뻤고 (어떤 버스 안내원이 말해 준 바에 따르면) 머리칼은 금실로 자아낸 것 같았지. 닥터페퍼 향 립밤을 즐겨 바르는 소녀였던 너는 어느 날 문득 궁금해졌어. 다른 사람들도 내가 이 립밤 바르는 걸 좋아할까? 남자애들이 그 립밤의 맛을 좋아할지가 특히 궁금했지. 남자애들이 네 아름다운 미소와 금빛 머리칼을 눈여겨봤는지도. 아마 그럴 거라고 생각했어. 남자애들은 다른 여자애들을 항상 눈여겨보았으니까.

하지만 넌 다른 여자애들이랑은 달랐잖아, 그렇지?

다른 여자애들은 몸을 똑바로 지탱하기 위해 척추에 철심 두 개를 박지 않았어. 몸이 자꾸 오른쪽으로 기울어서 옷이 비뚤어지지도 않았고, 춤을 출 때 어색하게 팔을 움직이며 헤드뱅잉을 할 필요도 없었지. 어디에나 백 몇십 킬로그램짜리 휠체어를 끌고 다니지도 않았어.

다른 여자애들은 예뻤어.

다른 여자애들은 섹시했어.

너는 남들이 갖고 싶어 하는, 섹시한 사람이 되어야 한다는 걸 일찍 (너무 일찍!) 깨달았지. 네가 너 자신의 모습을 좋아하는지 여부는 상관없었어. 중요한 건 남자애들이 널 좋아하는지 여부였으니까. 너는 첫 키스 시나리오를 여러 가지로 상상해 보았어. 보름달 아래 호숫가에서, 방과 후 교실에서, 어두운 영화관에서. 머릿속에서 배경을 꾸미고 인물들에게 동기를 부여하며 작은 연극을 몇 편이고 만들었지만, 상상으로라도 클라이맥스에는 이를 수 없었어. 정확히 어떻게 입을 맞출지 확신할 수 없었거든. 상대도 앉아 있을까? 아니면 서서 몸을 굽힐까? 휠체어가 방해가 되진 않을까? 방해가 되지 않을 리 없잖아, 휠체어는 언제나 걸리적거리니까. 그래서 너는 환상을 집어치웠어.

어떤 면에서는 섹스에 대해 환상을 품는 편이 더 쉬웠어. 사람들이 섹스를 어떻게 하는지 전혀 몰랐으니까, 그냥 영화 속 장면을 떠올렸지. 때로는 너 자신이 영화 속에 있다고 상상했고 때로는 그러지 않았어. 어느 쪽이든 죄책감이 따라붙었지. 스스로 몸을 만지긴 했지만 그 일은 아주 조용히 잽싸게 이루어졌고 즐기기도 어려웠어. 그러고 나서는 혹시 뭔가 잘못될까 봐 걱정이 들어서, 애초에 몸을 만지지 말았어야 한다고 뉘우쳤어.

다른 여자애들도 자위를 하는지는 알 길이 없었지. (지금은 확실히 알아. 여러 애들이 했을 거야.) 하지만 네가 자위를 할 거라는 생각은 아무도 못 했을 거야. 너는 몸이 망가졌으니까, 섹스에 관심이 있을 리 없잖아? 너처럼 깨끗하고 순수하고 착한 아이가 자위를 할 리 없지! 너는 남들이 믿는 대로 깨끗하고 순수하고 착한 아이가 되고 싶었고, 사실은 그렇지 않다는 걸 들킬까 봐 겁을 먹었어.

고등학교 때 제일 친했던 친구들이 독실한 기독교 신자였던 것도 별 보탬이 되진 않았어. 그 애들은 혼전 순결을 지키겠다고 했잖아. 좋아하는 남자애나 인기 연예인 이야기도 했지만, 그다음에는 미래의 남편을 위해 기도했단 말이야. 너희들은 둥글게 모여서 두 손을 모으고 고개를 숙이고 말했어. "주님, 언젠가 주님께서 저희 삶에 보내 주실 남자를 위해 기도합니다. 그가 유혹을 멀리했기를 기도합니다. 그를 받아들일 수 있게 주님께서 우리의 마음을 준비시켜 주시길, 우리의 몸을 순결하게 유지할 수 있도록 도와주시길 기도합니다. 아멘." 너도 기도를 따라 했지만 진심은 아니었어. 결혼 전에 섹스를 하고 싶었기 때문이 아니라 (어서 빨리 섹스를 하고 싶진 않았지만, 아, 솔직히 하고 싶기도 했어!) 네게 미래의 남편 따위는 없다는 걸 알았으니까. 언젠가는 누군가 네 매력을 발견해 주길 바랐지만, 머리가 아닌 본능으로 그렇게 직감하고 있었어.

이제 대학 입학을 앞두고 있지? 처음으로 이사를 해서 혼자 살고, 친구들을 사귀고, 새로운 강의를 듣는 건 지금 꿈꾸는 것보다도 훨씬 멋질 거야. 하지만 그게 다는 아니야. (원래 현실이 마냥 꿈같은 경우는 드물잖니.)

1학년 1학기에 너는 새로 사귄 친구에게 푹 빠지게 돼. 그 애는 똑똑하고 정열적이야. 그 애 옆에서 너는 그 어느 때보다도 환한 웃음을 지을 수 있지. 게다가 그 애도 너에게 호감을 느껴. 처음엔 알아채지 못하지만, 곧 그 애가 너를 마치 비밀을 나누고 있는 사이처럼 바라본다는 걸 알게 돼. 가끔은 네 바로 옆에 앉아서 일부러 몸을 스치기도 하고, 네게 농담을 건넬 때만 평소와 다른 목소리를 내. 그럴 때면 네 목소리도 달라지지. 전부 착각이면 어쩌나 걱정이 들기도 하지만, 희망을 완전히 떨칠 수는 없어. 대학에선 어떤 일이든 벌어질 수 있잖아? 어쩌면 대학에선, 넌 망가진 사람이 아닐지도 몰라.

여기선 너도 다른 여자아이들과 똑같을지도 몰라. 그렇게 기대했어.

미안하다는 말부터 할게. 이 이야기가 어떻게 끝나는지 알려 주려니 마음이 아프다. 상처를 주기는 싫지만, 미리 알아 두면 마음의 준비 없이 겪는 것보다 충격이 덜할 수도 있어.

어느 날 밤, 너는 친구들과 춤을 추러 갈 거야. 네가 좋아하는 남자애도 온다고 해서 공들여 단장을 했어. 그 애랑 춤추러 가는 건 처음이거든. 화장을 하면서 너는 어둡고 붐비는 클럽 속 장면을 상상해. 사람들 사이에서 그 애와 바짝 붙어 있으면 어떤 기분이 들까?

그날 밤 너는 스스로가 자랑스러웠어. 춤추는 네 모습이 남들에게 어떻게 보일지도 신경 쓰지 않았어. 그날 밤 너는 너무나 예뻤으니까. 네 몸을 타고 흐르는 음악과 어둠 속에서 널 향해 웃고 있는 그 애 말고 다른 건 관심 밖이었지.

춤을 추고 나서 너는 친구들과 함께 기숙사로 돌아갔어. 땀과 담배와 맥주 냄새에 젖은 채 평소처럼 다 같이 방에 모여 앉았지. (술은 아무도 마시지 않았지만 클럽에서 밴 냄새가 오래 가더라고.) 누군가 그 남자애에게 즐거운 시간 보냈냐고 물을 거야. 그러면 그 애는 어깨를 으쓱하고는 대답해. "괜찮긴 했는데, 비율이 안 맞는 게 좀 아쉽다." 비율? 무슨 비율 말이야? 하고 되묻자 그 애가 설명해. "남자가 더 많아서 성비가 안 맞잖아."

너는 생각해. '남자가 더 많지 않은데.'

그리고 말하지. "여자 넷에 남자 넷이잖아."

그러면 그 애가 대답해. "하지만 너는 논외잖아."

너는 논외야. 너는 다른 여자애들과 달라. 너는 여자로 칠 수 없어. 네 몸은 우리와 다르고, 망가졌고, 가치 없어. 너도 그래. 너는 무가치한 사람이야. 너는 논외야.

다 알고 있던 거지만, 네게 대놓고 그렇게 말한 사람은 처음이었어. 그건 네가 너 자신에게조차 숨기던 비밀, 네가 무시하는 척하고 있던 사실이었지. 아무도 네게 대놓고 말한 적은 없었어. 그 남자애가 처음이었어.

'옳은 말을 듣는 게 이렇게 마음 아픈 일이구나.' 너는 생각했지.

하지만 그렇게 생각해선 안 돼. 본론부터 말하자면, 이제 나는 진실을 알아. 틀린 건 그 애야. 그 애 말이 옳다고 생각했던 너도 틀렸고.

너는 망가지지 않았어. 네 몸에는 아무런 잘못이 없어. 너는 아름답고, 섹시해. 하지만 사실을 말하자면 남들이 널 어떻게 보는지는 중요하지 않아. 너는 모든 별들과 은하와 우주의 수수께끼들을 합친 만큼이나 가치 있는 사람이니까.

너도 중요해.

너도 의미 있어.

널 사랑해.

괜찮다면 이야기를 하나 더 들려주고 싶어. 몇 년 뒤, 너는 스타 벅스에서 누군가를 기다리고 있어. 문이 열릴 때마다 초조하게 고개를 들었다가 실망해서 한숨을 쉬지. 그러다가 마침내 약속 상대가 도착해. "케일라?" 네가 고개를 끄덕이자 그녀가 네 앞에 앉아. 미소가 아주 아름다운 여자야. 그녀가 커피를 사고, 너는 그녀 앞에 앉아 있는 내내 공들여 바른 립스틱이 지워지거나 번졌을까 봐 안절부절못해. 너는 농담조로 입술을 걱정하고 있다는 얘기를 꺼내지. 그런데 헤어지고 나서 그녀가 너에게 문자를 보내. '네 입술에 묻은 립스틱을 내 입술로 지워 버리고 싶었어.'

그녀와의 인연은 한 번 더 데이트를 하고 끝났어. 그리 잘 맞는 상대는 아니었거든. 키스도 하지 않았지. 하지만 키스를 원하지 않았던 건 네 쪽이었어. 그날, 난생처음으로 아주 강해진 기분이 들어.

다가오는 몇 해 동안 너는 아주 많은 걸 알게 될 거야. 이를테면 너는 양성애자인데, 이십 대 초중반이 되기 전까지는 그게 어떤 의미인지도 모를 거야. 너는 글쓰기에 열정을 품게 될 거야. 오로지 단어와 의미만 가지고서 무언가를 창조하는 게 얼마나 즐거운 일인지 알게 될 거야. 아이라인을 깔끔히 그리는 법도 결국은 마스터할 거고.

너는 페미니즘을 알게 될 거야. 고작 네 음절이지만, 그보다 훨씬 큰 단어지. "나는 페미니스트다."라고 말할 때 경이로운 기분을 느끼게 될 거야. 그건 가장 용감한 선언인 동시에, 가장 기본적인 진실이거든.

나는, 내 삶이야.

페미니스트에게는, 가치가 있어.

너 자신을 사랑하는 법도 배우게 될 거야. 쉽진 않겠지만 고생한 보람이 있을 거야. 물론 가끔은 거울을 보면서 남들이 이런 몸을 만지고 싶어 할 리 없다고 생각하는 날들이 있겠지만, 그럴 때마다 두 가지 사실을 기억하게 될 거야.

'네 입술에 묻은 립스틱을 내 입술로 지워 버리고 싶었어.'

그리고,

나도 중요하다는 것. 나는 소중하다는 것.

사랑을 담아,
나로부터.

페미니즘
FAQ

Q '성(Sex)'과 '젠더(Gender)'는 다른 것인가?

'성'과 '젠더'는 다르다. '성'은 생식 기관과 다른 신체적 특징을 비롯해 사람들 사이의 생물학적 차이를 일컫는다. 성은 일반적으로 태어날 때 정해진다.

'젠더'는 개인이 선택한 정체성을 가리킨다. 어렸을 때 자기 젠더를 정하고 평생그 젠더로 사는 사람이 있는가 하면, 젠더를 바꾸는 사람도 있다. 자신의 젠더를 선택하고, 자신이 어떤 젠더인지 혹은 어떤 젠더가 아닌지 말할 수 있는 사람은 당사자뿐이다.

'시스젠더(cisgender)'는 타고난 성과 젠더가 일치하는 사람이다. 성과 젠더가 일치하지 않는 사람은 트랜스젠더(출생 시의 성과 대응하지 않는 젠더로 정체화한 사람)나간성(출생 시의 생식 기관이 생물학적 남녀 이분법에 들어맞지 않는 사람)이나 퀴어(이성애자나 시스젠더로 정체화하지 않는 사람 누구나 사용할 수 있는 용어), 혹은 스스로를 가장 잘 설명한다고 생각하는 정체성을 가질 수 있다.

모든 몸들

레이프 포지

『망가진 송가의 책*The Book of Broken Hymns*』으로 람다 문학상 트랜스젠더 소설 부문 후보에 올랐다. 서점 직원, 과학 교사, 국어 교사, 영화제 자원봉사자로 일한 경험이 있으며 지금은 볼티모어에서 대학생들에게 작문을 가르친다.

옛날 옛적에 나는 거의 여자였다. 여자로 사는 것에 능숙하진 못했다. 당연한 일이다. 사실 나는 남자였으니까. 남자가 되려고 분투하는 건 지치고 혼란스러운 일이었다. 트랜지션®은 너무 막연해서 거의 불가능하게 느껴졌다. 때로는 트랜스젠더로 사는 것을 그냥 포기하고 싶었다. 진정한 남자가 되겠다는 목표는 영영 내 손에 잡히지 않을 것 같았다.

수십 년 동안 진실을 억누르며 산 끝에 나는 마침내 트랜지션에 성공했다. 이제 나는 나이 지긋한 남성이다. 그리고 그 어느 때보

● **트랜지션** 호르몬 투여나 성전환 수술, 법적 성별 변경 등을 통해 자신이 생각하는 성별로 바뀌 나가는 과정.

다도 어엿한 페미니스트이기도 하다.

여자로 살려고 애쓰던 시절 나는 '페미니스트'라는 이름표를 일부러 피했다. 남녀가 평등해야 한다고 생각하긴 했지만 나는 페미니스트는 아니었다.

가장 큰 이유는 내가 분노하지 않았기 때문이었다. 더 정확히는 페미니즘의 문제들에 분노하지 않았다. 내가 분노하는 대상은 다른 데 있었다. 내가 아는 내 모습과 남들에게 보이는 내 모습 사이의 간극에 가장 화가 났다. 페미니스트들이 분노하는 문제에 대해 같이 분노하지 않는다면, 내가 페미니스트일 리는 없지 않은가?

하지만 그건 틀린 생각이었다.

과거에 나는 '페미니스트'를 자처하는 친구들 일부가 트랜스젠더에 대해 끔찍한 소리를 늘어놓는 것이 참 괴로웠다. 그들은 트랜스젠더 여성을 여성들만의 공간에 들이면 안 된다고 주장했다. 내가 들기엔 트랜스젠더 문제를 이해하지 못하고, 이해할 마음도 없는 소리였다. 그 친구들의 생각이 잘못되었다는 걸 어렴풋이는 알았다. 하지만 그들의 시각이 너무 편협하며 페미니즘이 더 많은 사람들의 것이라는 사실은 몰랐다.

마침내 여성에서 남성으로 트랜지션을 시작했을 때에도 나는 어째서 트랜스젠더가 페미니즘의 문제이고 페미니즘이 트랜스젠더의 문제인지 이해하지 못했다. 하지만 지금은 안다. 트랜스젠더의 삶을 힘들게 하는 문제들은 몸에 대한 자치권, 몸에 대한 결정권, 폭력과 공공 안전, 그리고 남들에게서 어떤 존재가 되라는 참견을 받는 것과 밀접한 관련이 있다. 남들이 "이게 네 의무야."라며 들이미는 것들은 순 헛소리다. 사람들은 쉽게 말한다. 이런 옷을 입어. 외모를 이렇게 꾸며. 이런 머리 모양을 해. 이런 걸 먹어. 이 화장실을 써. 몸매를 이렇게 가꿔. 조용히 좀 해. 우는 소리는 그만둬. 너 때문에 괜히 우리가 욕먹으니까 입 다물어. 닥치고 웃기나 해.

최근 글쓰기 수업에서 나는 학생들에게 랭스턴 휴스의 아름다운 에세이 「사회적 시인으로서 나의 모험」을 읽힌 뒤, 휴스가 어떤 목적으로 그 에세이를 썼고 글을 통해 무엇을 이루고자 했는지 오랫동안 이야기했다. 그의 독자가 누구였을지, 글을 쓴 맥락은 어떤 것이었을지 논했다. 휴스는 말했다. "이게 내가 달빛과 장미에 관한 시를 쓰지 않는 까닭이다. 이게 내가 이런 나라에서 살면서 이런 사람으로 사는 것에 대한 시를 쓰는 까닭이다. 이게 내가 사회적 시인이 된 까닭이다." 나는 휴스가 세간에서 말하는 의무나 입을 다물고 있으라는 말에는 반대했을 거라고 생각한다.

우리 모두는 사회적 시인이 될 제 나름의 자질을 품고 있다. 지금 우리 사회에서는 현 상태에 위협이 되는 여자들의 입을 틀어막는 게 분별 있는 행동으로 여겨진다. 가령 십 대 소녀가 팬덤 컨벤션[•]

에서 성인 남자에게 부적절한 행동을 당했다고 고백하면, 관심받고 싶어서 거짓말을 했거나 그냥 착각했을 거라고 넘겨짚는 식이다. 그럼에도 여자들은 계속 앞에 나서서 입을 열고 있다. 모든 나이대의 여자들이 나와서 말한다. "이건 괜찮지 않습니다." 게이머게이트*, 이슬람 혐오, 인종 차별, 여성 혐오, 그 밖의 다른 모든 혐오로 무장한 사람들이 여자들의 입을 다물게 하고자 온라인에서 마녀사냥에 나섰다. 하지만 여자들을 닥치게 하는 데는 성공하지 못했다.

용기 내어 입을 연 여자들은 즉각 대가를 치르게 된다. 인터넷 전역에서 공격을 당하고, 신상이 공공연히 게시되며, 위협을 받는다. 그러나 장기적 관점에서 나는 아직 희망을 품고 있다. 나는 여자로 살려고 애쓸 때 별로 용감하지 못했다. 하지만 지금 젊은 여자들은 에너지와 분노, 변화에 대한 요구로 들끓고 있다. 인종, 종교, 젠더 정체성과 젠더 표현, 능력, 학습 방식, 인지 능력, 몸무게, 성향을 막론하고 그렇다. 그게 참으로 희망적이다. 내 경험을 근거로 말하건대, 트랜지션을 하든 하지 않든 트랜스젠더로 사는 데에는 얼마간 희망이 필요하다. 오늘날의 페미니즘도 이것과 좀 비슷하다. 페미니즘은 섬처럼 동떨어졌던 과거의 모습에서 어떤 식으

• 팬덤 컨벤션 같은 팬덤에 몸담은 사람들끼리 교류하는 오프라인의 행사.
• 게이머 게이트 게임 업계 일각에서 여성 게임 개발자와 비평가들에게 공격을 가한 혐오 캠페인.

로든 변해야 하고 그 변화에는 새롭고 혁신적이고 젊은 페미니스트들의 희망이 필요하다. 트랜스 남성으로서 내가 특히 긍정적으로 느끼는 이유는 지금 십 대, 이십 대 젊은이들이 트랜스젠더와 젠더플루이드*를 비롯해 젠더 이분법에서 벗어난 친구들을 편안하게 대하는 게 보이기 때문이다. 그걸 보고 있노라면 안도의 눈물이 난다.

트랜스 남성인 내가 페미니즘을 위해 무얼 할 수 있냐고 묻는다면 우리가 타고난 몸 안에, 사회가 우리에게 붙이는 이름표 안에 갇혀 있지 않다는 점을 남들에게 일깨울 수 있다고 답하겠다. 때로는 악의 없이 잘못된 이름표가 붙여진다. 때로는 아주 잔인한 속임수나 가스 라이팅으로 잘못된 이름표가 붙여진다. 진짜 페미니즘은 진정한 평등을 위한 것이고, 우리 모두의 안에 내재된 인간성을 위한 것이다. 여러 해 전에 몇몇 친구들이 트랜스 여성에 대해 나쁘게 얘기했던 걸 기억한다. 최근에 또 다른 친구들은 내가 "레즈비언과 비슷하게 취급될 수 있기 때문에" 여성 전용 공간에 받아들여지지만 트랜스 여성은 받아들여질 수 없다고 말했다. (사실 나는 스스로 레즈비언과 비슷하게 취급되면 안 된다고 생각한다. 나는 남자인걸.) 스미스여자대학이나 버나드여자대학 같은 현대

● 젠더플루이드 젠더를 하나로 정하지 않고 여러 젠더를 오가는 것으로 여기는 정체성.

페미니즘의 보루조차 2015년 봄까지 트랜스 여성의 지원서를 받지 않았다. 트랜스젠더들은 친구와 가족과 동료에게, 그리고 학교를 비롯한 다른 기관에서 출생증명서의 이름(많은 트랜스젠더가 그 이름을 '죽은 이름(deadname)'이라고 부르는데, 그렇게 부르는 데는 다 이유가 있다.) 대신 스스로 정한 이름으로 불리고자 분투한다.

스스로 불러 달라고 하는 이름을 무시하거나 "너는 내가 보기에 여자가 아니야."라고 말하는 건 곧 이렇게 말하는 것과 같다. "야, 거기 너 말인데, 너는 네가 생각하는 것만큼 중요한 사람이 아니야." 한 사람이 살아온 경험을 부정하는 건 곧 그 사람에게서 자신의 서사를 가질 권리와 능력을 부정하는 것이다. 그 사람의 인간성을 부정하는 것이다. 페미니즘이 그래서야 되겠는가.

연민과 그 안에 담긴 놀라운 힘에 대해 조금 더 생각해 보자. 다른 사람이 살아온 인생을 인정하고, 그들의 목소리가 잘 들리도록 힘을 실어 주는 것은 곧 그들의 인간성을 기리는 것이다. 또한 변화의 시작이기도 하다. 나는 트랜스 남성이지만, 그게 나를 구성하는 가장 중요한 요소는 아니다. 나는 아침 식사 차리는 걸 좋아하고 미스터리 소설광이며 오래된 석조 건물에 들어가면 벽 안에 어떤 이야기가 담겨 있을지 상상하곤 한다.

나는 진정한 페미니즘이란 흔들 수도, 멈출 수도 없는 힘이라고 뼛속 깊이 믿는다. 최고의 페미니스트는, 즉 최고의 인간은 모든 여성을 포용한다. 어떤 종류의 여성만 페미니스트가 될 수 있다거나 페미니즘의 도움을 받을 수 있다고 관점을 좁히는 건 실질적인 변화에 걸림돌로 작용한다.

트랜스젠더로서 나는, 이 세상과 우리의 삶이 대단히 큰 변화를 겪을 수 있다는 살아 있는 증거다. 그러니 우리 트랜스젠더들을 비롯해 젠더에 순응하지 않는 이들이 현대 페미니즘을 위해 많은 일을 할 수 있으리라 본다. 지금 페미니스트들은 몸의 자치권, 즉 자기 몸에 대해 스스로 결정할 권리를 중심으로 뭉쳤다. 임신 중절과 LGBTQ에 반대하는 입법자들과 맞서 싸우고 있다. 그런데 몸의 자치권은 트랜스젠더 문제의 핵심이기도 하다. 우리에겐 두려움 없이 화장실을 사용할 자유가 필요하다. 트랜스젠더의 몸을 세상에서 가장 흥미로운 관심거리로 여기는 사람들도 있다. 임신부의 배를 막무가내로 만지거나 자궁의 기능을 법으로 제한하려는 사람들처럼, 그들은 트랜스젠더의 몸을 자기 뜻대로 할 수 있다고 생각한다. 시스젠더 사이에서는 백만 년이 흘러도 나오지 않을 질문이 트랜스젠더에게는 아무렇지 않게 마구 던져진다. "어떤 수술을 하셨나요?" 우리의 몸은 너무 많은 규칙에 얽매여 있는데 그걸 지키느라 들여야 하는 금전적, 감정적 비용은 아무도 대신 지불해 주지 않는다. 어떻게 되라고, 어떻게 행동하라고 요구만 지겹게 늘어놓을 뿐이다. 트랜스 남성으로서 나는 페미니즘이 트랜스젠더를 비롯해 모든 몸을 가진 사람들을 보살피고, 사랑하고, 안전하게 보호하도록 돕고 싶다.

페미니즘은 모든 여성의 평등을 위한 것이다. '모든 여성'에는 일부 사람들이 여성이라고 부르길 불편해하는 여성들도 포함된다. 페미니즘은 자신과 다른 사람을 배제하고 그들에 대해 나쁘게 말하는 게 아니라, 그들을 옹호하고 그들에게 직접 말할 권리를 주는 것이다. 세상을 더 다정하고 좋은 곳으로 만드는 것이다. 페미니즘을 필요로 하는 모두에게 문을 연다면, 지금의 페미니즘은 과거 어떤 세대의 페미니즘보다도 강력해질 수 있다. 공감과 참여로 세상을 뒤엎을 수 있다. 부디 그러길 바란다.

흑인 여성의 삶도 소중한가?

(다음은 instagram.com/amandlastenberg에 아만들라 스턴버그가 올린 글이다.)

 amandla stenberg　　　　　　+FOLLOW

흑인의 이목구비는 아름답다. 그러나 흑인 여성은 아름답지 않다.
백인 여성은 고결하고 바람직한 모범이다.
흑인 여성은 페티시를 품고 잔인하게 취급할 대상이다.

이것이 우리 사회에서 흑인의 여성성과 아름다움을 생각하는 방식이다. 우리 사회는 **아름다움의 기준을 유럽**에 두고 있다. 백인 여성들은 몸매를 가꾸고, 입술을 부풀리고, 피부를 건강한 빛으로 태운다고 칭송받는다. 그러나 흑인 여성들은 이미 그런 몸매와 입술과 피부를 지녔는데도 손가락질을 받는다.

이런 이중 잣대는 흑인 여성의 성을 옭아매는 그물의 한 올일 뿐이다. **흑인 여성이 성적인 측면에서 선택을 할 권리를 내세울 때마다 조여드는 그물.** 우리 문화에는 흑인 여성이 인간보다 못한 존재이며 따라서 그들의 몸 역시 매력적이지 않다는 관념이 깊이 뿌리박혀 있다. 흑인 여성의 몸은 고통과 트라우마, 수모의 상징이다. 가끔은 흑인 여성이 성적인 존재로 여겨지기도 하는데 이는 어디까지나 **인종 차별적 페티시**가 작용한 것이다.

흑인 여성의 성은 뿌리 깊은 억압과 금기로 인해 결점으로 여겨지기에 이르렀다. **그 결과가 사회 구석구석까지 영향을 미치고 있다.**

미국의 기반과 미국인의 정신 속에는 흑인 여성의 몸을 둘러싼 낙인이 뿌리 깊게 박혀 있다. 흑인 여성이 경찰에게 성폭력을 당하고 거칠게 다루어지는 걸 보면 알 수 있다. 그런 사건은 언론에서 제대로 다루어지지 않는다. 언론 역시 **흑인 여성을 무시하거나, 폄하하기 때문이다.**

#BlackLivesMatter(흑인의 삶은 소중하다) 운동을 통해 문화가 변화하기 시작하고 인종적 긴장이 도마에 오른 지금. 중요한 질문은 이것이다.
흑인 여성의 삶도 소중한가?

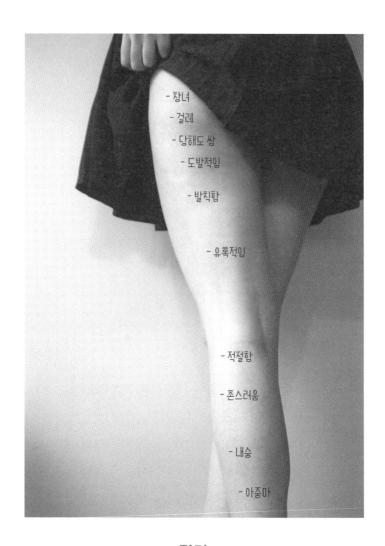

- 창녀
- 걸레
- 당해도 쌈
 - 도발적임

  - 발칙함

     - 유혹적임

   - 적절함

  - 존스러움

 - 내숭

  - 아줌마

평가
포모나 레이크

◇◇◇◇◇◇◇◇◇◇◇◇◇◇◇◇◇◇◇◇◇◇◇◇◇◇◇◇◇◇◇◇◇◇◇◇◇◇◇

그래픽 디자이너이자 비주얼 아티스트.
디자인으로 세상을 바꿀 수 있다고 비밀리에 믿고 있다.

<hr>

라번 콕스와의 인터뷰
"나는 절대적으로 페미니스트입니다."

트리샤 로마노

<hr>

트리샤 로마노는 잡지 『데임』의 기자이다.

라번 콕스는 배우이자 트랜스젠더 여성이다. 넷플릭스 드라마
「오렌지 이즈 더 뉴 블랙」에서 소피아 버셋 역을 맡았다.

배우 라번 콕스는 여러 면에서 트랜스젠더 운동의 완벽한 대표
자다. 트랜스젠더로는 처음으로 시사 주간지 『타임』 표지에 실린
콕스의 이미지를 보면 잡지에서 그녀를 "수요가 많은 연예인"이
라고 묘사한 이유를 분명히 알 수 있을 것이다. 아름답고 포토제닉
하며 똑똑한 콕스는 예리한 유머 감각을 이용해 또래에게 괴롭힘
을 당하던 어린 시절부터 상처를 극복하고 자신의 진정한 꿈을 이
루기까지의 여정을 설득력 있게 풀어놓는다. 콕스는 트랜스젠더
로 산다는 복잡한 문제에 대해 거들먹거리지 않는다. 인내심을 갖

고 명료하게 설명한다. 케이티 커릭과의 인터뷰에서도 자신의 몸에 대한 무례하고 거슬리는 질문을 우아하고도 쉽게 넘겼다.

트랜스젠더 공동체를 대변할 사람을 뽑고자 한다면 콕스보다 나은 사람을 찾기 어려울 것이다. 그녀가 넷플릭스 드라마 「오렌지 이즈 더 뉴 블랙」에서 연기한 소피아 버셋은 많은 미국인이 현실과 텔레비전을 통틀어 처음 만난 트랜스젠더 여성이었다. 시청자들은 시즌1에서 소피아를 보며 트랜스젠더 여성이 얼마나 힘겹게 살아가는지 알게 되었다. 호르몬제를 투여하지 않으면 몸이 엉망이 된다는 것, 트랜스젠더 여성이라는 사회적 지위가 많은 난관과 위협을 불러온다는 것, 그녀가 자기 자신으로서 살기 위해 사랑하는 아내와 아들을 잃을 각오를 해야 한다는 것.

잡지 『데임』의 기자 트리샤 로마노가 라번 콕스와 만나, 트랜스젠더 여성의 대변인으로 사는 기분, 올바른 젠더 대명사, 트랜지션 이전의 삶에 관한 대화를 나누었다. 그리고 요즘 젊은 여자 연예인들은 페미니즘이라는 단어를 입에 올리는 걸 꺼리는 반면, 어째서 트랜스젠더 여성들은 페미니즘에 대해 누구보다도 큰 목소리를 내고 있는지에 관해서도 이야기했다.

라번 씨, 안녕하세요! 세계에서 가장 유명한 트랜스젠더 여성을 만나 뵙게 되어 반갑습니다.

어머나, 세상에.

아직 익숙하지 않으신가요?

생각할수록 기분이 이상해요. 저보다 더 유명한 트랜스젠더 여성이 없을 리가요. 누군가 한 사람은 있을 거라고 확신합니다.

제가 보기에는 없는 것 같은걸요. 트랜지션 전에도 스스로를 페미니스트라고 여기셨나요? 지금은 어떠세요?

트랜지션 전에도 저는 페미니스트였어요. 대학 시절 여성학에 푹 빠져 있었죠. 흑인 여성 작가 벨 훅스는 제 페미니스트 대모나 마찬가지예요. 훅스의 책 『검은 얼굴들 *Black Looks*』를 읽고 인종과 젠더에 대한 생각을 바꿨거든요. 책을 읽었던 당시의 저는 양성성을 지키면서 제가 어떤 사람인지 탐구하고 있었어요. 어머니 덕분에 어려서부터 페미니즘 정치에 관심이 있었거든요. 다양한 인권 운동이 벌어진 앨라배마에서 자라면서 인종에 대해서도 저 나름의 생각을 갖게 되었죠.

트랜지션을 한 뒤에 당신의 페미니즘은 어떻게 달라졌나요?

여성으로 사는 게 어떤 경험인지, 여성으로서 공적인 공간에 나선다는 것이 어떤 의미인지, 여성이 남성에게 어떻게 평가받는지 알게 되었죠. 재미있는 건, 트랜지션 전이나 후나 저에 대한 남성들의 평가는 크게 달라지지 않았다는 거예요. 트랜지션 전에도 저는 아주 여성스러웠고 양성성을 드러냈거든요. 그래서인지 보통 남자처럼 가부장제나 남성으로서의 특권을 온전히 누리지는 못했던 것 같아요. 페미니즘 덕분에 지금 우리는 여성성에 본질이 있다는 식의 생각을 비판할 수 있어요, 그렇지 않나요? 2세대 페미니즘이 시작될 무렵만 해도 페미니즘은 거의 이성애자 백인 여성의 전유물이었어요. 하지만 벨 훅스가 "나는 여성이 아닌가?"라는 유명한 말로 표현했듯 그때도 레즈비언 페미니스트나 흑인 페미니스트가 여럿 있었죠. 페미니즘 덕분에 우리는 여성성에 본질이 따로 없다는 걸 알게 되었어요. "여성은 태어나는 게 아니라 만들어지는 것이다." 시몬 드 보부아르가 『제2의 성』에서 쓴 말이죠.

'타고난' 여성과 트랜스 여성 사이의 내분에 대해 어떻게 생각하세요? 트랜스 여성은 진짜 페미니스트가 될 수 없다고 주장하는 사람들이 있잖아요.

분리주의 페미니스트들 얘기로군요. 그들은 트랜스젠더 여성은 여성이 아니라고 생각하는데, 그건 여성성에 본질이 있다고 믿었던 시대로 후퇴하는 페미니즘입니다. 분리주의에 반대하는 페미니스트들이 이미 많은 얘기를 했겠지만 트랜스젠더의 입장에서 말해 볼게요. 현실적인 문제를 짚어 보자면 트랜스 여성들은 트랜스젠더라는 이유로 여성 전용 공간에서 배제되고 있어요. 저는 분리주의 페미니스트들에게 묻고 싶어요. "여성이란 무엇입니까? 우리는 우리의 몸에 얽매여, 그 이상이 될 수 없는 존재입니까? 우

리가 어떤 사람인지 결정하는 게 단지 난소의 유무입니까?" 여성
성이란 그보다 훨씬 복잡해요. 누구에게나 젠더는 복잡하죠. 모두
가 특권을 보편적으로 누리고 있다는 생각도 참 문제예요. 아시겠
지만 저는 남자일 때 대단히 여성스러웠어요. 트랜지션 전에도 화
장을 하고 드레스를 입었죠. 그때 저는 지금보다 특권이 오히려 적
었어요. 트랜지션 전에는 명확한 젠더 공간에 속할 수 없었으니까
요. 트랜스젠더 여성을 페미니즘에서 배제하는 건 많은 트랜스젠
더 여성이 실제로 살면서 경험한 것들을 무시하는 일이에요. 그건
우리 트랜스젠더들이 맞서 싸우는 것의 핵심이기도 하죠. 우리가
스스로 말하는 사람이 아니라는(즉, 여성이라 주장하지만 사실 여
성이 아니라는) 주장 말이에요. 트랜스젠더 여성도 여성입니다.

**사람들이 당신이 연기하는 배역을 보고 트랜스젠더 문제에 대해 많이 알게
되었다고 생각하세요? 트랜스젠더의 경험도 보편적 인간의 경험이라는 것을 알
게 됐을까요?**

확언하기는 어려워요. 사람들은 인간적으로 제 배역에 공감하
는데, 그건 트랜스 여성이 연기하는 트랜스 여성 인물을 자기와
같은 인간으로 본다는 뜻이에요. 인간적으로 공감하는 대상을 차
별하고, 그들이 인간이 아니며 살 가치가 없다고 말하기는 아주 어
렵죠.

트랜스젠더 여성들이 페미니즘에 대해 목소리를 높이는 이유가 뭐라고 생각하세요?

일반화하고 싶진 않지만, 제 경우는 나 자신이 여성이란 사실을 주장해야 했어요. 모든 트랜스젠더가 남성으로 혹은 여성으로 산다는 게 어떤 뜻인지 스스로 정의했고, 남들에게도 그럴 수 있다는 걸 알려 줍니다. 페미니즘도 그렇잖아요. 주어진 틀을 깨고, 남들이 들이미는 기준에 순응하는 대신 좀 더 진정한 삶을 사는 것에 대해 이야기하죠.

세상에서 가장 유명한 트랜스젠더 여성이 되셨다고 말했잖아요. 특정한 주제에 대해 사람들이 관심을 갖게 만들어야 한다는 압박을 느끼나요? 지금보다 더 널리 이해되어야 하는 주제는 뭐라고 생각하세요?

예, 압박을 느낍니다. 제일 중요한 건 트랜스젠더에게 찍힌 낙인을 지우는 일이라고 생각해요. 낙인은 범죄화로 이어지고, 폭력으로 이어집니다. 트랜스 여성도 여성이란 사실을 인정하고 우리를 부를 때는 여성 대명사를 써 주세요. 우리가 말하는 우리가 진짜 우리라고 믿어 주세요. 트랜스젠더를 잘못된 성별 대명사로 지칭하는 건 트랜스젠더를 향한 폭력으로 직결된다는 사실을 절감하고 있어요.

저는 작년에 이슬란 네틀스를 추모하는 자리에 참석했습니다. 스물한 살의 유색 인종 트랜스젠더 여성인 그녀는 뉴욕 길거리에서 잔인하게 구타를 당해 사망했죠. 이슬란의 가족과 지인들이 무대에 올라 이야기를 하는데, 몇몇이 그녀를 '그'라고 부르더군요. 여러 청중이 얼굴을 찌푸렸어요. 젠더를 잘못 지칭하는 건 듣는 사람에게 고통을 줍니다.

추측건대 이슬란이 죽기 전 마지막으로 들은 말은 "넌 남자야, 사내자식이라고."였을 겁니다. 사람들을 있는 그대로 존중하는 건 정말 중요해요. 상대를 부를 때 어떤 성별 대명사를 써야 할지 헷갈린다면, 직접 물어보세요. 최근 다른 곳에서도 몇 번 말한 내용인데요, 철학자 코넬 웨스트가 말하길 정의란 공적 공간에서 표현되는 사랑이라고 합니다. 우리가 트랜스젠더와 권리를 박탈당한 사람들에 대해 사랑을 품고 있다면, 그 사랑은 그들에게 주거 공간과 건강 보험과 일자리를 제공하는 공공 정책으로 표현될 것입니다. 트랜스젠더에게는 지금 공공의 사랑이 많이 필요해요.

(이 인터뷰는 2014년 6월 잡지 『데임』에 실렸다.)

행동하는 페미니즘

미아 드프린스&미켈라 드프린스

미아 드프린스는 시에라리온에서 태어나 내전이 한창이던 시기에 두 살의 나
이로 버려졌다. 다섯 살이 되기 직전 미국인 가족에게 입양되었고, 미국에서
피아노와 사랑에 빠졌다. 지금은 싱어송라이터로 활동하는 한편 인권에 관심
을 두고 전쟁 피해 아동으로서의 경험을 다룬 책을 쓰고 있다.

미켈라 드프린스는 시에라리온 내전으로 고아가 되었다. 네 살 때 미국인 가정
에 입양된 후 발레를 시작했다. 현재 암스테르담을 기반으로 한 명망 높은 발
레단인 네덜란드 국립 발레단에서 활동하고 있다. 『테이킹 플라이트』 『발레리
나 드림즈 Ballerina Dreams』 등에 공저자로 참여하는 한편, 워 차일드 네덜
란드의 대사로 전쟁으로 고통받는 여성과 아동들의 권리를 위해 싸우고 있다.

미아&미켈라

우리는 세계에서 가장 저개발된 나라 중 하나인 시에라리온에서
유년기를 보냈다. 남자가 아내와 딸을 때려도 되는 나라. 딸을 교육
시키는 대신 서아프리카의 카카오 플랜테이션 농장에 노예로 보내
거나 성매매를 시키는 것이 허용되는 나라. 1991년부터 2001년까
지, 내전이 벌어지는 동안 여자들의 처지는 더욱 나빠졌다. 일자리
와 학교가 부족한 데 반발하여 시작된 혁명은 금세 분노와 좌절의

도가니로 바뀌었다. 화산이 폭발하듯 폭력이 들끓기 시작하자 직접적인 희생자가 된 건 여자들이었다. 인권을 위한 의사회는 성폭력을 당한 시에라리온 여성의 수가 어린아이부터 성인을 아울러 21만 5,000명에서 25만 7,000명에 이를 거라고 추산한다.

내전을 겪으면서 우리는 네 살의 나이에 확고한 페미니스트가 되었다. 그때 우리의 페미니즘은 분노와 혐오, 남자에 대한 두려움으로 빚어진 것이었다. 우리는 운 좋게도 페미니스트인 미국인 가정에 입양되었다. 양부모님은 남성이든 여성이든 혹은 젠더 스펙트럼의 양극 사이 어딘가에서 정체화하든 누구에게나 동등한 권리와 기회가 주어져야 한다고 믿는 분들이다. 두 분은 우리가 세상에서 제 몫을 하는 강인하고 독립적인 여성으로 자랄 수 있도록 우리가 좋아하는 일과 잘하는 일에 대한 지원을 아끼지 않으셨다. 우리는 두 분을 보면서 분노와 혐오와 공포 없이도 페미니스트가 될 수 있음을 배웠다.

우리는 이런 환경에서 남들과 동등한 기회를 누리면서 페미니즘을 좀 더 깊이 이해하게 되었다. 그리고 페미니즘이 여성의 운동에 머물러선 안 된다는 것을 깨달았다. 페미니즘은 아버지와 형제, 아들, 삼촌, 사촌들의 지지를 받는, 인간의 운동이어야 한다. 여성들에게 페미니즘을 이야기하는 것은 성가대에게 설교를 하는 것과 같다. 여성들은 이미 잘 알고 있다. 자기도 사람인 것을 안다. 가장 심하게 억압받는 여성조차도 속으로는 자신이 가치 있는 사람임을 안다. 여성도 사람이며, 자기 주위의 여성들이 자기와 똑같은 권리를 누려 마땅하다는 사실을 배워야 하는 건 남성이다.

'자기와 똑같은 권리'라는 말이 세계 각지에서 여성들이 심하게 억압받는 이유의 핵심일지도 모르겠다. 물론 고등 교육을 받은 부유한 사람들도 여성을 때리고 복종시키려 들지만, 국제 연합(UN)과 세계 보건 기구(WHO) 통계에 따르면 여성에 대한 악행이 제일 빈번히 벌어지는 곳은 빈곤, 실업, 범죄, 문맹률이 높은 개발 도상국이다.

몇 년 전 우리는 세계 여성 정상 회의에서 젊은 파키스탄 여성 세 사람의 이야기를 들었다. 그들은 남자들에게 딸을 학교에 보내라고 설득하고 있었다. 한 여성이 말하길, 어떤 마을 남자들은 우선 남자들을 교육시켜야 여자들도 학교에 보내겠다는 입장이었다. 여자들만 교육을 받으면 여자들이 무식한 남자들을 경멸하거나, 아예 집을 떠날까 봐 걱정한 것이다. 그 마을은 주민이 몇 되지 않는 작은 마을이었다. 똑같은 문제가 세계 각지에서 벌어지고 있다. 특히 사하라 이남 아프리카에서 심각하다. 여성 혐오적인 행동에서 벗어나지 못하는 수백만, 아니 수십억 명의 사람들에게 어떻게 다가가면 좋을까? 모든 여자가 배우고 먹을 수 있도록 그 남편들 모두를 교육시키고 밥을 먹일 수는 없지 않은가?

이 지점에서 우리 두 사람은 다른 길을 걷기 시작했다. 우리 둘 다 세상에 페미니즘을 널리 퍼뜨리기 위해 노력하고 있지만, 방법은 다르다. 우리는 서로 다른 대의를 선택했다.

미켈라

발레리나가 되는 건 내 오랜 꿈이었다. 발레 외에 다른 것에는 조금도 관심이 없었다. 어렸을 적부터 세계적으로 유명한 극장의 정교하게 꾸며진 무대에 서서 화려한 튀튀 차림으로 피루엣, 그랑 주테, 푸에테를 하는 내 모습을 그렸다. 어렸을 때는 발레리나의 삶이란 그게 전부인 줄 알았다. 내겐 그것만으로도 충분했으니까. 내가 러시아나 프랑스, 혹은 다른 유럽 국가 출신이었더라면 충분했을지도 모르겠다. 사람들이 내게 기대하는 건 그저 뛰어난 발레리나가 되는 것이었겠지.

하지만 나는 아프리카 출신의 발레리나다. 2011년 다큐멘터리 영화 「퍼스트 포지션」에 출연한 것을 계기로 대중에게 처음 관심을 받게 되었고, 그로부터 몇 년이 지났다. 시간이 흐르면서 사람들은 내게 좋은 무용수 이상의 존재가 되길 기대하기 시작했다. 뉴욕에서 열린 2013년 세계 여성 정상 회의의 개회사를 맡게 된 건, 내가 남들에게 영감과 영향을 줄 수 있다는 많은 사람의 믿음 덕분이었다.

내가 양어머니와 함께 쓴 책들을 읽었다면 알겠지만, 내게 가장 큰 영향을 미친 사람은 나의 어머니다. 어머니는 내가 유명해지면서 사람들에게 영향을 줄 수 있는 힘을 얻었으니 그 힘을 허투루 써서는 안 된다고 말했다. 그래서 나는 그 힘을 내 모국 여성들의 삶을, 그리고 아프리카, 아시아, 중동, 혹은 그곳 출신 사람들이 이주해 살고 있는 유럽과 북미 각지의 여성들의 삶을 바꾸는 데 사용하려고 한다.

세상에는 바꿀 게 참 많지만, 나는 그중에서도 여성들이 집단적으로 당하는 인권 침해이자 젠더 불평등이 가장 잔인하게 표출된 관습을 없애는 데 힘쓰기로 했다. 전 세계의 여성 할례를 금지시키는 데 헌신하기로 결심한 거다. 남성들에게 여성들을 사랑하고 여성들의 가치를 인정하라고 설득하려면 여성들이 먼저 스스로를 사랑해야 한다. 그리고 내 눈에 여성 할례는 여성이 다른 여성에게 가하는 지속적인 폭력이자 자기혐오의 증거다.

여성 할례가 자행되는 문화에서 할례는 미래에 아내가 될 수 있도록 여자아이를 준비시키는 일종의 성인식으로 여겨진다. 전통적으로 여성 할례는 여성의 몸에서 남성적인 부분을 제거하는 것이다. 여기서 말하는 남성적인 부분은 성관계 중 쾌락을 느끼게 해주는 부분을 뜻한다. 그럼으로써 여성은 섹스를 즐길 능력을 잃고 순수하고 깨끗한 소녀로 남는다고 여기는 것이다. 여성 할례가 이루어지는 사회의 여성들은 이 의식으로 인해 자신이 더 여성스러워지며 따라서 남성에게 한결 매력적으로 느껴질 거라고 믿는다. 한 사회 연구는 딸에게 여성 할례를 시킨 집안의 경우 사회적 지위가 올라가고, 그 딸의 결혼 지참금을 통해 수입도 얻는다고 분석했다.

세계 보건 기구와 유니세프(UNICEF)는 여성 할례를 '의료적 이유가 아닌 다른 목적으로 여성 외부 생식기의 일부 혹은 전부를 잘라 내거나 다른 여성 생식 기관을 다치게 하는 시술'로 정의하고 있다. 이때 청결하지 않은 도구를 사용하면 HIV 감염을 비롯한 각종 합병증이 생길 수 있고, 출혈로 인해 쇼크 상태에 빠지거나 심지어는 죽을 수도 있다. 그 밖에도 고통과 트라우마, 출산 시 산모 혹은 영아의 사망 같은 결과를 낳기도 한다. 할례를 받은 여성은 평생 섹스를 할 때마다 고통받는다.

내전이 끝나기 전 시에라리온의 여성 할례 비율은 95%로 추정된다. 이토록 수치가 높으니 시에라리온에서 태어난 여자아이인 나 역시 여성 할례의 희생자가 되었어야 마땅하다. 하지만 아이러니하게도 나는 백반증으로 인해 몸에 얼룩덜룩하게 반점이 있다는 이유로 학대를 당했으나 할례는 당하지 않았다. 어차피 시집을 보내지 못할 거란 생각에 군이 돈을 들여 할례를 시키지 않은 것이다. 그러나 나와 고아원에서 함께 지낸 여자아이들 일부는 여성 할례를 받았다.

2017년 시에라리온의 여성 할례 비율은 88%이고, 이 야만적인 시술은 아직도 합법이다. 18세 이상에게만 할례를 받게 하는 법이 통과되었으나 불행히도 시에라리온 경찰은 법이 잘 지켜지는지 감시할 힘이 없다. 그러니 이 법은 사실상 효력이 없다. 그래서 아직도 어린아이들이 할례를 받고, 아무도 처벌받지 않는다. 내전이 끝난 이후 시에라리온의 여성 할례 비율이 낮아지기는 했으나 윤리나 여성 인권에 대한 존중 때문은 아니다. 에볼라가 확산될지 모른다는 공포 때문이었다. 공포가 잦아들면 여성 할례 비율은 다시 올라가지 않을까?

여성 할례는 시에라리온만의 문제가 아니다. 아프리카와 중동 29개국에서 1억 3,300만 명이 넘는 여자들이 할례를 당했다. 이 문화권 사람들은 영국과 미국 같은 곳으로 이민을 가서도 여름 방학 기간을 이용해 고국으로 돌아가 딸들에게 여성 할례를 시킨다.

그런 이유로 나는 유명한 아프리카계 미국인 발레리나로서 갖게 된 영향력을 페미니즘에, 특히 여성 할례에 반대하는 메시지를 전파하는 데 사용하기로 했다. 여성 할례는 여성이 남성과 동등한 인권을 가지고 기회를 누리지 못하도록 한다. 앞서 언급한 파키스탄 여성 세 사람처럼, 나는 남자들에게도 페미니즘에 동참할 기회를 주어야 한다고 생각한다. 어쩌면 할례를 받지 않은 아내가 더 건강하고, 출산하다 사망할 확률이 낮고, 살아서 건강한 아이를 기를 수 있다는 말로 설득해야 할지도 모르겠다. 할례를 받지 않은 여성은 남성들의 애정 표현을 꾹 참고 견디는 게 아니라 즐기게 될 것이고, 그로써 부부 관계는 한층 더 공고해질 것이다. 페미니즘에 정답은 없지만 남성을 배제하는 건 확실히 답이 아니다. 남성들도 여성의 문제를 이해하고, 해법을 찾는 데 핵심적인 역할을 하길 바란다. 남성들도 아내와 딸과 어머니와 자매들과 함께 페미니스트가 될 수 있도록 우리가 먼저 손을 내밀어 초대하자.

미아

시에라리온 내전 중 반란군은 다이아몬드 광산을 손에 넣으려고 싸웠다. 그 다이아몬드를 사람들에게 음식과 머물 곳, 의료와 교육을 제공하는 데 썼다면 에볼라 전염병이 퍼지는 걸 막을 수도 있었을 것이다. 하지만 반란군은 피에 젖은 그 다이아몬드로 강력한 무기를 구매했다. 내가 궁금한 건 이거다. 반란군은 기껏 무기를 사 놓고서는 왜 시에라리온의 여성들과 어린 소녀들에게 자기 성기를 무기로 들이댔는가?

시에라리온 프리타운과 케네마에 있는 국제 구조 협회의 무지개 센터에서 일하는 올라비시 콜 박사는 성폭력을 당한 여성들을 치료한다. 콜 박사는 내전 당시 시에라리온에 거주하면서 강간과 폭력이 주류 문화가 되는 것을 목격했다. 당시 반란군에게 강간은 마약보다도 끊기 힘든 습관이었다. 콜 박사에 따르면 내전 중 소년병으로 복무하면서 강간하는 법을 배운 남자들은 이제 성폭력을 도구처럼 사용하고 있다. 매사를 제 뜻대로 주무르는 수단으로 여기는 것이다. 시에라리온이 유별난 경우도 아니다. 1937년 중국 난징에서는 강간이 2만~8만여 건 일어났다. 1971년 방글라데시에서는 20만 건, 1991~1994년 보스니아 헤르체고비나에서는 4만 건,

1994년 르완다에서는 50만 건. 콩고 민주 공화국과 수단에서는 지금도 매일 1,000건 이상의 강간이 벌어지고 있다.

2011년 5월, 노벨상을 수상한 여성 일곱 명이 세계 각국 여성 100여 명과 만나서 전쟁에서 강간을 무기로 사용하는 것을 막기 위한 전략을 세웠다. 그들이 내린 결론은 이 문제의 해결에 여성뿐 아니라 여성을 존중하고 아끼는 남성의 헌신이 필요하다는 것이었다. 강간의 무기화는 국제적 차원에서 정치 지도자들이 개입하여 예방하고, 보호하고, 처벌해야 할 문제이기도 하다. 예방, 보호, 처벌. 이 세 가지가 '전쟁 중 강간 및 성폭력을 뿌리 뽑기 위한 국제 캠페인'의 핵심 목표다.

이 세 가지 중 가장 강력한 것은 예방일 테다. 교육을 통해 강간이 일어나기 전에 막는 것. 강간이 여성에게서 너무나 많은 걸 앗아 간다는 건 누구나 안다. 하지만 강간하는 남성도 무언가 잃고 있다는 건 잘 모른다. 시에라리온을 쑥대밭으로 만들면서 강간과 폭력을 일삼은 반란군은 그 아들들이 어떤 대가를 치르게 될지 알까? 시에라리온의 청년들이 도덕적 나침반을 잃었다는 걸, 강간이 습관이 되고 도구가 되었다는 걸 알까?

나는 미켈라처럼 유명한 사람은 아니다. 학위 하나 없는 신인 싱어송라이터이자 연주자일 뿐이다. 하지만 이런 나라도 대의를 위해 헌신할 수 있다. 우선 나는 여성에 대한 폭력을 부추기는 가사가 있는 노래를 전부 듣지 않기로 했다. 나아가 공적으로 그에 대해 반대하는 목소리를 냈다.

2001년 머레이주립대학 소속 에드워드 G. 암스트롱이 『형사 행정학과 대중문화 저널』에 갱스터 랩에 담긴 여성 혐오를 주제로 한 보고서를 실었다. 암스트롱은 갱스터 랩이 폭력과 여성 혐오를 가르치고 부추기며 미화한다고 결론지었다. 그가 인용한 연구에 따르면 갱스터 랩 음악을 들으면 성적 폭력성이 높아지고 부적절한 행동이 늘어난다고 한다. 또한 랩 가사가 남성이 여성을 적대화하도록 만든다는 사실도 확인했다. 시민들이 의무 교육을 받고 성폭력이 법적으로 처벌받는 미국에서도 이런 일이 벌어진다. 그렇다면 내전으로 쑥대밭이 된 나라에서 갱스터 랩이 젊은이들에게 어떤 영향을 미칠지 생각해 보라!

막 커리어를 쌓기 시작한 지금, 나는 펜과 피아노 건반과 기타 줄을 통해 여성들에게 페미니즘을 받아들이라는 메시지를 보내고 있다. 그리고 그들이 사랑하는 남자들에게도 전쟁터나 가정에서의 여성에 대한 폭력과 강간을 반대하라는 메시지를 보내고 있다.

2013년 우리 자매는 어머니와 함께 뉴욕에서 열린 세계 여성 정상 회의에 참석했다. 하루 종일 연설과 인터뷰를 듣고 나서 저녁에는 다른 여성들과 함께 차를 타고 DVF 어워드*가 열리는 국제 연합 본부로 갔다. 그곳에서 나는 디자이너 다이앤 폰 퓌르스텐베르

• DVF 어워드 패션 디자이너 다이앤 폰 퓌르스텐베르크가 제정한 상으로 용기와 리더십, 영감을 보여 준 여성에게 수상한다.

크와 글로리아 스타이넘을 만났다. 이제 나는 매년 이 행사에 참여한다. 유명인을 만나기 위해서가 아니다. 그곳에서 용기와 대의에 헌신할 힘을 얻기 때문이다. 나는 세계 여성 정상 회의의 이름을 따 '세계의 여성들Women in the World'이라는 제목의 노래를 작사, 작곡했다.

> 트루스, 스타이넘, 프리단,* 우리 어머니들께
> 감사의 노래를 부르자
> 여자는 아담의 갈비뼈일 뿐이라는
> 고정 관념을 바꾼 사람들
>
> 서로 팔짱 끼고 행진하는 여성들에게
> 용기의 노래를 부르자
> 혐오와 조롱을 받고 일자리를 잃고
> 많은 피해를 무릅쓴 사람들
>
> 어머니의 눈물을 지켜본 딸들에게
> 힘의 노래를 부르자
> 죽음을 불사하고
> 무지한 독재에 반기를 든 사람들

● **트루스, 스타이넘, 프리단** 소저너 트루스는 흑인 노예제 폐지와 여성 인권을 위해 싸운 인물이며, 글로리아 스타이넘은 미국 현대 페미니즘을 대표하는 인물로 꼽힌다. 베티 프리단은 페미니즘의 고전인 『여성의 신비』를 썼다.

(코러스)
하지만 그것만으로는 부족해
이건 어려운 일이야
온 세상이 빛을 볼 때까지
세계 여성들의 빛을 볼 때까지
싸움을 끝내지 않으리

미켈라에서 말랄라°까지 젊은 여성들에게
칭찬의 노래를 부르자
아집을 용납하지 않고
바로 지금 변화를 외치는 사람들

역경에서 헤어나고자 하는 소녀들에게
힘의 노래를 부르자
학교에 가서 배우고자 하는
자신의 권리를 아는 사람들

강인한 팔을 넓게 벌린 어머니들에게
감사의 노래를 부르자
부모를 잃은 아이들에게 다가가
품을 내어 주는 사람들

• 말랄라 여성을 위한 교육 운동을 펼쳐 노벨 평화상을 수상한 파키스탄의 운동가 말랄
라 유사프자이.

(코러스)
하지만 그것만으로는 부족해
이건 어려운 일이야
온 세상이 빛을 볼 때까지
세계 여성들의 빛을 볼 때까지
싸움을 끝내지 않으리

가난하든 유명하든 함께 싸운 모든 여성들에게
칭찬의 노래를 부르자
관습의 벽을 깨고
자매들의 투표권을 얻어 낸 사람들

발명하고 설계하는 모든 여성들에게
감사의 노래를 부르자
아이디어와 큰 포부로
우리의 삶을 다시 정의하는 사람들

어린 아들을 가르치는 어머니들에게
감사의 노래를 부르자
노예도 장난감도 아닌
누이들의 가치를 가르치는 사람들

(코러스)
하지만 그것만으로는 부족해

이건 어려운 일이야
온 세상이 빛을 볼 때까지
세계 여성들의 빛을 볼 때까지
싸움을 끝내지 않으리

아 그래, 아 아 그래, 이렇게 선언하겠어……

하지만 그것만으로는 부족해
이건 어려운 일이야
온 세상이 빛을 볼 때까지
세계 여성들의 빛을 볼 때까지
싸움을 끝내지 않으리

세계의 모든 여성이
아 그래, 아 아 그래
세계의 모든 여성이

미아&미켈라

우리가 열세 살 때쯤, 어머니는 1960년대 초반 미국 십 대의 삶
이 어떠했는지 들려주었다. 글로리아 스타이넘이 미국 전역에서
페미니즘의 지도자이자 대변인으로 인정받기 전이었고 베티 프리
단의 명저 『여성의 신비』가 출간되어 온 나라를 페미니즘의 물결
에 빠뜨리기 전이었던 그때. 1960년대 초에는 기묘한 연애 문화가

있었다고 한다. 그중 하나가 남자가 여자 친구에게 사랑을 증명하라고 요구하는 것이었다. 짐작했겠지만 그건 자신에게 처녀성을 바치라는 뜻이었다. 그런데 여자 친구가 요구에 응하고 나면 남자는 처녀성을 잃은 여자에 대한 존중심을 잃고, 자신이 여자를 정복했다고 친구들에게 떠벌리곤 했다. 아직도 이런 사고방식이 완전히 사라진 건 아니다. 하지만 이제 페미니즘 덕분에 젊은 여성들은 목소리를 내고, 선택을 하고, 남자의 요구에 응하지 않는 선택을 할 수 있다.

여기서 거꾸로 제안하고 싶다. 남자 친구에게 페미니즘을 받아들임으로써 21세기 식으로 사랑을 증명하라고 요구해 보자. 페미니즘은 인종과 종교, 장애 여부, 성적 지향과 관계없이 모든 여성에게 동등한 권리와 기회를 주자는 주장일 따름이다. 남자 친구가 당신을 사랑한다면 당신을 존중할 것이다. 당신이 믿는 페미니즘을 함께 믿는 것이야말로 사랑과 존중을 표현할 가장 완벽한 방법이다.

젊은 여성들이여, 스스로를 페미니스트라고 부르는 걸 두려워 마라. 페미니스트는 절대 남성 혐오주의자의 동의어가 아니다. 페미니스트는 레즈비언에게 붙는 이름표도 아니고, 이성애자만 될 수 있는 것도 아니다. 동성애자, 이성애자, 양성애자, 트랜스젠더, 퀴어, 그 밖에 젠더에 순응하지 않는 모든 사람이 페미니스트가 될 수 있다. 사상가도 행동파도, 노동자도 전문직도, 운동선수도 예술가도, 극빈자도 대통령도 누구나 페미니스트가 될 수 있다. 속박당하고 학대받는 여성들의 문제는 아주 심각하므로, 모두가 힘을 모아야만 해결할 수 있다. 한마디로 정리하겠다. "행동하는 페미니즘이 페미니즘이다."

4부

문화와 대중문화

HERE WE ARE

2014년 MTV 뮤직 어워드 무대에서 비욘세는 '페미니스트'라고 적힌 대형 스크린을

배경으로 공연했습니다. 테일러 스위프트는 스스로 페미니스트라고 칭하며,

니키 미나즈 같은 현명한 여성들 덕분에 교차성 페미니즘이 얼마나 넓고 중요한지

이해하게 되었다고 말했습니다.

반면 셰일린 우들리처럼 '페미니즘'을 '남성 혐오'라고 오해하며

페미니스트라는 이름표를 기피하는 연예인도 있습니다.

대중문화 너머에는 페미니즘에 대한 광범위한 질문들이 있습니다.

대중에게 페미니즘을 받아들여도 된다고 허가를 받는 사람은 누구일까요?

페미니스트가 되어도 괜찮은 공간은 어디일까요?

페미니즘은 어떻게 인종, 종교, 역사와 교차할까요?

이제 막 페미니스트가 된 사람이든 잔뼈 굵은 페미니스트든 지겹도록 듣는 질문이 있습니다.

"당신은 페미니스트입니까?" "당신이 ○○○일지라도 페미니스트가 될 수 있습니까?"

이 질문에는 복잡한 개념인 페미니즘에 대한 매혹과 혼란이 담겨 있습니다.

페미니스트들이 여러 층위에서 문화에 어떤 영향을 주고 있는지 살펴봅시다.

페미니즘의 다면성

미키 켄들

본업은 작가, 부업은 페미니스트로 두 직업과 가정, 브런치에 시간을 쏟는다. 미디어 재현, 경찰 폭력, 식품 안전 등 소외 계층에게 영향을 미치는 다양한 이슈에 대해 글을 쓴다. 그녀의 글은 『가디언』 『워싱턴 포스트』 『타임』 등 여러 매체에 실렸다. 지구에서 때로는 우주에서 흑인들에게 벌어질 수 있는 온갖 일들을 소재로 소설을 쓰기도 한다. mikkikendall.com이나 트위터 @karnythia에서 그녀를 만날 수 있다.

내 페미니즘의 뿌리는 나를 키운 여성들과 어렸을 적 내가 존경했던 유명 인사들, 역사적 인물들에 있다. 스스로를 딱 잘라 페미니스트라고 말하진 않았지만 인종과 젠더 평등을 위해 싸운 것만은 분명한 강인한 여성들 말이다. 프랑스의 가수이자 레지스탕스 운동에 참여했던 조세핀 베이커, 래퍼로서 다방면에서 활동하는 퀸 라티파, 저널리스트로서 여성 운동과 흑인 민권 운동의 선구자였던 아이다 B. 웰스바넷, 그 밖에도 여러 강인한 여성들 덕분에 나는 페미니즘에 다가갈 수 있었다. 나는 그들에게서 평등을 향해 가는 길은 여러 갈래로 뻗어 있다는 사실을, 필요할 때마다 새

길을 닦아야 한다는 걸 배웠다. 할머니, 숙모, 선생님들은 내게 인종과 젠더 둘 중 하나라도 포기해서는 안 된다고 가르쳤다. 흑인인 것도 여성인 것도 내 정체성의 일부니까. 평등을 위한 싸움과 자유를 위한 싸움은 별개의 임무가 아니다. 둘 다 우리 투쟁의 어렵지만 필수적인 부분이다.

어떤 이들은 페미니스트가 되는 데에 유일한 정답이 있다고 생각한다. 올바르게 생각하고 느끼고 꾸미는 법을 알려 주는 완벽한 교과서가 존재하며 우리는 그 불가능한 기준에 맞추어 살려고 노력해야 한다고 여기는 것이다. 물론 지금껏 여러 작가가 페미니즘에 대해 이야기해 왔고 선택 페미니즘, 교차성 페미니즘, 포괄성 이론 등 페미니즘을 설명하는 문헌도 많은 건 사실이다. 그러나 페미니즘을 책이나 자타 공인 페미니스트에게서만 배워야 하는 건 아니다. 페미니즘은 유명 인사, 가족, 선생님, 친구들에게서도 배울 수 있다.

페미니즘은 모든 여성을 위한 것이다. 이 말은 페미니즘에는 여성의 수만큼이나 다양한 접근법이 있다는 뜻이다. 페미니즘 운동의 한 측면에서 통하는 개념이 모든 여성에게 적용된다는 것, 무엇이 페미니즘의 문제인지 아닌지 정확히 구분할 수 있다는 것, 둘 다 착각이다. 페미니즘의 발전을 꾀한다면 스스로에게, 나아가 교과서 속 인물들과 다른 페미니스트들에게 반드시 질문해야 한다. 페미니즘 운동은 지금껏 무엇을 이루었는가? 정말 **모든** 여성의 평등과 정의를 일구어 나가고 있는가?

여성에게 영향을 미치는 문제는 전부 페미니즘의 문제다. 경찰 폭력, 아동 보호, 교육 접근권, 의료, 의복 규정, 그 밖의 어떤 것이라도 페미니즘의 문제가 될 수 있다는 뜻이다. 어떤 문제가 당신에게 중요하다면, 페미니즘에도 중요하다. 당신에게 중요한 문제를 다른 페미니스트들은 대수롭지 않게 여기고 그 문제를 다루는 책조차 없다면, 당신이 직접 목소리를 내면 된다.

예를 들어 보자. 저소득층 유색 인종 여성은 단 한 번도 일할 권리를 빼앗긴 적이 없다. 그들은 살기 위해 언제나 노동해야 했다. 백인 빈곤층 어머니에게는 복지 혜택이 주어졌지만 흑인 여성들은 애초에 사회 안전망에 접근하는 것부터 어려웠다. 백인 어머니만이 보호받을 자격이 있는 것도 아닌데 말이다. 흑인 여성들이 복지 혜택을 받게 되자 그들에게는 '복지의 여왕'이라는 조롱이 쏟아졌다. 백인 중산층 페미니스트들이 가정을 떠날 권리에 집중하는 사이 흑인 빈곤층 여성들은 집에 머무르며 아이들을 돌볼 수 있게 해 줄 돈을 위해 싸웠다. 제대로 된 페미니즘에서는 서로 다른 걸 필요로 하는 사람들이 서로 다른 목표를 위해 싸우는 모습을 보게 된다. 이때 문제는 페미니즘 내에서 좀 더 힘 있는 집단이 다른 집단을 억누를 수 있다는 것이다.

페미니즘은 '내면화된 편견의 면죄부'가 아니다. 페미니스트이면서 동시에 인종 차별주의자, 트랜스젠더 혐오자, 계급주의자, 동성애 혐오자가 될 수 있다. 페미니스트이면서 동시에 여성에게 해를 입힐 수도 있다. 여성이 하는 모든 행동, 여성이 내리는 모든 선택이 페미니스트적인 건 아니다. 페미니즘에 대한 이야기가 문화적 영향에 따른 편견을 반영하고 있을 수도 있다. 생식권에 대해 이야기할 때 백인 페미니스트들은 임신 중절에 대한 접근권에 초점을 맞춘다. 역사적으로 유색 인종, 장애 여성 등 사회가 정한 좁은 틀에 맞지 않는 여성들이 아기를 낳을 권리를 빼앗겼다는 사실은 무시한다. 그건 백인 페미니스트들이 무지해서가 아니다. 그들이 속한 문화에서 오로지 특정한 여성만이 어머니가 되고, 보호받을 자격이 있다고 말하기 때문이다. 부모가 될지 말지 결정하는 건 물론 중요한 권리다. 그러나 아기를 빼앗기지 않을 권리도 그만큼 중요하다.

시스젠더든 트랜스젠더든 모든 여성은 젠더 불평등, 차별, 폭력을 경험한다. 하지만 그것을 경험하는 방식은 인종, 계급, 장애 유무, 젠더 표현에 따라 달라진다. 주류 페미니즘 운동이 비판받는 가장 큰 이유는 중산층 이상 백인 여성의 안위를 중심에 둔다는 것이다. 예를 들어 케이티 페리나 마일리 사이러스 같은 백인 연예인이 도발적인 의상을 입고 공연하면 페미니스트 언론에서는 그들이 여성의 성적 권한을 되찾았다고 칭송한다. 나쁜 롤 모델이라고 비난하지 않는다. 반면에 비욘세나 니키 미나즈 같은 흑인 연예인들은 여전히 너무 야하다고 비판받는다.

리아나가 조세핀 베이커에게 경의를 표하는 의미에서 속이 훤히 비치는 드레스를 입었을 때 백인 페미니스트 진영은 그 행동이 페미니스트적이지 않다고 비난했다. 성공한 흑인 여성이 흑인 소녀들 앞에서 떳떳하게 자기 몸을 드러내는 게, 자신의 고유한 아름다움에 자신감을 느끼는 게, 자신에게 성공의 길을 열어 준 또 다른 흑인 여성에게 경의를 표하는 게 페미니스트적이지 않다니! 성공이나 아름다움의 이미지에서 줄곧 배제되는 공동체에 속해 본 적 없는 사람들에게 리아나의 의상은 페미니스트적이지 않았을지 모른다. 하지만 리아나의 페미니즘이 모두의 마음에 닿을 필요는 없다. 리아나가 아니라면 많은 흑인 여성이 주류 미디어에서 자신과 닮은 여성의 재현을 볼 길이 없었을 것이다. 리아나의 페미니즘은 그들의 마음에 가닿는다.

흑인이 못생겼다고, 흑인 여성의 몸이 백인 여성의 몸에 비해 태생적으로 천박하다고 말하는 건 인종 차별이다. 제도적 편견이 만들어 낸 차별이다.

페미니즘의 잘못된 이상을 잣대로 평가받는 건 연예인뿐만이 아니다. 1세대, 2세대 페미니즘 텍스트에서는 젠더, 인종, 계급의 측면에서 문제가 있는 서사를 쉽게 찾을 수 있다. 당시 페미니스트들의 생각은 젠더 평등이라는 큰 목표에 기여했지만, 그들의 저작을 무분별하게 받아들여서는 안 된다. 흑인 여성인 앨리스 워커는 일찍이 인종 문제와 페미니즘 내 인종 차별을 무시한 주류 페미니즘에 대항했다. 백인 여성 중심인 페미니즘에 대한 비판 혹은 대안 차원에서 우머니즘을 이야기했다. 워커는 기존 페미니즘이 자신과 같은 흑인 여성들의 관심사를 무시하는 것을 알고, 페미니즘에 확장을 요구했다. 확장하지 않을 거라면 그 자리에 남아 흑인 여성이 평등을 향해 나아가는 길의 디딤돌이 되라고 요구했다. 페미니즘은 완벽한 여성 한 사람의 발에 꼭 맞는 유리 구두가 아니라 우리 모두를 보호할 수 있는 커다란 우산이 되어야 한다. 그 우산은 우리를 서로에게서도 보호해야 한다.

존재를 지우는 건 평등이 아니다. 어떤 여성을 대상으로 만들고 또 다른 여성을 구원자로 만드는 배제적 페미니즘은 암암리에 해를 끼친다. 젊은 유색 인종 여성들이 비욘세, 리아나, 니키 미나즈, 라번 콕스, 재닛 모크, 카르멘 카레라, 루시 리우 같은 여성들을 롤모델로 둘 수 있다는 건 대단한 의미가 있다. 미디어에서 자신과 닮은 사람을 보지 못할 경우 자신에게는 발언할 권리도, 존재할 권리도, 행복해질 자격도 없다고 믿기 쉽다. 페미니즘이 진정 모든 여성을 위한 것이라면, 공동체에 해를 끼치면서 페미니즘이라 자칭하는 이데올로기를 지지해서는 안 된다.

포괄적인 페미니즘이 더 효과적인 페미니즘이다.

페미니즘은 행동이다. 넓은 차원에서 페미니즘 운동을 이야기할 때, 모든 공동체가 서로 다르다는 걸 반드시 기억해야 한다. 어떤 공동체에 필요한 페미니즘 행동이 다른 공동체에는 통하지 않을 수도 있다. 모든 사람의 페미니즘을 좋아할 필요는 없다. 다른 사람들도 당신의 페미니즘을 좋아하지 않을 수 있으니까. 모두의 평등을 위한다는 것이 모두 똑같은 방식으로 행동해야 최선이라는 뜻은 절대 아니다. 중요한 건 한 공동체에 약이 되는 것이 다른 공동체에는 독이 될 수 있다는 사실이다. 인종, 젠더, 계급, 성적 지향, 종교 등 우리 한 사람 한 사람을 고유하게 만드는 모든 요소가 중요하다.

'페미니스트'라고 선언한 비욘세는 여성들에게 일자리를 주고 가정 폭력 희생자를 위한 보호소를 세울 기금을 마련하며 그 호칭을 증명했다. 하지만 임의의 기준에 맞추어 자기 옷차림을 바꾸지는 않았다. 그렇게 비욘세는 자신의 방식으로 페미니즘 운동에 하나의 공간을 만들었다. 리아나는 남들이 바라는 대로 옷을 입거나 연애하지 않으며, 모두의 입맛에 맞는 노래를 부르지도 않는다. 그 대신에 리아나는 상처 입은 피해자들이 성숙할 수 있는 공간을 만들고 있다. 니키 미나즈는 소녀들에게 학교에 열심히 다니고 자신의 성을 받아들이라고 격려하며, 테일러 스위프트나 마일리 사이러스 같은 백인 여성들이 백인의 문제만 중요한 게 아님을 깨닫도록 거리낌 없이 목소리를 낸다.

소외된 여성들은 자신을 대신해 목소리를 낼 사람이 필요한 게 아니다. 직접 마이크를 들고 얘기할 권리가 필요하다. 주류 페미니즘 안에 당신의 자리가 없다고 생각한다면, 직접 목소리를 내도 된다. 아니, 내야 한다. 그리고 남들에게도 입을 열라고 격려하자. 그렇게 자신의 페미니즘을 찾아 나서자.

유색 인종 여성이 남들과 다른 건 딱 한 가지다, 기회. ──비올라 데이비스

기회

리사 로딜

디자이너, 일러스트레이터, 레터링 전문가이자 대중문화 마니아다. 레트로 일러스트레이션에서
총천연색 타이포그래피까지 다양한 분야를 아우르며 작업하는 로딜은 새로운 모험을 즐긴다.

흑인 여자 친구들의 우정 10선

브랜디 콜버트

1. TLC ('티보즈' 티온 왓킨스, '레프트 아이' 리사 로페스, '칠리' 로존다 토머스)
역대 최고의 인기를 누린 미국 걸 그룹 TLC. 1990~2000년대에 활동하며 귀에
꽂히는 R&B 선율에 성 긍정, 자기애, 자주성 같은 가치를 담아냈다. 리사 로페스
의 갑작스러운 사망 이후 듀오가 된 TLC는 "리사를 다른 누군가로 대체하는 일
은 절대 없을 것"이라고 확언했다.

2. 니콜 바이어와 사시어 저메이타
바이어와 저메이타는 즉흥 공연 팀에서 만난 사이로, 나중에 유명 극단 '업라이
트 시티즌스 브리게이드'에서 함께 공연했다. 그 뒤 서로 다른 프로젝트를 진행하
면서도(바이어는 MTV의 「걸 코드」, 저메이타는 「새터데이 나이트 라이브」) 함께 「섹
시함의 추구」라는 웹 드라마를 제작했다. 둘은 그 드라마에서 절친한 친구로 나
왔다.

3. 리사 보넷과 크리 서머
보넷과 서머는 1980~1990년대 시트콤 「디퍼런트 월드」에 출연한 것을 계기로 평
생의 친구가 되었다. 보넷은 말했다. "우리는 자기 자신보다 서로를 돌보는 법을
더 잘 아는 것 같아요." 서머는 공공연히 말한다. "우리는 한눈에 사랑에 빠졌고
그 뒤로 아주 생산적이고 창조적인 우정을 나누기 시작했어요."

4. 비너스 윌리엄스와 서리나 윌리엄스

한 살 터울인 윌리엄스 자매는 캘리포니아 콤프턴에서 유년기를 보내며 함께 테니스를 치기 시작했다. 십 대 때부터 대회에서 맞붙은 두 사람은 라이벌 관계로 잘 알려져 있지만 사실은 좋은 친구이기도 하다. 2012년에 두 사람은 테니스 선수 사상 최초로 각자 네 번째 올림픽 금메달을 땄다.

5. 아만들라 스턴버그와 윌로 스미스

스턴버그와 스미스가 친한 건 소셜 미디어를 조금만 둘러보아도 알 수 있는 사실이다. 두 사람은 서로의 꿈에 서로가 나온 뒤 친구가 되었다고 한다. 두 사람은 흑인 소녀와 여성을 위한 운동에 전념하며, 진짜 자기 모습을 지키라는 메시지를 퍼뜨린다.

6. 비욘세 놀스와 켈리 롤런드

비욘세와 켈리는 어린 시절 휴스턴에서 '데스티니스 차일드'의 전신이었던 걸 그룹 멤버로 만났다. 켈리는 한동안 비욘세네 집에서 함께 살았다. 둘은 명성을 얻은 뒤에도 가깝게 지내고 있으며 지금까지도 서로를 자매라고 부른다.

7. 오프라 윈프리와 게일 킹

두 사람은 아마도 가장 유명한 친구 사이일 거다. 볼티모어의 방송국에서 일하던 시절 만나 30년 넘게 떼 놓을 수 없는 사이로 지내고 있다. 윈프리는 킹에 대해 "내가 아는 한 지구상에 그보다 나은 사람은 없다."라고 말했다. 킹은 오프라 윈프리의 잡지 『오』의 편집자로 일하고 있다.

8. 티아 모리와 태머라 모리

일란성 쌍둥이인 티아 모리와 태머라 모리는 태어날 때부터 가까울 수밖에 없는 운명이었다. 둘은 1990년대 시트콤 「시스터, 시스터」에서 십 대 자매를 연기했다. 같은 대학 같은 학과를 졸업한 뒤 성인이 되어서는 자신들의 삶을 다룬 리얼리티 쇼에 출연하기도 했다.

9. 타이라 뱅크스와 키모라 리 시먼스

뱅크스와 시먼스는 십 대 시절 샤넬 모델로 처음 만났다. 두 사람은 25년 넘게 친구로 지냈고, 뱅크스는 시먼스의 맏딸에게 대모가 되어 주었다.

10. 퀸 라티파와 제이다 핑킷 스미스

라티파와 스미스는 1996년 영화 「셋 잇 오프」에 함께 출연하며 인연을 맺어 지금까지도 서로를 각별한 친구로 여기고 있다. 라티파가 진행하는 토크쇼의 책임 프로듀서로 일했던 스미스는 이렇게 말했다. "라티파에 대해 생각할 때, 저는 제가 사랑받는다고 느끼게 해 주는 여자를 떠올립니다."

자신만의 모험을 선택하라: 팬덤이 당신에게 (바로 당신에게!) 딱 맞는 이유

브레나 클라크 그레이

캐나다 문학으로 박사 학위를 받았다. 캐나다 밴쿠버의 대학에서 책과 만화, 글쓰기, 팬덤, 페미니즘에 대해 강의한다. 북라이엇, 그 라픽시아 등 온라인 매체에서 그녀의 글을 볼 수 있다. 트위터 계정 @brennacgray에서도 그녀를 만날 수 있다.

영화를 보고 이런 생각이 든 적 있는가? '다 마음에 드는데 저여성 인물을 다루는 방식은 좀 마음에 걸리네!' 아니면 소설을 읽는 내내 사귀기를 바랐던 두 인물이 끝까지 이어지지 않아 아쉬웠던 적은? 좋아하는 것의 아주 사소한 부분까지 파고들며 남들과토론하기를 즐기는가? 그렇다면 팬덤 생활이 아주 잘 맞을 거다. 팬덤에서는 좋아하는 인물을 다른 상황에 던져 넣거나, 인종과 젠더를 비틀거나, 성적 지향을 바꾸는 실험을 할 수 있다. 팬덤에서픽션은 유동적으로 변할 수 있는 것이다. 따라서 이야기가 진행되는 방식을 당신이 직접 정할 수 있다. 가장 중요한 건, 팬덤을 이끌어 가는 주체가 바로 여자들이라는 사실이다.

팬덤이 뭔데?

팬덤은 '팬'에서 유래한 단어이다. 팬덤에 속하기 위한 핵심 조건은 무언가를 아주 많이 좋아하는 것이다. 하지만 팬덤에 속하는 것은 단지 무언가의 팬으로 사는 것과는 다르다. 둘의 차이를 한 단어로 요약하자면 '헌신'이다. 일반 팬은 '해리 포터' 시리즈 전권을 읽고 티셔츠를 사고 영화를 관람한다. 하지만 팬덤에 속한 팬은 거기에 더해서 영화 속 등장인물을 주인공으로 새로운 이야기를 쓰거나 그림을 그리고, 텀블러(tumblr.com) 같은 온라인 공간에서 다른 팬들과 길고 긴 대화를 나눈다. 팬 아트와 팬 픽션(팬픽)은 팬덤의 생명이다. 팬덤에서는 좋아하는 인물들에게 새로운 모험을 선사하고, 그들이 원작에서 겪은 경험을 기반으로 전혀 다른 이야기를 할 수 있다. 마음에 들지 않는 애인과 헤어지게 하고, 지긋지긋한 악당을 죽이고, 좋아하는 인물의 인종이나 성, 젠더가 달랐다면 어떻게 되었을지 탐구한다. 팬덤에 몸담으면 좋아하는 작품을 완전히 새로운 관점으로 볼 수 있고, 그럼으로써 작품을 자기 것으로 만들 수 있다. 많은 젊은 여성이 팬덤 생활에서 대단한 재미를 느끼고 힘을 얻는다.

팬덤의 주제는 밴드에서 정치인까지 다양하지만 제일 보편적인 건 책, 드라마, 영화다. 사실 팬덤의 역사는 오래전으로 거슬러 올라간다. 사람들이 어떤 이야기를 듣고 제 나름대로 각색하기를 즐긴 건 하루 이틀 일이 아니다. 어떤 사람들은 『오만과 편견』의 작가 제인 오스틴이 팬덤에 영감을 준 최초의 인물이라고 주장한다. 어떤 사람들은 빅토리아 시대의 '셜록 홈스' 시리즈 팬들이 현대 팬덤의 시초라고 주장하는데, 그들이 집필을 그만두고 싶어 하는 아서 코난 도일 경을 설득해서 글을 계속 쓰게 했기 때문이다. (1897년에 쓰인 셜록 홈스 팬픽이 있다!)

잠깐, 팬픽 말인데, 그거…… 더러운 거 아닌가?

그렇지 않다. 아니, 그렇기도 하다! 일부는 그렇고 일부는 그렇지 않다. 그게 팬픽이 위대한 까닭이기도 하다. 팬픽 얘기가 나왔으니 말인데, 사람들이 손으로 가리고 키득거리면서 말하는 '슬래시(slash)'라는 용어를 들어 봤을지 모르겠다. 캐넌(팬덤에서는 원작자의 소설이나 드라마나 영화를 '경전'을 뜻하는 캐넌canon으로, 팬덤에서 유래했지만 모두가 동의하는 생각을 패넌fanon으로, 오로지 자신에게만 진실인 생각을 헤드 캐넌head canon으로 부른다. 팬픽을 쓰는 사람들은 캐넌을 자신의 헤드 캐넌과 일치하도록 해석하면서 팬덤 공동체에서 그 생각이 널리 받아들여져서 패넌이 되길 바란다. 이해되는가?)에 등장하는 (대개 동성인) 두 인물을 성적으로 엮는 슬래시 팬픽은 분명 많은 팬덤에서 큰 부분을 차지하고 있다.

슬래시 픽션은 1960년대 미국 드라마이자 영화로도 제작된 「스타 트렉」 팬덤에서 유래한 것으로 보인다. 팬 문화에서는 항상 여성들이 중요한 역할을 해 왔으며, 슬래시라는 개념을 창안한 것도 여성들이다. 「스타 트렉」을 본 여성들은 커크와 스팍이 등장하는 에로틱한 이야기를 읽고 싶었지만 너무나 좋아하는 두 인물이 다른 여자와 엮이는 건 보고 싶지 않았다. 그래서 그들은 커크와 스팍이 엮이는 '커크/스팍' 팬픽을 만들어 내기 시작했다. 커크와 스팍 사이 '슬래시'에서, 여성 이야기꾼들이 이끌어 가는 팬덤 내 스토리텔링 장르의 이름이 만들어졌다. 이렇듯 캐넌을 공적으로, 퀴어하게 재해석하는 장르인 슬래시 픽션은 이성애자들의 욕구에서 비롯되었다. 하지만 주류 미디어에서 접하지 못하는 이야기를 읽기 위해 슬래시 픽션을 읽는 사람도 많다는 사실을 짚고 넘어가야겠다.

대부분의 슬래시 픽션은 남성을 주인공으로 하는 에로틱한 이야기를 들려준다. 아마 영화나 텔레비전에 나오는 사람이 대부분 남성이라 그럴 테다. 드라마 촬영장도 영화관도 남자들로 가득하니까. 마블 영화만 봐도 알 수 있지 않은가. 비중 있는 캐릭터는 거의 다 남자다! 그래서 로맨스 팬픽에서는 남자끼리 커플로 엮을 경우 훨씬 많은 가능성이 생긴다. 팬덤에서 기준이 되는 서사는 우리가 소비하는 미디어를 지배하는 서사와 다르고, 그래서 중요하다. 주류 미디어에서는 이성애가 일반적이지만 슬래시 팬픽에서는 동성애가 일반적이다. 어떤 인물이 이성애자라고 명시하지 않는 한 우선 동성애자일 것으로 추측되는 것이다. 이런 세계는 지금껏 우리가 봐 온 것과 퍽 다르다.

하지만 슬래시 팬픽은 팬픽 세계의 부분 집합일 뿐이다. 단순히 상황을 재해석하는 팬픽도 많다. 예를 들어, 해리와 헤르미온느가 사귀는 사이였다면? 드레이코 말포이와 론이 친한 친구였다면? 어떤 핵심 요소가 바뀐다면, 우리가 사랑하는 세계관은 어떻게 달라질까? 이 지점에서 팬덤은 명쾌하게 페미니스트적인 성격을 띠게 된다. 무엇이든 쓸 수 있다는 점에서 그렇다. 「스타 워즈」의 루크 스카이워커가 흑인이어야 했다고 생각한다면, 그런 이야기를 쓰면 된다. 마블 코믹스의 캡틴 아메리카가 여성이길 바란다면, 그런 이야기를 쓰면 된다. 「헝거 게임」의 캣니스가 무성애자였을 경우 상황이 어떻게 달라졌을지 궁금하다면, 그런 이야기를 쓰면 된다. 글 쓰는 데 취미가 없다면 다른 방법도 있다. 마블 영화에서 블랙 위도우의 출연 시간이 늘어나야 하는 이유에 대해 노래를 짓거나, 십 대 라틴계 소년 버전의 스파이더맨 그림을 그려도 된다. 이처럼 인종이나 젠더나 성을 '비트는' 스토리텔링이 이루어지는 팬덤 내에선 주류 미디어에서 충분히 재현되지 않는 인구 집단의 구멍이 메워지기 때문에 아무도 배제되지 않는다. 이것이 팬덤이 우리에게 마법처럼 힘을 부여하는 방식이다. 당신이 사랑하는 작품 속 세상이 실제 세상과 너무 달라서 짜증 난다면, 팬들이 다시 쓴 이야기를 찾아보자. 팬들의 창작물은 영감과 경이의 원천이다.

팬덤이 정말로 페미니스트적인가? '팬 보이'라는 단어를 많이 들어서 팬덤은 남자 위주로 돌아가는 줄 알았다.

그렇지 않다! 팬덤에 대한 가장 큰 오해일 테다. 어떤 이유 때문인지 우리는 좋아하는 것에 푹 빠져서 파고드는 팬의 모습을 일단 남자로 상상한다. SF 컨벤션에 참석하거나 비디오 게임을 즐기는 남자가 팬의 기본 형태로 입력되어 있기 때문일지도 모르겠다. 주류 미디어에서도 너드*는 보통 이성애자 백인 남성으로 그려진다. 참 재미없지 않은가? 사실 온갖 팬덤에 여성이 있다. 많은 팬덤에서 열심히 활동하고 많은 것을 쏟아붓는 팬 중 다수는 젊은 여성이다. 젊은 팬들의 온라인 모임 공간인 텀블러는 여성이 지배한다 해도 과언이 아니고, 이제 컨벤션에 참석하는 사람의 성비는 삼십 대 이하의 경우 남녀가 엇비슷하다. 점점 더 많은 컨벤션에 여성 팬들의 문화를 이야기할 수 있는 공간이 생기고 있다. 만약 당신이 참석하고자 하는 컨벤션에 그런 공간이 없다면, 한번 물어보라. 아니면 직접 그런 공간을 만들겠다고 제안해도 좋겠다! 팬덤이 남자들만의 것이라고? 어림없는 소리다.

이건 최근에 벌어진 현상도 아니다. 오래전 「스타 트렉」 컨벤션

---

* 너드 관심 분야에 대해서는 전문가이지만 사회성이 부족한 사람.

과 팬 잡지의 시대부터 여성은 팬덤의 중요한 부분이었다. 「스타 트렉」은 다양성과 포용을 중시했기에 팬덤도 그 기조를 따랐다. 1975년 「스타 트렉」의 팬덤을 주제로 한 책 『스타 트렉은 살아 있다! *Srar Trek Lives!*』를 쓴 사람 역시 재클린 리히텐버그, 손드라 마샥, 조앤 윈스턴 세 여성이었다. 이 책은 팬덤에 대한 독창적인 기록으로 여겨진다. 또한 많은 사람이 그전에는 불가능했던 새로운 방식으로 「스타 트렉」 팬덤에 접근하도록 해 준 공로를 세웠다. 1975년엔 인터넷이 없었다는 사실을 기억하자. 「스타 트렉」 팬에게 서점이나 도서관에서 이 책을 발견하는 건 자신과 비슷한 사람들의 공동체로 입장하는 생명선을 붙잡는 거나 다름없었을 테다. 「스타 트렉」이 훗날 모든 팬덤의 모범이 되었다는 걸 생각하면 여성들이 팬덤 내에서 얼마나 영향력을 발휘하는지 알 수 있다. 그러니 누군가 당신을 '팬 행세 하는 여자'라고 부르거나 당신이 좋아하는 작품에 대한 지식을 증명해 보라고 요구하면 화를 내도 된다. 아무것도 증명할 필요 없다. 당신과 같은 젊은 여성은 팬덤의 디엔에이에서 핵심이다.

어떻게 참여할까? 왜 참여해야 하나?

오늘날처럼 관심사가 같은 사람들을 만나기 쉬운 시대는 일찍이 없었다. 과거에는 가령 「스타 트렉」을 좋아한다면 『스타 트렉은 살아 있다!』를 읽거나 이미 팬덤에 속한 누군가에게서 팬 잡지를 건네받아야 했다. 그다음에는 팬 잡지를 구독하고, 잡지에 독자 편지를 보내 같이 이야기할 사람을 찾고, 우편을 통해 편지를 주고받아야 했다. 혹은 컨벤션에 가서 다른 팬들을 만나거나 직접 모임을 개최해야 했다. 과거에는 팬덤에 들어가는 데 정말이지 큰 노력이 필요했다. 자신이 팬덤에 어울리는 사람인지 확인하기도 전부터 많은 것을 투자해야 했다.

지금은 손가락을 몇 번 움직이기만 해도 온갖 팬덤에 접근할 수 있는 시대다. 많은 팬이 팬 아트를 올리고 이야기를 나누는 텀블러라는 장이 있다. 게다가 토론 포럼이 딸린 개별 웹 사이트도 많으니 구글 검색을 잊지 마시길. 구미가 당기는 팬덤을 찾으면 글을 쓰기 전에 일단 둘러봐라. '눈팅'이라고 부르는 이런 행동은 이 커뮤니티가 당신에게 맞는지, 당신이 그곳에서 환영받는 기분을 느낄지 판단하는 좋은 방법이다. 사람들이 논리적으로 토론하는가? 사람들이 자신을 표현하기 위해 사용하는 언어와 이미지가 불편하게 느껴지지는 않는가? 젊은 여성과 유색 인종도 대화에 참여하고 있는가? 온라인 팬덤의 장점 하나는 당신이 좋아하는 책, 영화, 드라마를 토론하는 그룹이나 커뮤니티가 여러 개 존재한다는 것이다. 그러니 찬찬히 둘러보며 공개적으로 자유롭게 의견을 나눌 수 있는 안전한 공간을 찾아라.

그런 공간을 찾으면, 참여해라. 팬덤의 가장 큰 장점은 누구나 자유롭게 스스로를 표현할 수 있다는 것이니까. 처음엔 소소하게 드라마 에피소드에 대한 평을 올리거나 누군가 올린 '움짤'에 대해 고맙다고 인사할 수 있다. 아니면 처음부터 팬덤에 전력으로 뛰어들 수도 있다. 팬픽을 쓰거나 비디오 블로그를 만들거나 드라마를 보고 지은 노래를 녹음해서 올리거나 보정 이미지를 공유할 수도 있다. 팬덤의 천성은 창조적이고 협력적이다. 창작물을 올리면 사람들에게서 격려가 쏟아질 것이고, 작품을 개선시킬 아이디어도 얻을 수 있을 것이다. 사람들과 교류하고, 창작물을 공유해라. 남들에게 당신의 이야기를 읽거나 당신의 노래를 들어 달라고 부탁해도 괜찮다. 물론 당신도 남들의 작품을 감상할 준비를 해야 한다. 팬덤의 작동 원리는 자신의 작품을 나누고, 동료 팬들의 작품을 감상하는 것이다.

팬덤이 세상을 크게 또는 작게나마 바꿀 수 있다는 사실을 알고 있는가? 예를 들어 팬들이 모이면 「스타 트렉」이나 「커뮤니티」처럼 제작이 무산됐던 드라마를 제작하게 만들 수도 있고, 좋아하는 드라마의 영화판을 만들 수도 있다. 드라마 「파이어플라이」는 영화 「세레니티」로 재탄생했고, 드라마 「베로니카 마스」 팬들은 크라우드 펀딩으로 영화 제작비를 모았다. 팬덤은 또한 자선 프로젝트와 협업하기도 한다. 수백만 달러를 모금하고 세계 각지에서 봉사 활동을 벌이는 팬덤도 있다. '해리 포터 얼라이언스(Harry Potter Alliance)'가 대표적이다. 유튜브 채널을 운영하는 작가 존 그린과 그의 동생 행크의 팬덤인 '너드파이터스(Nerdfighters)'도 봉사 활동을 하고 있다. 사랑으로 모인 사람들은 정말이지 신나는 일을 잔뜩 할 수 있다!

자, 요약하자면⋯⋯

현재의 주류 미디어가 여성, 퀴어, 유색 인종을 충분히 재현하지 않아서 울적할지도 모른다. 점점 나아지고는 있지만 아직도 텔레비전 드라마와 영화, 베스트셀러 청소년소설은 백인, 이성애자, 남성 위주이다. 여기에 공감할 수 없다면 소외감을 느낄 수도 있다. 팬덤이 헐리우드 블록버스터를 대체할 수는 없지만, 팬덤은 당신에게 세상을 다른 방식으로 생각하고, 당신과 좀 더 비슷한 인물들이 활동하는 세계를 창조할 수 있는 영감과 힘을 준다. 온라인 활동이니만큼 안전하게 가명을 쓰고, 커뮤니티를 잘 이해할 때까지는 '눈팅'만 하고, 사적이거나 불편한 이야기는 올리지 않는 편이 좋다. 하지만 일단 안전하게 생각을 풀어놓을 수 있는 공간을 찾는다면, 미디어와 당신의 관계는 정말 흥미롭게 변할 것이다.

자, 이제 가서 팬들이 만든 작품을 즐기고, 직접 무언가를 만들어 보길. 당신이 살고 싶은 세상을 만들어라. 당신의 모험을 직접 선택해라. 물론, 즐겁게!

팬덤 용어 훑어보기

팬덤 생활을 하다가 마주치게 될 단어들의 뜻을 알아보자.

코스프레 cosplay 좋아하는 인물처럼 분장하는 것. 컨벤션에서 가장 흔히 볼 수 있지만 일상 속에서 기성복을 이용한 코스프레도 가능하다. 예를 들어 슈퍼맨의 망토와 미심쩍을 만큼 닮은 카디건을 입는다거나.

크로스오버 crossover 팬들은 온갖 곳으로 손을 뻗치길 좋아하므로, 때로 여러 세계관을 겹쳐 팬 픽션의 배경으로 삼기도 한다. 드라마 「닥터 후」와 「셜록」 팬덤은 자주 손을 잡는다. 여기에 「슈퍼내츄럴」까지 더한 크로스오버는 워낙 인기가 많아 '슈퍼후록 SuperWhoLock'이라는 이름도 붙었다.

팬진 fanzines 팬들이 직접 펴낸, 팬 픽션과 팬 뉴스를 담은 종이 잡지. 모든 것이 디지털화된 오늘날에도 팬진은 건재하다.

필크 filk**, 너드코어** nerdcore 팬들이 작곡하고 연주한 음악의 두 형태. 둘 다 마니아적인 팬의 마음을 담고 있다. 필크는 포크나 싱어송라이터 음악의 형태고, 너드코어는 힙합이나 랩의 형태다.

메리 수 Mary Sue**/개리 스투** Gary Stu 원작에는 등장하지 않는, 팬 픽션 작가가 창조해 낸 이상화된 주인공. 작가 자신을 대신하는 인물인 경우가 많은데, 칭찬으로 쓰이는 용어는 아니다.

십 ship 관계(relationship)의 준말. 십이란 당신이 지지하는 커플을 일컫는다. 예를 들어 해리 포터 팬픽에서 해리와 헤르미온느가 잘되길 바란다면, 당신은 해리 헤르미온느 십을 지지한다. 만약 그 밖에 지지하는 십이 없다면 해리와 헤르미온느가 당신의 OTP(one true pair, 제일 좋아하는 커플)이다.

베타 beta 커뮤니티 생활을 하다 보면 누군가 자기 글을 '베타'해 달라고 요청할지도 모른다. 베타 독자란 다른 사람의 글을 공개적으로 게시되기 전에 읽고, 좀 더 명료하고 개연성 있는 글이 되도록 편집하는 사람을 일컫는다. 뛰어난 베타 독자들은 인기가 좋다. 직접 무언가를 창조하는 것보다 가다듬는 데 더 재미를 느낀다면 베타 독자 역할을 맡는 것도 좋은 선택이다.

페미니즘
FAQ

Q ○○○○를 좋아해도 페미니스트라고 할 수 있나?

페미니스트라고 해서 특정한 것들만 좋아해야 하거나, 조금이라도 문제가 있는 걸 즐길 수 없게 되는 건 아니다. 우리는 모두 불완전하고 실수를 하며 페미니즘에 반하는 행동을 하기도 한다. 예를 들어 여러분이 좋아하는 음악이나 영화, 드라마에 여성이 다치거나 피해를 입는 상황이 표현되는데도 그것을 좋아한다고 느낄 수 있다. 그렇다고 해도 여러분은 여전히 페미니스트가 될 수 있다.

우리가 좋아하는 것의 어떤 점이 문제라고 느끼면, 그 지점에서 페미니즘의 중요한 대화가 시작되기도 한다. 예를 들어 장수 드라마 「슈퍼내추럴」 팬들은 극 중에서 여성이나 유색 인종들에게 결코 희망찬 결말이 주어지지 않는 것에 대해 주기적으로 이야기해 왔다. 팬들은 마침내 힘을 모아 드라마 제작진에 이 사실을 알렸고 여성과 유색 인종 캐릭터에 더 나은 이야기를 담아 줄 것을 요구했다.

영감을 위한 그림

미셸 히라이시

캘리포니아 남부에 사는 일러스트레이터다. 서사 요소가 강한 그림을 그리기 좋아하고, 수채 물감과 잉크를 즐겨 사용한다. 여가 시간에는 영화와 리얼리티 프로그램을 보고, 카페에 가서 스케치를 하고, 자동차 여행을 떠난다.

미국 어딘가에서

자리야 앨런

로스앤젤레스 출신의 배우이자 작가, 싱어송라이터. 사람들에게 즐거움을 주기 위해, 그리고 세상을 바꾸기 위해 예술을 할 작정이다. 자리야 앨런의 소식이 궁금하면 zariyaallen.com을 방문하거나 인스타그램에서 @zariyaallen을 찾으면 된다.

여기 미국의 모든 주에는
과목마다 커리큘럼이 있지
선생님이 학기 말까지 어떤 걸 가르쳐야 한다는 지침 말이야
하지만 가장 중요한 가르침은 수업 계획서에서 빠져 있더군

자기가 얼마나 중요한 걸 가르쳤는지 선생님도 몰라

대놓고 말한 적은 없는데 우리는 배웠어
우리는 입 다무는 법을 배웠어

미국 어딘가에선『호밀밭의 파수꾼』을 들고 있는 아이와
총을 들고 있는 아이가 있어

주 정부에서는 둘 중 하나만 금지했어
사람의 살을 꿰뚫고 지나가는 총이 아니라

"엿 먹어"가 여러 번 등장하는 책을

사람들이 말하는 법을
생각하는 법을 통제해야 하니까
스스로 감독이 되길 원하는 사람은

누가 진짜 감독인지 알게 될 거야

미국 어딘가에선
어머니의 컴퓨터 앞에 앉아
KKK* 웹 사이트를 들여다보는 아이가 있어
누구나 웹 사이트에 접속할 수 있지
하지만 그 아이는『앵무새 죽이기』는 읽지 못할 거야

• KKK 미국 남부에서 시작된 백인 우월주의 단체.

'깜둥이'라는 단어 때문에 학교에서 금지되었으니까

마야 앤절로*도 읽을 수 없지
학교에선 강간 얘기를 하면 안 되거든

세상에서 벌어지는 어떤 일에 대해서는 입을 다물어야 해
우리는 그렇게 배웠으니까

번듯한 최신식 쇼핑몰을 지어 주고는
우리가 지금 어디에 서 있는지 잊게 하지
우리는 히스패닉 사람들의 뼈 위에
노예들의 뼈 위에
아메리카 원주민들의 뼈 위에
단지 말하기 위해 싸운 사람들의 뼈 위에 서 있는데 말이야

대륙 횡단 기차도 일본인 강제 수용소도
역사책에선 싹 빠져 있지.
하지만 우리는 침묵을 지키는 게 낫다고 배웠어
남들을 불편하게 만들 바에는

● **마야 앤절로** 미국의 작가이자 배우. 세상에서 가장 영향력 있는 흑인 여성으로 꼽힌다.

미국 어딘가에선
사립 학교 여학생들이 몇 시간째 부티크를 헤매면서
완벽한 댄스파티 드레스를 찾고 있어
남쪽 동네 아이들은 몇 시간째 유실물 보관소를 돌아다니면서
겨울을 버틸 옷을 찾고 있지
날이 추워지는데 재킷이 한 벌뿐이거든

어떤 아이들은 밤새 일을 하느라 수업에 늦어
하지만 그들이 높이 사는 건 개근상이지
소년 가장에겐 아무런 상도 주어지지 않아

아이들은 우리 음악이 싼 티 난다 말하고
우리 말투가 후지다고 놀려
그러고선 다 같이 차 뒷자리에 타서
싼 티 나는 노래를 부를 거야
사는 게 끝내준다고 우린 멈출 수 없다고

미국 어딘가에선 학교에서 자신감을 가르쳐
수업 중에 몸무게를 재고 체지방률을 만천하에 공개하지
통통한 여자애들은 구석으로 숨고

날씬한 이쁜이들은 뿌듯해서 웃음이 절로 나올 거야

비싼 학비를 내는 애들은 중고품 가게로 쇼핑을 가지
그게 더 멋있고 재미있으니까
하지만 우리는 돈이 없어서 중고품 가게에 가
환경미화원인 우리 엄마는
한 달에 한 번만 급료를 받으니까

미국 어딘가에선
지하철 탄 남자가 소녀를 더듬고 있어
교복 차림인데 그래서 더 끌린 거지

단정한 교복 치마를 입고 달리기 어렵다는 걸
남자 선생님들은 이미 다 알고 있어

스타 선수들이 댄스파티 후 신입생을 강간해도 코치들은 쉬쉬
하기에 바쁘고
젊은 여자들은 데이트를 거절했다고 살해당해
여자가 댄스파티에 간 게 잘못 아니겠어?

술에 취해 필름이 끊긴 여자는

사진이 찍힌 다음에야 아파서 정신이 들 테니까

몇 픽셀이면 양심을 팔겠니?
냉혹한 배심원들에게 학점 4.0은 상관없어

오늘 학교에서 뭘 배웠니?
빨리 걷지 마
시끄럽게 말하지 마
이것저것 건드리지 마
고개를 숙여
남의 시험지 훔쳐보지 마
답을 모르겠으면 3번으로 찍어
혼자 버스를 탈 땐 이어폰을 꺼
누가 따라오는 것 같으면 전화하는 척해
선생님은 결코 잘못이 없어
잘못한 건 너지

미국 모든 주에서

가장 중요한 가르침은
네가 모르는 사이에 배운 것일 테니까

◇◇

내 콘로 갖고
돈 벌 생각 마

아만들라 스턴버그

◇◇

미국의 배우이자 가수. 「헝거 게임」, 「에브리싱 에브리싱」 등에 출연했다.
1998년생으로 2015년 「타임」이 선정한 영향력 있는 십 대로 뽑히기도 했다.

검은 머리는 흑인 문화에서 언제나 핵심 요소였다. 흑인은 머리를 건강하게 기르고 유지하기 위해 상당한 노력을 해야 한다. 그래서 흑인 여성들은 머리를 땋고, 꼬고, 콘로를 만드는 등 여러 헤어스타일을 가꾸어 왔다. 흑인에게 헤어스타일은 정체성의 일부다.

옥수수 알갱이가 늘어선 것처럼 딴딴하게 땋은 콘로는 흑인의 머리칼을 엉키지 않고 단정하게 유지하는 아주 실용적인 방법이며 멋도 있다. 아프리카계 미국인 공동체에서 정체성과 목소리를 지키기 위해 만들어 낸 음악인 힙합과 랩 문화에서도 헤어스타일은 정체성의 일부이기에 중요하다.

2000년대 초반, 많은 R&B 스타가 콘로 헤어스타일을 했다. 얼리샤 키스, 비욘세, R.켈리 등등. 힙합이 점점 더 인기를 얻고 대중문화로 자리 잡으면서 흑인 문화도 주목받았다. 백인 래퍼인 에미넴은 힙합계에서 대성공을 거머쥐었고 그의 앨범은 네 차례나 플래티넘*을 기록했다. 흑인 문화는 인기를 얻었다.

2000년대 초반에서 2010년대로 넘어가면서 백인들은 힙합과 관련된 옷과 액세서리를 걸치기 시작했다. 점점 더 많은 비흑인 연예인이 콘로를 하거나 머리를 땋았고 심지어는 흑인처럼 금니를 꼈다. 2013년에 이르자 패션계에서도 콘로를 받아들였다. 콘로와 흑인식으로 땋은 머리는 마르케사나 알렉산더 맥퀸 같은 하이패션 브랜드 런웨이에 등장했고, 잡지에 하루가 멀다 하고 새로운 도시풍 헤어스타일로 소개되었다.

그리고 교외에 거주하는 중산층 백인 남성 래퍼 리프 라프가 등장했다. 그는 거의 빈정대는 것처럼 보일 정도로 흑인 스타일로 온몸을 도배하고 머리를 땋고 금니를 번쩍였다. 영화 「스프링 브레이커스」에서 백인 배우 제임스 프랭코가 연기한 인물 에일리언은 리프 라프에서 영감을 받아 만들어졌다. 힙합계의 스타 및 아이콘들은 유행을 선도하고 주목받을 목적으로 흑인 문화를 차용했다.

2013년, 백인 가수 마일리 사이러스는 흑인 특유의 춤으로 알려진 트워킹을 추고, 뮤직비디오에서 흑인 여성들을 소품으로 사용

● **플래티넘** 백만 장 이상 판매된 앨범을 일컫는 말.

했다. 2014년에 백인 가수 케이티 페리는 '디스 이즈 하우 위 두*This is how we do*'의 뮤직비디오에서 흑인 영어와 흑인 특유의 손짓을 사용했고, 콘로 헤어스타일을 한 채 수박을 먹었다. 바로 다음 화면에는 대놓고 전설적인 흑인 가수 어리사 프랭클린의 사진이 등장했다.

자, 백인 스타들이 흑인 문화를 얼마나 많이 도용하고 있는지 알겠는가?

백인 래퍼들이 힙합계에서 잘나가기 시작했다. 매클모어와 라이언 루이스의 노래 '스리프트 숍*Thrift Shop*'은 2013년 연말 빌보드 1위를 차지했고 이기 어제일리어의 곡 '팬시*Fancy*'가 이듬해 1위를 차지했다. 2014년 5월, 경제 잡지『포브스』는 '호주 출신의 금발 백인 여성, 뜻밖의 힙합 신성으로 떠오르다'라는 제목의 기사를 냈다.

같은 시기에 흑인들에 대한 경찰 폭력 문제가 대두되고 있었다. 트레이본 마틴, 마이클 브라운, 타미르 라이스, 에릭 가너를 비롯해 다수의 흑인들이 경찰에게 살해당하면서 대규모 운동이 촉발되었다. 사람들은 집회와 소셜 미디어를 통해 제도적 인종 차별에 대해 항의하기 시작했다. 연예인들은 대중들의 관심을 환기하고 애도를 표했다. 하지만 흑인 여성 래퍼 아젤리아 뱅크스는 모두가 인종 차별에 대해 목소리를 낸 건 아니라는 지적을 했다.

뱅크스가 트위터에서 말했듯, 이기 어제일리어처럼 힙합 문화에 참여하고 '흑인다움'을 차용한 백인 뮤지션들은 흑인 정체성에 따라붙는 인종 차별에 대해서는 이상하게도 침묵을 지켰다.

어제일리어와 트위터에서 언쟁을 벌인 뒤, 뱅크스는 뉴욕의 힙합 라디오 방송국 '핫 97'과의 인터뷰에서 이렇게 밝혔다. "자기가 힙합을 한다고 하면서 그 힙합을 흑인 문화를 공격하는 데 쓰는 것 말인데요, 저는 그게 문화적 번짐(smudging)이라고 봅니다. 큰 문제예요. 백인 아이들에겐 아 그래, 너 대단해, 너 멋져, 마음먹은 대로 다 해, 이러죠. 흑인들에겐 그럴 수 없다고, 넌 가질 수 없다고, 네가 직접 만든 것조차 가질 수 없다고 말해요. 분통이 터집니다."

흑인 문화를 복잡하게 만드는 게 바로 그거다. 문화를 도용하는 것과 문화 교류 사이의 선이 언제나 흐릿하다는 것. 어떤 스타일을 원래 쓰던 사람들은 인종 차별을 당하고 고정 관념으로 생각되는 반면, 그 스타일을 빌려 쓰는 특권층은 최신 유행을 이끄는 사람, 멋지고 재미있는 사람으로 여겨진다. 자기들이 빌려 쓴 문화의 깊은 의미를 인식하지 못한다면 그것은 문화를 도둑질하는 것과 같다.

힙합은 흑인들의 투쟁에서 탄생했다. 힙합의 뿌리인 재즈와 블루스는 아프리카계 미국인들이 역경 속에서 인간성을 지키기 위해, 노예 제도가 살아 있던 시대에 서로 소통하고 살아남기 위해 부른 노래에서 기원했다. 흑인식으로 땋은 머리와 콘로는 사소해 보이지만 같은 맥락에서 단순히 스타일로 치부할 수 없다. 흑인들이 머리를 깔끔하게 관리하기 위해 꼭 필요한 헤어스타일이니까.

소셜 미디어에서 본, 아주 의미 있는 질문을 당신에게도 던져 보겠다. 만일 미국 사람들이 흑인 문화를 사랑하는 만큼 흑인들을 사랑한다면, 미국은 어떻게 변할까?

(이 글은 2015년 4월 amandla.tumblr.com에 올라온 동영상 내용을 정리한 것이다.)

소녀 소설과 소녀들의 목소리
(코트니 서머스&로리 할스 앤더슨과의 인터뷰)

켈리 젠슨

켈리 젠슨은 책과 관련된 콘텐츠를 제공하는 웹 사이트 북라이엇
(bookriot)의 편집자로 일하며 젊은 독자들과 사서들을 위한 뉴스레
터를 만든다. 트위터 @veronikellymars를 통해 그녀를 만날 수 있다.
『그럴 수 있어*It Happens*』『내가 미쳤다고 (하지 마)*(Don't) Call me
Crazy*』 등의 책을 냈다.

코트니 서머스는 캐나다에 살면서 글을 쓴다. 청소년소설 『소문보다
는*Cracked Up to Be*』『이건 시험이 아니다*This Is Not a Test*』『올 더
레이지』 등을 썼다. courtneysummers.ca에서 그녀를 만날 수 있다.

로리 할스 앤더슨은 작가이다. 청소년소설 『말해 봐』『열병의 계절』
등을 썼다.

　작가 로리 할스 앤더슨의 소설 『말해 봐』는 다양한 연령층의 독자
들이 성폭력에 관한 대화를 시작할 문을 열어 주었다. 이 소설이 출
간된 후 몇 년 동안 성폭력의 다양한 면모를 다루는 소설이 쏟아져
나올 만큼 『말해 봐』는 영향력 있는 작품이었다. 성폭력을 다루는
책들은 중요하다. 보통 공개적으로 이야기하지 않는 탓에 논의가 부

족한 주제를 다루기 때문이다. 또한 이러한 책들은 소녀들에게 위안과 희망을 주고, 자신의 경험을 묘사할 언어를 찾도록 돕는다.

성폭력에 관한 논의가 발전하고 '회복 문학'으로 분류되는 청소년소설이 여럿 출간되면서 우리는 성폭력 피해자가 얼마나 넓고도 깊은 영향을 받는지 알게 되었다. 많은 작가가 목소리를 잃은 이들에게 목소리를 빌려주기 위해 어려운 대화에 참여했다. 이제 성폭력에 관한 대화는 침묵이 아닌 폭로로 바뀌고 있다.

코트니 서머스의 소설 『올 더 레이지』의 핵심 주제는 강간 문화다. 청소년문학의 고전이 된 앤더슨의 『말해 봐』와 닮은 점을 쉽게 찾을 수 있으나 다른 점도 있다. 『말해 봐』에서는 성폭력을 둘러싼 침묵을 탐구하는 반면 『올 더 레이지』에서는 피해자가 자기 이야기를 할 때 세상이 어떻게 온갖 방법으로 그 이야기를 폄훼하는지, 피해자가 된다는 것은 어떤 의미인지 면도날처럼 예리한 렌즈를 통해 들여다본다.

성폭력의 여러 층위를 다루는 소설이 점점 늘어나는 지금, 나는 로리 할스 앤더슨과 코트니 서머스를 쉽지 않은 대담에 초대했다. 지난 수십 년 동안 성폭력에 대해 말하는 방식은 어떻게 바뀌었나? 달라지지 않은 건 무엇인가? 소녀들의 목소리와 이야기에 관해 말하는 게 중요한 까닭은 무엇인가? 앤더슨과 서머스는 내 질문에 묵직한 답변을 내놓았다.

『말해 봐』는 1999년에, 『올 더 레이지』는 2015년에 나왔죠. 두 소설 모두 성폭력을 탐구합니다. 『말해 봐』는 성폭력을 보는 관점을, 『올 더 레이지』는 강간 문화와 피해자 책임 전가가 어떤 여파를 미치는지 탐구합니다. 성폭력을 둘러싼 논의가 지난 15년 동안 어떻게 달라졌는지 우선 얘기해 볼까요. 무엇이 변했나요? 상황이 나아지고 있나요, 제자리걸음을 하고 있나요?

코트니 서머스: 『말해 봐』는 제가 열세 살 때 나왔습니다. 출간되고 얼마 지나지 않아 그 책을 읽었어요. 로리, 그게 제가 처음 읽은 당신의 책이었죠. 제가 기억하는 바로『말해 봐』는 동의한다는 것이 정확히 무엇인지 이해하는 데 처음으로 도움이 된 책이기도 했어요. 강간이 소재로 등장하는 영화나 드라마는 이전에도 본 적이 있었어요. 하지만 주인공 멀린다의 관점에서 그 경험이 얼마나 강렬한지 느끼면서 십 대였던 저는 새로 눈을 떴습니다. 『말해 봐』는 출간 당시만큼이나 지금도 의미 있는 소설이에요. 강간 문화가 건재하고, 피해자는 여전히 비난받으니까요. 이 문제가 현재 진행형이기 때문에 오늘날 작가들이 강간에 대해 쓰고 있는 겁니다. 저도 그렇고요. 성폭력을 둘러싼 논의의 성격이 바뀌었다고 생각해요. 특히 논의가 벌어지는 방식과 장소가 달라졌죠. 인터넷과 소셜 미디어가 발전하면서 강간에 대해 이야기하는 공간이 크게 확장되었으니까요. 여기엔 장점과 단점이 모두 있습니다. 실시간으로 사람들의 관심을 모으고, 피해자들과 생존자들이 연대할 수 있게 되었죠. 미디어와 엔터테인먼트가 성폭력을 다루고 묘사하는 방식에 직접적으로 문제를 제기할 수단도 생겼고요. 하지만 한편으로

인터넷은 강간 문화를 공고하게 만들어요. 피해자를 비난하는 사람들도 똑같이 발언권을 얻으니까요.

로리 할스 앤더슨: 장기적 관점에서 볼까요. 제 인생사와 『말해 봐』의 이야기가 교차하는 지점에 미국 페미니즘의 매혹적인 장면들이 있습니다.

저는 열세 살이던 1975년에 강간당했습니다. 당시의 세계는 대공황과 제2차 세계 대전을 겪은 어른들의 손이 빚어 낸 것이었죠. 그 어른들은 후기 빅토리아식 태도를 지닌 사람들의 손에 자랐고요. (우리 할머니가 열 살 때 증조할머니가 처음으로 투표를 했다고 해요.) 저보다 반 세대 위의 사람들은 베트남 전쟁 반대 시위를 벌이고 시민권 운동을 하는 한편, 성과 생식권 담론에 미국 전체가 초점을 맞추게 만든 2세대 페미니즘을 일구고 있었죠.

『말해 봐』를 쓴 1996~1997년에 저는 막 사춘기에 접어든 두 딸의 어머니였습니다. 아이들이 고등학생과 대학생일 때 책과 영화가 연달아 나왔죠. 저는 이제 손주를 보았고, 『말해 봐』를 막 그래픽 노블로 옮긴 참입니다.

그 사이 진보가 있었습니다. 저희 소설이 출판되고 읽힌다는 것, 지금 이런 대담을 나눌 수 있다는 게 대단한 증거죠. 하지만 진보는 두 걸음 앞으로 나가면 한 걸음 뒤로 물러나는 방식으로 이루어졌습니다. 가끔은 두 걸음 앞으로 갔다 세 걸음 뒤로 물러나는 것처럼 느껴지기도 해요. 같은 일을 하는 남녀가 같은 임금을 받는 건 아직도 먼 소리예요. 특히 유색 인종 여성들에겐 별세계 얘기죠. 기술과 소셜 미디어의 발전으로 여성과 어린 소녀들을 욕보이고 위협하는 개자식들에게도 새로운 수단과 접근 방법이 생겼습니다. 성범죄율은 거의 그대로예요.

가부장제는 여전히 잘 굴러가고 있고요. 안타깝게도요.

최근 제가 목격한 가장 긍정적인 변화는 미국 문화 내 특권에 대한 논의가 일어나고 있다는 거예요. 누구 목소리가 주도권을 쥐고 있는지에 대해 문제의식을 느끼고 있지요. 주도권은 곧 누구의 생명이 중요한지에 관한 대중의 시각을 통제한다는 걸 인식하고 있고요. 특권에 대한 문제의식을 느끼고 이에 맞선다면 의미 있는 진보가 가능할 것입니다. 성범죄를 줄이는 한편, 피해자는 지지를 받고 강간범은 처벌당하는 분위기를 조성하는 데 큰 도움이 되리라 생각합니다.

좋은 청소년문학을 읽으면서 성장기를 보낸 남녀가 부모가 되면 자녀들에게 성의 모든 면에 대해 터놓고 알려 줄 수 있으리라는 희망도 있습니다. 성적으로 동의하는 것에 대해 솔직하게 이야기하는 가정에서 자란 아이들은 강간범이 될 가능성이 낮고, 자신이 무엇을 하는지 잘 이해한 채로 성관계에 건전하게 접근할 수 있으리라 생각합니다.

두 분의 소설을 비롯해 성폭력을 다룬 책들은 본질적으로 '강간 소설'이라는 비평을 받습니다. 왜 아직도 '강간 소설'이 필요할까요? 왜 아직도 강간에 대해 쓰는 작가들이 많을까요?

코트니 서머스: 『올 더 레이지』가 출판되고 나서, 성폭력에 관한 이야기를 이미 썼는데 왜 또 강간 소설을 쓰냐는 투의 실망 어린 반응을 들었습니다. 이 주제에 대한 책은 "이제 충분하다."라는 말도 여러 번 들었죠. 마치 강간을 다루는 책의 수가 정해져 있고 이미 그 숫자를 채웠다는 것처럼 얘기들 하더라고요. 왜 성폭력에 대해 쓰냐는 질문은 항상 당황스럽습니다. 소설은 원래 우리 주위 세상에서 일어나는 일을 반영하는 것이잖아요. 많은 작가가 강간에 대해 쓴다는 건, 우리가 강간 문화에서 살고 있다는 의미고요. 침묵을 지키고 모른 척하면 악순환을 깰 수 없습니다.

성가시고 마음을 불편하게 만드는 소재를 다루는 책들이 대화를 이끌어 내고, 관심을 높입니다. 둘 다 변화에 필수적인 것이죠.

로리 할스 앤더슨: 저는 '강간 소설'이라는 딱지가 마음에 들지 않아요. 이야기를 지나치게 납작하게 만드는 평가 같아요. 『말해 봐』는 강간 피해자에게 초점을 맞추고 있지만, 피해자가 목소리를 내고 남들에게 그 목소리를 들려줄 힘을 찾으려 분투하는 이야기이기도 해요. '강간 소설' 같은 딱지는 그 뒤에 있는 이야기를 가려 버립니다. 어떤 책을 '강간 소설'로 싸잡는 건 성폭력이나 일반적인 성에 대한 이야기가 불편해서 듣고 싶지 않다는 신호이기도 하

죠. 게다가 '강간 소설'이라는 딱지는 칙릿*, 닛릿*, 마미릿*과 같은 분류로 묶입니다. 여성 작가의 책을 깔보는 딱지를 붙이는 건 소설을 폄하하려는 시도예요. 짜증스럽죠.

이야기가 조금 엇나간 것 같은데…… 사회에서 예술가의 역할은 거울을 드는 것이라고 생각해요. 강간범들이 성폭력을 멈춘다면, 저희도 강간에 대해 쓰기를 멈출 겁니다.

(어쩌면 여성 작가들이 견뎌야 하는 헛소리들에 대한 책을 한 권 쓸 수도 있겠어요.)

두 분의 소설은 피해자가 된 소녀들이 자아를 되찾는다는 점에서 닮아 있습니다. 『말해 봐』에서 멀린다는 예술을 통해 자아를 찾고, 『올 더 레이지』에서 로미는 빨간 립스틱과 빨간 매니큐어를 바르는 일과에서 자아를 찾습니다. 예술은 그들에게 단순한 갑옷을 넘어 정체성이 됩니다. 여기에 관해 조금 더 듣고 싶은데요.

코트니 서머스: 『올 더 레이지』에서 로미는 트라우마를 해소하는 데 큰 어려움을 겪어요. 립스틱과 매니큐어를 바르는 자신만의 의례가 트라우마와 일상을 구분하는 데 도움이 되죠. 자신에게 일어났던 일을 자신과 분리시킴으로써 하루하루를 견디어 내는 거예요. 화장은 로미가 사람들의 시선을 통제하는 방법이기도 해요. 마

• 칙릿 이삼십 대 싱글 여성의 일과 사랑을 소재로 하는 가벼운 소설.
• 닛릿 뜨개질을 소재로 하는 가벼운 소설.
• 마미릿 주부 생활을 소재로 하는 가벼운 소설.

을에서 로미는 "강간당했다고 떠벌리고 다니는 여자"라는 시선에서 벗어날 수 없어요. 하지만 화장을 하면 사람들은 빨간색을 먼저 보게 되죠. 그건 찰나일 뿐이지만, 로미는 오로지 그 찰나에만 자신을 보는 다른 사람들의 시선을 약간이나마 통제할 수 있어요. 로미에게 화장은 남들이 빼앗아서 뒤틀어 버린 자신의 이야기를 되찾는 방법입니다.

로리 할스 앤더슨: 질문에서 쓴 표현이 아주 마음에 드네요. "예술은 그들에게 단순한 갑옷을 넘어 정체성이 됩니다." 예술은 우리가 정확한 언어를 찾지 못해도 감정과 경험을 받아들이도록 돕습니다. 이는 트라우마를 안고 살아가는 사람들에게 특히 중요하죠. 세상이 시속 160만 킬로미터 속도로 덤벼드는 것처럼 느끼는 취약한 십 대들은 어디서나 자신을 보호해 줄 갑옷을 찾아 헤매요. (미술이든 음악이든 문학이든 춤이든) 예술은 영혼이 성장하고 변화할 기회를 만들어 주는, 건강한 형태의 무장이죠. 십 대들이 예술에 접근할 수 없다면 마약이나 술처럼 건전하지 못한 갑옷을 찾을 겁니다. (예산을 삭감하는 학교 이사회와 주 정부에 대고 말하는 겁니다.) 혼란과 고통을 끝낼 수 있는 건 뭐든지 하려 들 거예요.

두 분 소설의 큰 차이점이라면 『말해 봐』의 멜린다는 강간당한 사실을 곧장 말하지 않는 반면, 『올 더 레이지』의 로미는 또래 친구들과 부모님에게 바로 털어놓는다는 겁니다. 하지만 둘 다 거짓말쟁이로 몰린다는 점에서는 같죠. 즉 어떤 식으로 말해도 거짓말쟁이 취급을 받는 거예요. 우리 문화에서는 왜 피해자의 증언과 소녀들의 경험이 쉽게 무시당하는 걸까요?

코트니 서머스: 우리가 사는 세상에서는 남학생들이 '산만하지 않은' 환경에서 공부할 수 있도록 여학생들의 복장을 단속합니다. 여성의 생식권을 적극적으로 부정하고, 여성의 성과보다는 외모를 중요하게 생각하죠. 완벽한 외모를 가꾸지 않는 여성은 한없이 깎아내려요. 극 중 인물의 성별을 전부 여성으로 바꾸어 다시 만든 영화 「고스트 버스터즈」에 대해 길길이 날뛰는 사람들이 있고요. 겉핥기식으로 봐도 이 정도입니다. 이처럼 여성을 하찮게 취급하는 문화에 영향받지 않는 건 거의 불가능에 가깝기 때문에, 저는 누가 피해자 탓을 하는 걸 보면 그 원인이 세상에 있다는 생각이 들어요. 성폭력 피해자들에게 당해도 싸다, 자기도 사실은 당하고 싶었을 거다,라는 식의 말을 하는 건 여자가 중요하지 않다는 메시지를 일상적으로 전하는 세상에 물든 결과라고 생각합니다.

로리 할스 앤더슨: 정말 중요한 논점인데, 코트니가 좋은 예를 많이 들어 주었네요. 저도 한마디 보태겠습니다. 피해자의 증언이 무시당하는 이유는, 피해자의 말을 믿으면 강간범들을 구속하고 처벌하고 교도소에 집어넣어야 하기 때문입니다. 그런데 남자들은 자기 자신이나 아들을 강간범으로 생각하는 걸 싫어하죠. 추악한 진실을 대면하고 자기 행동에 책임을 져야 마땅한데 이를 외면하고 증언을 무시하는 겁니다.

미국인들이 스스로에게 반복하는 거짓말이 두 개 있습니다. 하나, 강간범은 총을 들고 덤불 속에 숨어 있다가 덮치는 사람이다. 둘, 피해자가 야한 옷을 입고 있었거나, 강간범과 데이트를 하고 있었거나, 도발적인 춤을 추고 있었거나, 술이나 약에 취해 있었다면 강간이 아니다. 이런 역겨운 합리화가 끝없이 일어납니다.

강간의 3분의 2 이상은 아는 사람에 의해 일어난다고 합니다. 성폭력의 80%는 무기 없이 이루어집니다. (rainn.org/statistics에서 더 많은 통계를 볼 수 있어요.)

미국인들이 강간에 대해 믿는 거짓말이 또 하나 있네요. 피해자가 여성이라는 겁니다. 지금 우리는 남성이 여성에게 저지르는 성폭력에 초점을 맞추고 있기는 하지만, 남성도 성폭력을 당한다는 사실을 잊어서는 안 됩니다. 우리 문화에서는 남성 피해자 역시 비난받고 묵살당하는데, 그러면 피해자는 치유되기가 아주 어렵죠.

코트니 서머스: 남성 피해자와 성폭력 생존자들에 관심을 두는 건 정말 중요해요. 도움을 받기가 끔찍하게 어려운 이들이니까요. 로리의 말이 맞아요. 외면하는 게 더 쉽고 마음 편하기 때문에 우리 문화에선 일부러 피해자들을 무시합니다.

두 분 다 주인공이 또래들에게 외면당하고 따돌림당한 뒤 비유적으로 그리고 문자 그대로 '목소리를 찾기 위해 분투하는' 이야기를 쓰셨죠. 두 분의 소설에서는 진실을 말하는 것의 중요성이 부각됩니다. 인물들이 자기 목소리를 내려 애쓰는

과정을 보고 독자들이 어떤 교훈을 얻길 바라나요?

코트니 서머스: 저는 진실을 말하는 게 얼마나 어렵고 위험한 일인지에 초점을 맞추고 싶었습니다. 『올 더 레이지』에서 로미는 말하지 않고는 도저히 버틸 수 없는 지경에 이르지만, 그래도 말하는 데에는 대단한 용기가 필요합니다. 입을 여는 건 위험한 일이기도 해요. 하지만 침묵을 택한다 해서 꼭 겁쟁이라고 할 수는 없어요. 안전한 공간이 없을 경우, 자기를 지키기 위해 그렇게 선택할 수도 있으니까요. 많은 소녀에게 진실을 말한다는 선택지가 없는 이유를 이 책을 통해 독자들이 이해하기 바랍니다. 또 모두가 자신의 이야기를 할 수 있도록 안전한 공간을 만드는 것이 얼마나 중요한지 깨닫기를 바랍니다. 한번 주변 공간들을 둘러보고 자신이 그 문제의 일부인지 아니면 해결책의 일부인지 생각해 보길 바라요.

로리 할스 앤더슨: 코트니, 멋진 답변이에요!

저는 몇 마디만 보태면 되겠어요. 진실을 말할 용기를 낸다는 건 십 대 청소년에게는 아주 어려운 일이에요. 많은 성인이 청소년기에 얻은 상처가 아직도 곪아 있죠. 잃어버린 힘을 되찾고, 진실을 말할 기회를 놓쳤기 때문이에요.

소셜 미디어가 만들어지고 나서 좋은 점 하나는 자기 목소리를 널리 퍼뜨리고, 남의 목소리를 들을 기회가 늘어났다는 거예요. 하지만 온라인상의 희롱, 살해 협박, 신상 게시와 그 신상의 악용 등 역효과도 만만치 않죠.

온라인에서 혐오를 전시하는 게 삶의 낙이라니, '악플러'들은 참 딱하기도 하죠. 그들에게 주먹이라도 한 방 날리고 싶은 마음도 들지만 한편으로는 그들이 세 살, 열 살, 열세 살 때 어떤 사람이었을지 이해해 보려고 애씁니다. 어쩌다 그렇게 배배 꼬이게 되었을까요? 누구에게 상처를 받았기에 말이에요. 두려움 없이 진실을 말할 자격이 있는 사람들의 안전을 어떻게 보장할 수 있을까요? 어떻게 우리 문화를 발전시킬 수 있을까요?

어째서 소녀들의 이야기를 쓰세요? 소녀들이 왜 중요한가요?

코트니 서머스: 소녀들에 대해 쓰는 건 제가 글을 쓰는 내내 지켜내야 했던 거예요. 어떤 사람들이 말하길, 제 작품에는 흥미가 가지만 제가 고르는 주인공 때문에 선뜻 손이 가지 않는다더군요. 단지 주인공이 여성이라는 이유로 주인공에게 공감할 수 없을 거라고 생각하는 거예요. 성폭력이든 소녀들 사이의 괴롭힘이든 우울증이든 어떤 소재를 택하든 똑같아요. 소녀들이 현실에서 겪는 다양한 투쟁을 무시하려는 평가가 꼭 따라붙어요. 소녀들은 감정 과잉에 호들갑 떠는 게 일상이고, 시시콜콜한 자존심 싸움을 벌이고, 곤경에 빠진 척해서 관심을 구걸한다는 등의 이야기죠. 소녀들의 이야기를 쓰면서 저는 바로 이런 평가에 대항하고 있습니다. 제 소설 속에서 자기 자신을 보았고, 그 덕분에 덜 외로워졌다는 소녀 독자들을 만날 수 있었던 건 행운이에요. 제 책을 읽고 자기 이야기를 쓸 영감을 얻었

다는 독자들도 여럿 만났습니다. 그게 제가 글을 쓰는 이유입니다. 소녀들의 이야기가 중요한 건 소녀들이 중요하기 때문이에요.

로리 할스 앤더슨: 제가 중요하기 때문이죠. 제 딸들이 중요하고, 제 어머니와 할머니도 중요했죠. 코트니와 켈리, 당신들도 중요합니다. 모든 남성과 마찬가지로 모든 여성에게도 자신의 일을 결정할 권리가 있고 인정과 존중을 받을 자격이 있습니다. 모든 사람의 삶을 동등하고 소중하게 여기는 것이 우리가 내디뎌야 할 중요한 한 발입니다.

우리가 어떻게 소녀들의 편에 설 수 있을까요? 성차별과 그에 뒤따르는 것들에 관한 논의를 어떻게 진전시킬 수 있을까요? 어떻게 변화를 일으킬 수 있을까요?

코트니 서머스: 소녀들을 지지한다면, 대놓고 큰소리로 그렇게 선언하세요. 말하지 않으면 몰라요. 당신이 소녀들의 편이라고 알려 주세요. 성차별에 관한 논의에 접근하는 방법도 더 나아져야 합니다. 우리 안에 자리 잡은 편견을 속속들이 들여다보고, 그 편견들이 우리 행동에 부정적인 영향을 미치거나 우리가 달성하고자 하는 목표를 방해하지 않는지 살펴봐야 해요. 쉽진 않지만 꼭 필요한 일입니다. 예를 들어 출판계에 책을 '여자 책'과 '남자 책'으로 나누는 관행이 있죠. 그거, 그만둡시다. 십 대 소녀들의 독서 취향을 조롱하고 무시하는 분위기가 있죠. 그러지 맙시다. 행사를 주최한다면 연단에서 말할 사람으로 누구를 초빙했는지 생각해 보세

요. 여성을 대표하는 사람이 있나요? 작가라면 작품 속에서 여성을 그리는 방식을 의식하세요. 여성 작가들과 여성 인물들을 내세울 기회를 만드세요. 이런 것들이 쌓이다 보면 차이가 생깁니다.

로리 할스 앤더슨: 소녀들을 지지하는 최고의 방법은 그들에게 귀를 기울이는 것이죠. 소녀들에게 자기 이야기를 하고, 자기 질문을 던질 안전한 공간을 주세요. 또한 아무 생각 없이 사회가 제공한 공허한 각본을 따르는 대신에, 자기가 원하는 삶을 선택해서 살고 있는 다양한 여성들을 소녀들에게 소개해 줍시다.

(이 글은 2015년 4월 bookriot.com에 실렸다.)

모든 소녀가 읽어야 할 책 세 권

코트니 서머스

1. 『우리는 모두 페미니스트가 되어야 합니다』 치마만다 응고지 아디치에
   테드(TED) 강연을 옮긴 이 책은 모든 소녀가 읽어야 한다. 훌륭한 페미니즘 입문서
   로, 페미니즘에 대한 논의를 시작할 좋은 출발점이 되어 준다.

2. 『나쁜 페미니스트』 록산 게이
   록산 게이는 멋진 작가다. 서문의 일부를 소개하겠다. "이 책에 실린 에세이들은
   정치적인 동시에 개인적이다. 페미니즘과 마찬가지로 결점이 있지만 진심에서 비
   롯되었다. (……) 나는 우리가 여기서 만족하지 않고 발전해 나갈 수많은 방법을 보
   여 주기 위해 목소리를 높인다." 많은 생각거리를, 특히나 앞으로 나아가는 것에
   대한 생각거리를 던져 주는 책.

3. 『소녀들의 심리학』 레이철 시먼스
   이 책 덕분에 나는 학창 시절 나와 친구들이 서로에게 분노를 쏟았던 이유를 이해
   하게 되었다. 소녀들이 스스로를 좀먹으면서까지 남에게 상냥하게 굴라는 요구를
   받았을 때, 어떤 결과가 나타나는지 보여 준다.

모든 소녀가 읽어야 할 책 세 권

로리 할스 앤더슨

1. 『나쁜 페미니스트』록산 게이
   나도 한 표 던지겠다.

2. **태머라 피어스의 모든 책**
   강한 여성 인물을 정말 잘 쓰는 작가이고, 장르 소설은 세상을 새로운 눈으로 볼
   수 있게 하기 때문에.

3. 『시녀 이야기』마거릿 애트우드
   여기서도 실제로 일어날 수 있는 일이며, 우리 모두 그걸 막으려 싸워야 하기 때
   문에.

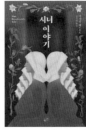

5부

관계

H E R E   W E   A R E

관계는 중요합니다.

마당발이든 좁고 깊은 인간관계를 선호하든, 연애를 하든 안 하든,

부모님과 가깝든 부모님의 그늘을 벗어났든,

페미니즘은 여러분이 선택하고 결정을 내리는 데 도움을 줍니다.

페미니즘이란 스스로 선택하고 그대로 행동할 능력을 가지는 것입니다.

오래 지속되는 관계와 빠르게 멀어지는 관계,

둘 다 페미니스트로서 우리의 믿음과 행동을 강화시키죠.

우리가 어떤 사람이며 무엇을 물려받았는지 알아 갈 때,

소중한 사람들을 지키거나 그들에게 힘을 보탤 때,

다른 사람을 어떤 단어로 부를지 선택할 때.

이 모든 순간에 우리가 서로와 맺는 관계는 중요합니다.

소녀 수업

세라 매캐리

『우리의 모든 예쁜 노래들 *All Our Pretty Songs*』『더러운 날개 *Dirty Wings*』『소녀에 대하여 *About a Girl*』의 저자이자 '기요틴 챕북 시리즈'의 편집자 겸 출판인이다.

초등학교 3학년 때 당신은 여왕의 기사 놀이를 한다. 여왕은 당신이고, 충성스러운 기사는 남자아이들이다. 데이비드 H.는 용감한 영주 역할이다. 비가 와서 학교 운동장에 개울이 생기면 그게 적의 피라고 상상한다. 기사들은 강철 같은 의지를 지닌 여왕의 모든 명령에 복종한다. 용을 죽여라!

4학년이 되자 제니 O.가 여덟 살 생일 파티에 당신을 초대했던 건 그저 부모님이 반 아이들을 전부 초대하라고 시켰기 때문이라고 말한다. 그렇게 당신은 어떤 상처는 아주 오래 남는다는 사실을 배워 간다.

5학년이 되자 병사들이 당신을 배반한다. 말 한마디 없이, 갑작스럽게, 모두 동시에. "데이비드랑 사귀어?" 제니 O.가 비웃듯 묻자 당신은 무언가 잘못되었다는 걸 깨닫는다.

당신의 친구이자 충실한 동료들을 전부 앗아 간 범인은 당신의 몸이었다. 유일한 친구가 된 당신의 몸은 이후로도 오랫동안 하나뿐인 친구로 남는다. 이제 당신에게는 다른 친구가 없다. 제니 O.는 쉬는 시간에 여자 화장실에서 친구들에게 새 브라 끈을 보여 준다. 그 애에게 선택된 친구들은 사슴 같은 눈에 부드러운 머리칼을 지녔고 의사 아버지를 두었다. "레즈." 당신의 시선을 느낀 그녀가 기분 나쁘게 속삭인다. 그 말이 무슨 뜻인지 당신은 아직 모르지만, 말투를 보건대 나쁜 뜻임이 틀림없다. 그해 데이비드 H.는 당신의 책상에 상자를 하나 두고 간다. 그 안에는 팔찌와 "사랑해"라고 적힌 쪽지가 들어 있다. 당신은 데이비드 H.의 사랑을 받는 게 잘못이라는 걸 금세 깨닫는다. 찢어지게 가난해서 급식 지원을 받고 싸구려 바지 고무줄 위로 뱃살이 출렁거리는 데이비드. 한 달에 두 번은 눈에 시꺼멓게 멍이 든 채 등교하는 데이비드. (그 애는 문에 부딪쳤다거나 계단에서 굴렀다는 등의 핑계를 대곤 했다. 그 애 집에 놀러 가 본 아이는 아무도 없었다.) 어머니가 악마적이라며 금지한 '던전 앤 드래건' 게임을 당신에게 가르쳐 준 건 데이비드였다. 데이비드 H.는 당신과 함께 『드래건랜스 연대기*Dragonlance Chronicles*』를 읽었다. 당신은 악독하고 강력하며 고뇌에 빠진 마법사 레이스틀린이 되고 싶었다. (여성 인물이 되고 싶다는 생각은 꿈에도 안 했다. 거기 나오는 여자들이 할 줄 아는 일이라곤 질 질 짜는 거랑 섹스밖에 없었으니까. 둘 다 최악이었다.)

제니 O.를 따라다니는 남자애는 케빈 S.이다. 의사 부모님을 둔 케빈은 야구팀의 떠오르는 스타고, 웃을 때면 짙은 머리칼이 얼굴을 가린다. 눈은 맑은 하늘색이고 날렵한 몸은 우아하게 움직인다. 케빈 S.는 언젠가 아무도 없는 교실에서 당신을 벽으로 밀어붙였다. 당신의 얼굴에 대고 뜨거운 숨결을 내뱉으며 으르렁거렸다. "뭘 쳐다봐?" 당신은 대답하지 않는다. 뭐라고 답할 텐가? 당신은 감히 케빈을 쳐다볼 생각조차 못 했는데. 팔찌를 받은 뒤 당신은 다시는 데이비드 H.와 이야기하지 않았다. 그러나 팔찌는 20년 뒤까지 간직했다. 싸구려 유리구슬과 녹슨 금속 줄을 볼 때마다 뜨거운 수치심이 심장을 베는 듯해서, 결국은 팔찌를 내다 버려야 했지만.

그렇게 당신은 처음으로 여자가 되는 법을 배워 나갔다. 곧 더 많은 사건이 벌어졌다. 복도에서 마주친 선생님들이 학교에 그런 옷을 입고 오면 쓰냐고, 집에 가서 갈아입고 오라고 말했다. "세라, 춥지 않니?" K 선생님이 입을 흉하게 뒤틀면서 묻는다. (당신은 원래 사이즈보다 두 치수는 큰 멜빵바지와 민소매를 입고 있다. 뭐가 잘못인지 모르겠다.) 물리 시간, 과학실 뒷자리에 앉는 조 R.는 매일 낮은 목소리로 브래지어를 했냐고 소곤거린다. (당신은 뒷목에 꽂히는 그의 시선 때문에 기말고사를 망친다. 여자애들이 이렇게 멍청하다니까.) 키스 P.는 당신에게 네가 남들 앞에서 똑똑한 척을 하지만 않는다면 널 좋아하는 남자가 생길지도 몰라, 라고 말한다. (며칠이 지나 뒤늦게 후회가 든다. "네가 멍청한 게 왜 내 잘못인데?"라고 대답할 걸.) 크리스 R.는 같은 학년에서 가장 인기 있는 남자애다. 복도를 지나갈 때면 예쁘장한 여자애들을 구름 떼처럼 몰고 다닌다. 크리스 R.는 체육 시간에 피구를 하면서 일부러 당신의 머리에 공을 맞추고, 당신의 졸업 앨범에 '비쩍 마르고 못생겨서 불쌍하다.'라고 적었다. (그 말은 수십 년 뒤까지, 당신이 크리스 R.의 이름과 얼굴, 애초에 그가 당신을 예쁘다고 생각하건 말건 상관없었다는 사실조차 잊은 뒤까지 마음속 깊이 박혀 있었다.)

그래서 당신은 여자의 몸을 지니고 여자로 산다는 게 곧 표적이 된다는 뜻이라고 결론을 내린다. 잘못할 수 있는 방법이 너무 많았다. 아무도 원하지 않는 여자가 되는 것도, 너무 많은 사람이 원하는 여자가 되는 것도 잘못이었다. 그렇게 당신은 당신의 몸을 경멸하는 법을 배운다. 그 몸 바깥에서 사는 법을 배우고, 당신의 욕망과 바람을 지우는 법을 배운다. 순수하고 연약한 마음을 숨기는 법을 배운다.

그렇게 당신은 남자가 되는 길을 선택한다.

당신에게 상처를 입힌 남자애들은 당신이 결코 되고 싶지 않은 여자애들에게 둘러싸여 있었다. 구역질 나는 여자애들, 피를 흘리고 질질 짜는 여자애들. 화장실에서 너무 오랜 시간을 보내는 여자애들. 시간 약속을 절대 지키지 않는 여자애들. 툭하면 키득거리고, 피부가 부드럽고, 쉽게 더러워지는 예쁜 옷을 입는 여자애들.

링 귀걸이를 하고 까만 아이라이너로 눈꼬리를 날렵하게 뺀 여자애들. 진짜 멋진 게 뭔지 모르는 여자애들. 후진 책을 읽고, 머리칼을 손가락으로 빙글빙글 꼬고, 남자들에게 사랑을 받고, 남자들에게 사냥당하는 애들. 당신은 그 애들과는 다른 사람이 될 것이다. 남자 같은 강인한 여자, 아무것도 필요하지 않고 감정도 없는 여자, 차 뒷자리에서 위스키를 홀짝이며 예리한 말을 던지는 여자, 겨울 첫서리만큼 냉정한 여자, 다른 여자들이랑은 머리부터 발끝까지 다른 여자. 안전하게 사랑받을 수 없다면, 차라리 사냥용 칼의 톱날처럼 사납고 영리하고 못된 여자가 되겠다. 예뻐질 수 없다면, 아름다움과 그에 따르는 함정을 거부하겠다. 목소리를 낼 수 없다면, 일부러 침묵하는 척하겠다.

당신은 다시 기사들을 만나게 된다. 이번에는 전과 다른 남자애들이다. 당신은 그들과 공통의 적을 상대로 연합한다. 그 적은 부드럽고 연약한 여자들, 당신 안에 남아 있는 작은 소녀, 여성스러운 여자들이다. 딱하고 바보 같고 징징거리는 여자들(당신은 울지 않는다), 불평불만이 많은 여자들(당신은 어떤 것에도 항의하지 않는다), 바라는 게 많은 여자들(당신은 아무것도 요구하지 않는다). 하지만 이제 당신은 여왕이 아니다. 그 남자들 중 몇몇은 당신의 이름조차 모른다.

강인하다는 건 남자와 가까운 말이지만, 무엇보다도 자유와 가까운 말이다. 그리고 자유는 바로 당신이 바라는 것이다. 남자들의 자유를 보라. 남자의 몸은 남들의 입방아에 오르지 않는다. 남자들은 자유롭게 공간을 차지한다. 으스대고, 똑똑함을 과시하며 질문을 던진다. 자신이 옳다고 지레짐작한다. 어둠 속에서 홀로 걸을 수 있다. 자신이 목소리를 내면 누군가 그 목소리를 들어 주리라 믿고 자신에게 당연히 공간이 주어지리라 믿는다. 남자들은 중요한 사람으로 대우받는다. 물리 선생님은 당신의 뒷자리에 앉아서 매일 브라에 대해 꼬치꼬치 캐묻는 조 R.를 두고, 정신만 차리면 좋은 직업을 얻을 수 있을 거라고 말한다. (반면 당신의 책상 위에 제임스 글릭이 쓴 교양 과학책 『카오스』가 놓인 걸 보고 "네게는 좀 어려운 책이구나."라고 말했다.) 남자로 산다는 건 우호적인 조건에서 사는 것이다. 당신은 남자로 태어나진 못했지만, 여자를 싫어하면 남자 근처까지는 갈 수 있을 거라고 믿는다. 그렇지 않은가? 남자는 여자를 싫어하니까. 여자를 싫어하면, 당신도 남자 비슷한 것이 될 수 있다.

당신은 자신을 우월한 존재로 만든다. 침묵하고, 아무것도 원하지 않음으로써. 공간을 조금도 차지하지 않음으로써. 당신은 단식을 하면서 매일 배 속을 괴롭히는 배고픔에 대해 말하지 않는다. 당신은 다른 여자와는 다르니까. (당신이 어울리는 남자들은 "넌 다른 여자랑 달라."라고 말하고, 당신은 인정받은 게 기쁘지만 우쭐한 티를 내지 않으려 애쓴다.) 당신은 남자들의 책과 언어를 배운다. 그들의 농담에 웃는다. 소파에 멍하니 앉아서 비디오 게임에 몰두한 남자애들의 이야기를 듣고, 그들에게 기꺼이 필기 노트를 빌려준다. 남자애들의 비밀을 지켜 준다. 남자애들이 다른 여자에 대해 쓰는 단어들을 따라 하면서, 그게 그 단어의 대상에서 벗어나는 방법이라고 믿으려 한다. 그렇게 당신은 아무것도 아닌 사람이 되어 버린다. 오로지 남자의 욕망, 남자의 규칙, 남자의 생각을 통해서만 존재할 수 있는 유령이 된다. 너는 다른 여자들이랑 달라. 당신은 너무나 말라서 옆에서 보면 금방이라도 사라질 것 같다. 당신은 잘하면 남자들 틈에서 안전하게 살아갈 수 있다고 믿는다.

하지만 그 믿음은 이루어지지 않는다. 알고 보니 남자들 틈에서 당신은 절대 안전할 수 없었다.

외롭게 몇 해를 보낸 뒤 당신은 지쳐 버린다. 남자애들도 경멸도 전부 지긋지긋하다. 그때 당신이 도착한 곳이 어디겠는가? 당신 주위의 여자들은 저마다 자기의 이야기를 갖고 있고, 자기 삶에 충실하며, 서로 위안을 준다. 당신은 마치 외국에 간 인류학자처럼 여자들에게 호기심을 느끼지만 다가가지 못할 것이다. 그러나 당신도 결국은 배울 것이다. 내 말을 믿어도 좋다. 당신이 대학에 가서 함께 살게 되는 사람은 혼자 산에 오르는 여자, 예쁘지 않지만 그에 연연하지 않는, 예쁘지 않지만 사랑받는 여자다. 당신은 몸이 거의 없어지도록 밥을 굶었고 너무 오랫동안 침묵을 지켜서 언어를 기억하는 것조차 힘이 들지만, 그녀라는 햇살 아래 꽃처럼 피어날 것이다. 그녀는 배가 고프면 먹고, 자기가 옳다고 생각하면 맞서 싸우고, 싫으면 거절할 줄 안다. 그녀는 다른 여자들을 안다. 옷에 신경 쓰는 여자와 그러지 않는 여자. 당신과 같은 책을 읽는 여자와 남자들이 당신에게 소개해 준 책보다 나은 책을 읽는 여자. 그림을 그리고 요리를 하고 글을 쓰고 희미한 별빛을 받으며 숲속에서 산책하는 여자들. 당신이 같이 살게 되는 여자는 슬플 때 울고 기쁠 때 웃는다. 대부분의 경우 용감하지만 그렇지 않을 때도 있으며, 자기 꿈의 빛을 좇아 열렬히 스스로를 태운다.

"네 얘기 관심 없어." 어느 날 밤 파티에서 그녀가 말할 것이다. 막 자기 이야기를 시작하려던 남자는 서둘러 자리를 뜨고 그녀는 당신을 본다.

"난 네 얘기가 듣고 싶어. 넌 네 얘기는 절대 하지 않잖아." 그 말에 심장이 쿵쿵 뛰기 시작하고 혈관 속 피가 살아 있는 존재처럼 노래하기 시작한다. 오래 사용하지 않아 굳어 버린 혀는 거짓말밖에 할 줄 몰랐다. 당신은 그것만이 유일한 선택지라고 생각했으니까.

잠들어 있던 당신의 목소리가 깨어난다. 지금껏 묵혀 둔 여자로서의 삶이 문을 연다. 당신의 길이 약속처럼 눈앞에 펼쳐지기 시작한다.

'그러게.' 당신은 생각한다. 그녀는 당신의 눈동자 속에서 일렁이는 삶의 불꽃을 발견하고 손을 잡는다. '전에는 아무도 묻지 않았는걸.'

그렇게 당신은 이야기를 시작한다. 여자의 입으로.

공주와 마녀 ● 웬디 쉬

웬디 쉬 뉴욕 브루클린에서 활동하는 일러스트레이터이자 만화가. 블로그 '앵그리 걸 코믹스 Angry Girl Comics'로 유명세를 얻었다. 웹 만화 「월병Mooncakes」(mooncakescomic.tumblr.com)의 그림을 담당하고 있다. 그녀의 작품은 「섀터드: 아시안 아메리칸 만화 선집 Shattered: The Asian American Comics Anthology」에 실렸으며, 뉴욕 역사 협회에서 주관한 '미국의 중국인' 전시회에 전시되었다.

고결한 심장을 지닌 공주,
용감한 불의 마법사······
선악을 구분하기 어려운
고위 사제,

춤추는 걸 좋아하며
자유자재로 모습을 바꾸는
고양이 인간들.

나는 학교에서 외톨이였다.
K와 대화하고 그의 사랑을 받는 건 오래 기다려 온 구원처럼 느껴졌다.

머리에 젓가락 꽂아 봐,
엄청 섹시할 것 같은데!

너 중국인이잖아.
당장 중국으로
돌아가!

K와 처음 만나고 1년 뒤, 우리는 여름 방학에
컬럼비아대학에서 같이 글쓰기 수업을 들었다.

우웩, 저게 뭐야?
똥 맛 날 것 같아!

네가 좋아할 책이 있어.
중국계 작가 에이미 탄의
「부엌 신의 아내」라는
소설이야······

고등학교에 입학한 이래
최고로 행복한 나날이었다.

하지만 오래가진 않았다.

날 사랑한다면서 어떻게 다른 애랑 그럴 수 있어?

우리는 전에도 같은 일로 싸운 적이 있었다.
똑같은 싸움은 이후로도 계속된다.

사귀는 사이는 아니었지만 우리는 서로를 사랑했다.
'좋지 않은 시기'에 만난 우리는 '좋은 친구'였다.

'우리'가 무엇이든, 예전으로 돌아갈 수는 없었다. 우리가 함께 만든 우주와 함께 나눈 이야기들은 이제 끝났다. 영영 돌이킬 수 없었다.

다행히 끔찍했던 학창 시절 역시 끝이 났고, 졸업 후 나는 뉴욕으로 이사해서 타로 카드와 마법에 관한 것들에 취미를 붙였다.

처음으로 아시아계 여자 친구들을 잔뜩 사귀면서 나는 우리가 비슷한 일을 많이 겪었다는 걸 알게 되었다.

우리가 '아시아인이라서' 우리를 좋아한 연인이 있었다는 것까지도.

타로 카드에서 '매달린 남자'는 감정을 발산하고 있는 그대로 받아들이는 법을 배운다는 의미다.

나는 당시 아시아계 미국인 여성으로 사는 것에 관한 단편 만화를 그리면서 대단한 카타르시스를 느꼈고, 치유받았다. 나만 그런 일들을 겪지 않았다는 게 큰 위안이었다.

하지만 그와 동시에 K에게 내가 아무것도 아니었을지 모른다는 사실을 깨닫자 화가 치솟았다. 나는 그에게 단지 페티시였을까?

우리가 나눈 이야기, 우리가 함께 만든 세계는 내게 너무나 소중했다. 내가 단지 귀여운 아시아인이라서 K에게 선택받았다고 생각하니 절망스러웠다.

내가 인생에서 만난 유일한 창작 파트너가 나를 에이미 탄 대용품으로 여겼다니? 그 충격에서 헤어 나오는 데에는 시간이 꽤 걸렸다.

나는 친구들과 함께 못되고 까칠한 모습을
마음껏 드러낼 수 있는 행사에 갔다.

그날 나는 우리 우주에 유머 감각이
있다고 확신하게 되었다.
하필이면 K를 마주친 것이다.

그날 나는
망토를 입었다.→

바로 에이미 탄의
소설을 읽는 모임에서.

그는 나를 만나 진심으로 반가운 듯했다.
나는 속에서 분노가 들끓었지만, 겉으로는 무심한 척했다.

하지만 결국은 봇물이 터졌다.
내 비난에 K는 깜짝 놀랐다.
자기에겐 내가 마냥 좋은 기억이었다나!

그는 내 얘기를 귀 기울여 듣고,
과거에 자신이 내게 나쁜 친구였다며
진심으로 사과했다.

그와 말을 섞을수록 놀라움은 커져만 갔다. 그와 나의 기억은
전혀 달랐다. K는 자신의 사랑을 결코 의심한 적이 없다지만,
나는 아니다. 진정한 사랑과 불쾌한 페티시를 어떻게 구분하
는가? 구분할 수 있는가? 한번 해 보겠는가?

내게도 정답은 없었다. 내가 아는 건, 이제 슬슬 다음으로 넘어갈 시간이라는 것뿐이었다. 자기가 한 못된 말들의 절반도 기억하지 못하는 K에게 그때 네가 내게 흉측한 페티시를 느낀 거라고 지적해 봤자 무슨 소용이 있겠는가? 그는 야수의 몸에 갇힌 왕자가 아니었다. 마녀가 지팡이를 휘둘러도 원래 모습으로 돌아오지 않았다.

그게 내 첫사랑이었다. 십 대 시절 자신이 내게 한
말의 의미를 죽는 날까지 이해하지 못할 백인 소년.
그가 뱉어 놓고 오래전에 잊은 말을 나는 기억했다.
살면서 그 말의 변주를 여러 차례 들었다.

내 삶은 기승전결이 확실한
청소년소설이 아니었다.
더 할 수 있는 일이 없었다.
내가 할 수 있는 말은 이 한
마디뿐. "그래, 알겠어."
그렇게 나는 진짜 사랑과
페티시를 구분하려는 노력
을 그만뒀다.

거창한 대단원에는 이르지 못했지만 상관없다. 친구 수잰과 나는 창조적인 작업을 시작했다. 우리는 같이 계획을 짜고 궁리했다.

수잰이 이야기를 썼고 내가 그림을 그렸다. 우리는 꼭두새벽까지 문자로 아이디어를 공유했다.

우리가 인터넷에 올린 고작 몇 페이지짜리 만화에 사람들은 대단한 열광과 지지를 보내 주었다.

유령들이 추수 감사절 만찬에 놀러오고 마녀와 늑대 인간이 소꿉친구로 자라는, 찬란한 새 우주가 탄생한 것이다.

그 우주는 쉽게 끝나지 않을 것이다.

유치해도 괜찮아

시오반 비비언

세계적으로 베스트셀러를 기록한 『목록*The List*』과 『세계 최후의 소년 소녀*The Last Boy and Girl in the World*』 등을 쓴 청소년소설 작가. 피츠버그대학에서 문예 창작을 가르친다. (siobhanvivian.com)

안녕, 시오반.

나야. 아니, 너라고 하는 게 좋을까. 난 너야. 시오반, 지금 나는 24년 후의 미래에서 편지를 쓰고 있어. 계산이 틀리지 않았다면 지금 너는 막 고등학교 입학을 앞두고 있겠구나.

놀라지 마! 나는 잘 살고 있어. 누가 죽었다거나 하는 소식을 전하러 온 건 아니야! 세상을 구해 달라고 부탁하려는 것도 아니고.

나는 그냥 네가 곧 내리게 될 어떤 결정에 대해 얘기하고 싶어. 다르게 말하자면, 내가 우리를 위해 내린 결정에 대해 해명하고 싶어. (이제 세월이 흘러 조금 더 지혜를 얻었으니까.) 이 편지의 목적은 영화 「백 투 더 퓨처」처럼 네 인생을 완전히 뒤집어 놓으려는 게 아니야. 네 미래는 정말, 저어어어엉말 끝내주거든.

내가 이 편지를 쓰는 건 이미 네 안 깊은 곳에 존재하는 자그마한 페미니스트의 목소리를 북돋아 주기 위해서야. 그 목소리는 네가 나이를 먹으면서 자연스레 차츰 커지겠지만, 이 편지를 통해 네게 어떤 힘이 있는지, 네가 미래에 얼마나 멋진 사람이 되는지 미리 알려 주고 싶어. 그러니까 나를 언니로 생각해 주면 좋겠어. 아니면 페미니스트 요술 봉을 든 요정 할머니로 생각해도 좋고.

기분이 조금 이상하지? 미안. 어떻게 하면 네 마음이 편해지는지 알아. 칭찬 몇 마디면 되잖아, 그렇지? 자, 먼저 네가 얼마나 멋진 사람인지 얘기해 볼까?

첫째, 친구가 남자보다 더 중요하다고 생각한 건 정말 현명했어! 고등학생으로서 갖기 어려운, 멋진 페미니스트 정신이야. 남자들은 빠르게 스쳐 지나가지만 지금 네가 아끼는 여자 친구들과의 우정은 아주 오랫동안 이어질 거야.

둘째, 스포일러 주의! 너는 고등학교 졸업 앨범에서 '가장 독특한 사람'으로 뽑히는 영예를 차지하게 될 거야. 끝내주지? 너는 망설임 없이 머리를 싹둑 자르고 백금발로 물들였거든. 댄스파티용 드레스는 남들처럼 파스텔색을 선택하는 대신 호피 무늬로 골랐지. 너는 다른 사람들이 좋아하는 걸 아무 생각 없이 따라서 좋아하지 않았어. 너만의 음악 취향을 찾고, 너만의 공간을 만들고, 네 패션 감각을 스스로 가꾸어 나가지. 네게는 또래 친구들이 부러워하는 용기가 있어. 그 덕분에 독특하다는 찬사를 받게 된 거야!

마지막으로, 네 유머 감각은 정말 탁월해. 너는 거의 모든 사람을 웃길 수 있고 그 유머 감각 덕분에 어떤 집단에도 무리 없이 들어가지. 재미있는 여자는 항상 환대받으니까. 남들은 네 유머 감각을 편안하게 느껴.

하지만 중요한 사실은 이거야. 훗날 너를 페미니스트로 만들어 줄 씨앗인 세 가지 멋진 장점에는 단점도 따라붙는다는 것. 그 단점은 특히 연애와 관련 있어. 그게 지금 내가 여자 대 여자로 너와 이야기하고 싶은 내용이지.

지금 너는 이미 남자아이 세 명과 프렌치 키스를 해 보았고 그중 한 명의 성기를 만져 보았지. (R.G.랑 데이트하기 전에 못생겨 보일까 봐 안경을 벗어서, 또렷하게 보진 못했지만.)

마음의 준비 단단히 해 둬, 시오반. 몇 달 뒤에 너는 첫 경험을 하게 돼.

나도 알아. 대단한 일이지. 세상이 뒤집어지는 기분일 거야.

너는 2학년 선배랑 사귀게 돼. 특별히 누가 누구에게 반하거나 따라다니면서 열띤 구애를 펼친 건 아니야. 다만 그 선배의 친구들이 네 친구들이랑 사귀는 상황이었지. 너는 그 선배가 썩 마음에 들지는 않았지만 다 같이 어울리다 보니 그와 사귀는 게 더 편하겠다고 생각했어.

사귀기 시작하고 몇 주가 지난 시점, 결정의 순간이 찾아올 거야.

방과 후 남자 친구네 집에 놀러 갔는데 어머니가 안 계셔. 남자 친구는 너한테 섹스를 하고 싶냐고 물어. 정확히 이렇게 물었지.

"저기, 혹시 섹스하고 싶어?"

남은 청소년기 내내 네가 연애와 사랑, 진실한 감정을 대하게 될 태도가 이때의 결정에 달렸어. 결론부터 말해 줄게. 어쩌면 이 편지를 읽고 넌 나와 다른 결정을 내릴지도 몰라.

어쩌면 나와 똑같이 행동할 수도 있고. 어느 쪽이든 괜찮아.

자, 내 결정은 뭐였냐면, 나는 남자 친구에게 좋다고 말했어. 사실 문자 그대로 옮기자면 이런 말이었지. "어, 그래, 뭐, 상관없어."

나는 그를 사랑하지 않았어. 그에 대한 내 감정은 사랑 근처에도 가지 않았어. 하지만 이런 생각이 들더라. '못 할 건 또 뭐야?' 애초에 남자 친구와 사귀게 된 것도 감정과는 상관없는 실용적인 이유 때문이었으니까.

섹스는 끔찍하진 않았지만 황홀하지도 않았어. 대체로 초현실적으로 느껴졌지. 이런 생각이 머리를 스쳤어. '난 이제 섹스를 해 본 사람이네.' 그 전엔 아니었는데 말이야. 그날 아빠가 날 데리러 왔을 때 나는 '비밀'이 생겼다는 생각에 소리 내어 웃기까지 했어. 비밀이라는 말이 적합한지는 잘 모르겠지만. 어쨌든 나는 합의하에 안전하게 이루어진 첫 섹스를 대수롭지 않은 것으로 여겼어. 첫 경험이라는 거, 생각할수록 우습기만 했어.

남자 친구와는 그로부터 한 달도 되지 않아 헤어졌어. 사실 우린

이미 서로에게 시들해져 있었거든. 헤어지고 나니 그에 대한 감정을 어떻게 정리해야 할지, 우리가 무슨 일을 한 건지 잘 모르겠더라. 첫 경험이라는 건 특별하지 않은 상대와 해도 특별한 걸까, 궁금하기도 했지만 사실은 될 대로 되라는 기분이었어.

혼란에 빠진 나는 연애관을 다시 세우기 시작했어. 감정이 부족한 나의 모습을 페미니스트답다고, 심지어 어른스럽다고 해석했지. 매일 남자 친구와 싸우고 화해하길 밥 먹듯 하는 다른 여자애들과 스스로를 비교하면서 말이야. 그 애들과 달리 나는 고등학생 시절의 연애에는 감정적 한계가 있다는 걸 알았거든. 그래서 남자 친구에게도 별 기대가 없었던 거고.

그때부터 나는 정석에서 벗어난 연애를 편하게 느끼기 시작했어. 둘 사이에서만 통하는 농담, "애들 연애는 시시하지."라고 말하는 듯한 윙크, 고등학생들의 얄팍한 연애에 대한 조롱. 나는 절대 연애를 진지하게 여기거나 연애에 감정을 소비하고 싶지 않았어. 강해지고 싶었지. 페미니스트가 되고 싶었어.

친절하게 잘 대해 주는 남자애들도 좋았지만, 더 끌리는 건 정반대편의 남자애들이었어. 열다섯 살 생일 선물 가운데 제일 마음에 들었던 건 꽃다발이 아니라 담뱃갑이었어. 어떤 남자애는 나를 웨스트빌리지에 데리고 가서 피어싱을 하게 해 줬지. 나는 그 애 앞에서 소녀답게 기쁨의 한숨을 내쉬었어. 한 남자 친구는 밸런타인데이에 최고로 유치한 카드를 사서, 그림 속 분홍색을 깨끗이 지우고 새를 날려 보내는 손 모양만 남겼어. 나는 그게 너무나 재미있고, 독특하고, 그야말로 나답다고 생각했어.

십 대의 연애를 새로 정의해 나가는 건 재밌었어. 내가 스스로 규칙을 만들고 있다는 걸 또래 친구들에게 알리고 싶어서 한참 으스댔지. 나는 마음을 완전히 통제하고 있다는 점에서 내가 페미니스트라고 생각했어.

하지만 말이야, 난 그렇게 재미있는 애였는데도 마음속 깊은 곳에선 자신감이 약간 부족했어. 지금도 나는 (우리는?) 자신감 문제에 시달려. 외향적인 한편 쉽게 불안감을 느끼는 우리 같은 사람은 양 극단 사이를 오가며 고생하지. 나는 지금도 사람들에게 내 진짜 모습을 보이는 것보다 어떤 모습인 척 시늉을 하고 있는 편이 훨씬 편해. 스스로에 대해 농담을 하지만 사실 그 말에는 뼈가 있어. 남들이 내 단점을 지적하기 전에 내가 먼저 그걸 언급하는 건, 10000% 장담하는데, 내 불안을 방어하는 하나의 수단이야.

너도 이미 알고 있을 것 같다. 난 아직도 그래.

때로는 어려운 감정을 어떻게 다뤄야 할지 몰라서, 묵직한 주제에 대해 성급한 농담을 하기도 해. 이게 왜 문제냐고? 내가 나 자신을 진지하게 대하지 않으니까 다른 사람들도 나를 가볍게 대하더라.

지금부터 내 얘기 잘 들어 봐. 대학을 졸업하고 나는 미국 반대편으로 이사해서 낯선 여자애들이랑 친구가 돼. 어느 날 오후 우리

는 집 앞 아스팔트 도로에 간이 의자를 펼쳐 놓고 앉아서, 각자의
첫 경험 이야기를 털어놓았지.

물론 내가 제일 먼저 입을 열었어. 우리는 이것저것 재지 않고
부끄러움 없이 말을 꺼내잖니. 나는 옛 남자 친구 얘기를 했어. 아
니, 그건 얘기보다는 코미디 공연에 가까웠어. 나는 그날의 기억을
웃음거리로 만들었어. 내 첫 경험 이야기는 고등학교 때의 모든 연
애와 마찬가지로 농담거리가 된 지 오래였고 나는 새로 사귄 친구
들에게도 내가 그 경험을 얼마나 가볍게 여겼는지 알리고 싶었어.

그런데 딱 한 사람이 웃지 않더라. 오히려 나를 안쓰러워하는 눈
으로 봤어.

그 애의 첫 경험은 사카린을 과다하게 넣은 것처럼 달달한 추억
이었어. 고등학생 때 내가 그 얘기를 들었다면 말도 안 된다는 표
정을 지었을 거야. 그 애는 1년을 사귄 남자 친구와 첫 경험을 했
대. 남자 친구가 특별히 호텔 방을 빌려 꽃 장식을 하고, 두 사람이
제일 좋아하는 음악을 틀었대.

나는 그게 너무 유치하다고 농담처럼 말했어.

그랬더니 그 애가 가만히 눈을 깜박이는 거야. 자기 얘기의 어디
가 그렇게 웃긴지 이해하지 못하겠다는 얼굴로. 그 애의 감정은 조
금도 연극적이거나 거짓된 부분이 없었어. 그 애는 정말 **사랑**을 했
으니까. 그 남자 친구와는 결국 헤어졌지만, 그래도 첫 경험은 소
중하고 자랑스러운 추억으로 남은 거지.

정말로 유치할 건 하나도 없었어.

그날 밤 나는 내 첫 경험을 다시 한번 떠올려 봤어. 남들에게 농담으로 들려주던 이야기의 틀에서 벗어나, 객관적인 시선에서 첫 경험을 돌아봤지.

내 첫 경험은 괜찮았어. 트라우마로 남지도 않았고, 억지로 당한 일도 아니니까.

하지만 사랑하는 사람과 한 건 아니었어. 내가 당시 남자 친구에게 느낀 감정은 사랑에는 한참 못 미쳤으니까.

내가 그때 남자 친구의 제안에 응한 건 앞으로 아무도 나를 그런 식으로 봐 주지 않을까 봐 겁이 났기 때문이야. 그건 힘 있는 사람이 하는 생각이 아니지. 그래, 내 선택은 힘 있는 사람이 내린 선택이 아니었어. 마음속 깊숙이 자리 잡은 약한 내가 내린 결정이야.

시오반, 그럼에도 너는 잘 자랐어. 어른이 되어 일말의 후회도 없이 살고 있어. 첫 경험은 상처로 남지 않았어. 그리고 솔직히 말하자면, 나는 지금도 고등학생 때의 연애는 그 순간을 즐기는 것이고 큰 기대는 품지 않는 게 현명하다고 생각해.

하지만 그렇다고 해서 네가 너 자신에게, 그리고 네 연애 상대에게 진심이 아니어도 된다는 뜻은 아니야. 반드시 상대에게 쉽고 재미있고 가벼운 사람이어야 되는 것도 아니야. 네가 정말로 원하는게 그건 아니잖아. 진짜 페미니스트라면 너 자신과 상대에게 솔직해져야 해. 물론 네 나이에 그걸 아는 건 쉽지 않아. 거의 불가능에

가깝겠지. 그러니까 너무 속상해하진 마. 걱정하지도 마. 지금은
아니더라도, 살다 보면 언젠가는 알게 될 테니까.

사랑하는

나로부터.

소설 속 여자들의 진한 우정

세라 매캐리

1. **셰이 영블러드의** 『**파리의 흑인 소녀** *Black Girl in Paris*』
   스물여섯 살의 작가 지망생 이든은 그녀의 영웅인 작가 제임스 볼드윈, 리처드 라이트, 랭스턴 휴스의 발자취를 따라 단돈 200달러와 큰 꿈을 품고 파리로 간다. 그곳에서 이든은 교활하고 사연 많은 사기꾼 소녀를 만나고, 빛의 도시 파리의 거리에서 잔꾀 하나로 살아가는 법을 배운다.

2. **프란체스카 리아 블록의** 『**기본 원리** *The Elementals*』
   으스스하고 초현실적인 소설. 주인공 아리엘 실버먼은 몇 년 전 흔적 하나 남기지 않고 사라져 버린 친구 제니에게 무슨 일이 일어났는지 조사한다. 제니와 나누었던 우정은 아리엘의 삶의 방향을 정한다. 아리엘은 진실을 찾는 데 도움을 줄지도 모르는 수수께끼의 인물 세 사람이 사는 집으로 향한다.

3. 베트 윌리엄스의 『거꾸로 걷는 소녀 *Girl Walking Backwards*』
   스카이는 고등학교 생활을 잘 버티고 싶지만 삶은 갈수록 엉망진창이다. 엄마는 정신이 나가고, 자살하겠다는 말을 입에 달고 살던 여자 친구는 바람을 피운다. 그러던 어느 날 스카이는 강인하고 다정한 소녀 몰을 만나서 진짜 우정이 무엇인지 배우게 된다.

4. 브라이언 홀의 『사스키아드 *The Saskiad*』
   열두 살 소녀 사스키아 화이트는 과거 한 공동체가 살던 곳인 뉴욕주의 어느 낡은 건물에 히피인 어머니와 함께 살고 있다. 똑똑하고 외로운 소녀 사스키아는 호메로스의 『오디세이아』와 가장 친한 친구 제인 싱에게 집착한다. 환경 운동가인 사스키아의 아버지가 오랜 부재 끝에 갑작스레 집에 돌아오자, 사스키아와 제인의 우정에는 미처 상상하지 못한 변화가 일어난다.

5. 에리카 로렌 샤이트의 『남자를 위한 사용법 *Uses for Boys*』
   애나에게는 온 세상과도 같았던 어머니가 어느 날부턴가 남자들 뒤꽁무니를 따라다니기 시작하면서 애나는 혼자 남겨진다. 애나 역시 남자아이들에게서 위안을 찾고자 하지만, 가출 소녀 토이와의 만남을 계기로 자신의 인생을 진지하게 생각하게 된다.

신앙과 페미니스트

케이 미르자

이십 대의 무슬림 블로거이자 작가. 2014년 여성 혐오와 여성에 대한 폭력을 겪은 이야기를 공유하는 해시태그 #Yes All Women을 만들어 유명해졌다.

내가 아주 어렸을 때 어머니는 나를 무릎에 앉히고 페미니스트에 대해 알려 주었다. 정확히는 내가 페미니스트가 되지 말아야 하는 모든 이유를 읊어 주었다.

어머니의 말은 옳았다.

내가 이런 말을 꺼낼 거라 예상하진 못했을 거다. 많은 여자가 이 말에 질색하거나 어리둥절해할 것이다. 그 여자들은 보편적 평등과 존중을 바탕으로 이루어지는 페미니즘 운동 뒤에 어떤 의미가 숨어 있는지 모르기 때문이다. 모르는 건 축복이다. 천진함은 때로 특권과 딱한 무지에서 비롯되는 것이 아닌가.

나를 비롯해 변두리에서 소외되어 살아온 여성들은 그런 천진함을 지킬 수 없다.

　신앙이 있는 페미니스트로서 나는 한 발 뒤로 물러서라는 말에 익숙해지고 있다. 나는 깃발을 들어 봤고, 소셜 미디어와 일상 대화에서 사용할 수 있는 새 전투 구호 #YesAllWomen(모든 여자가 겪는다.)* 해시태그도 만들어 냈다. 그럼에도 불구하고 내 지지자들과 동료 활동가들은 내가 당당하게 히잡을 쓰고 종교에 대해 자주 이야기하는 무슬림 여성임을 알면 하나같이 놀랍다는 반응을 보인다.

　내가 무슨 일을 겪었는지 들은 사람들은 내가 페미니즘에 아무것도 기여할 수 없다고 쉽게 단정 짓는다.

　사람들은 내게 페미니즘에 신경 쓰기 전에 나 자신의 자유부터 신경 쓰라고 말한다. 내가 종교라는 구태의연한 관념에 얽매인 여성이며 가부장제의 손가락 아래 짓눌려 있다는 것이다. 그들은 나의 신을 가부장이라 부른다. 진지하게 대우받고 싶다면, 즉 대의에 기여하는 진짜 자매가 되고 싶다면 머리를 숙이고, 히잡을 벗으라고 요구한다. 나는 능동적인 지도자가 아니라 다른 사람들이 구원해 주는 대상으로 전락해야 했다.

　신앙을 지키는 한 나는 기껏해야 낡은 페미니스트로 여겨질 것이다. 그들이 내게 품은 편견은 가부장제의 권모술수만큼이나 뿌리 깊고 어둡다. 다른 여성들로 인해 고통받았던 이야기를 꺼내면

● #YesAllWomen "모든 남자가 그러는 건 아니다."라는 말에 대항하는 표현이다.

마치 그 이야기가 페미니즘을 망치려는 수작인 것처럼 비난한다.

어린 시절의 나는 어머니의 무릎에 앉아 다른 피부색, 다른 종교를 가진 여성들이 어떻게 소외당했는지 배웠다. 역경을 극복한 이야기들이 어떻게 더럽혀졌으며 민권 운동이 어떻게 폄하되었는지, 여성 참정권 운동 시대의 장밋빛 일화들이 어떻게 소외된 여성들을 지우거나 있는 힘껏 배경으로 밀쳐 냈는지 배웠다.

교과서에 실린 워싱턴 집회와 서로서로 팔짱 낀 여성들, 미소 띤 여성의 사진과 리벳공 로지˚의 사진들은 신중하게 선택된 것이다. 그건 내게 여성들이 연대하기 위해선 모두 제자리를 지켜야 한다는 메시지로 다가왔다. 그러나 내 시선은 다른 사진들에 머물렀다. 장막에 가린, 쇠사슬에 묶인, 입을 다문 여성들. 수치스러운 듯 눈길을 떨구고 있는 검은 옷의 여성들. 그러나 그들의 말은 교과서에 실리지 않았다. 그 대신 그들에 대한 다른 사람의 설명이 들어갔다. 나는 배 속으로부터 역겨움을 느끼며 주석과 단어들을 읽었다. "억압되고 세뇌당한 노예." "해방해 줄 사람을 기다리는 우리 자매들."

밀레니얼 세대는 9·11 테러의 그림자 아래 자랐다. 우리는 죽은 이들을 애도했으며, 그 과정에서 떳떳이 일어나 소리 높여 국가를 불러도 되는 사람이 정해져 있다는 걸 알게 되었다. 충분히 미국인

˚ 리벳공 로지 제2차 세계 대전 중 방위 산업에 종사한 미국 여성을 상징하는 이미지로 페미니즘과 여성의 경제적 능력을 강조한다.

으로 여겨지는 사람, 애국심을 조롱받는 사람, 계보를 부정당하는 사람, 혈통을 의심받는 사람도 정해져 있었다.

내가 누구이고 내 신앙이 어디에 기반을 두고 있는지, 내가 무엇을 믿고 실천하는지, 궁극적으로 내가 여성으로서 어디 서 있는지를 결정하는 건 내 권한 밖이었다.

나는 성장기 내내 끊임없이 히잡을 벗으라고 회유당하고 구슬려지고 간청을 받았다. 히잡은 그냥 나의 마음으로부터 우러나온 선택이었다. 그러나 내가 알기론 겸허함의 상징이자 위안을 주는 천 조각을 두고 사람들은 나를 헐뜯고 공격했다.

열 살 때, 차를 타고 마트 주차장을 지나가던 한 여자가 내게 소리쳤다. 바퀴가 내는 끼익 소리를 배경으로 말소리가 울려 퍼졌다. "그거 벗어! 너 그거 벗어야 된다!" 나를 위한답시고 한 말일 테다. 나는 어린 무슬림 소녀였고, 갈색 피부를 지닌 우리 아버지는 당황해서 내 손을 잡은 채 아무 말도 못 했다. 내겐 목소리가 주어지지 않았다. 아버지는 내 손을 부드럽게 잡은 채 방향을 틀어 날 구원하려 드는 여자의 열린 차창을 등졌다. 내게는 선택할 권리가 없었다.

'선택할 권리'는 내가 정말 좋아하는 말이다. 너무 오랫동안 내게 선택할 권리가 허용되지 않았기 때문일 테다. 선택할 권리를 막은 건 내 부모님도 내가 속한 공동체도 아니었다. 부모님은 내 입을 틀어막겠다고 협박하는 잡초들을 성실히 솎아 내어 주셨다. 내 공동체는 당당하고 위엄 있게 목소리를 내야 할 이유를 찾아 주었다. 선택할 권리를 요구하면서 나는 내 몸과 마음, 옷차림, 행동과 말과 감정에 대한 권리를 요구하고 있다. 원하는 만큼, 원할 때마다 열변을 토할 권한을 요구하고 있다.

내가 어떻게 보일지는 내가 정한다. 내가 무엇을 믿을지도 내가 정한다.

나는 내가 되기로 정했다.

열세 살 때 여름 승마 캠프에서 만난 친구가 히잡을 쓴 나를 무섭고 딱하게 여겨 슬슬 피해 다녔었다고 고백했다. 나를 자기와 같이 선크림 바르는 걸 자꾸 까먹는, 팔다리가 마른 평범한 소녀가 아니라 '타자'로 보게 되었다고 했다.

그 애가 혼란을 느낀 것도 당연하다. 평범하고 똑똑하며 세상 물정을 아는 소녀들은 말을 탈 때 목과 머리에 천 쪼가리를 휘감지 않았으니까. 해가 지면 갑작스럽게 목소리를 낮추고 단식을 시작해서 다음 날까지 물과 음식을 입에 대선 안 되는 나는 다른 아이들과 달랐다.

그 애의 고백은 수줍었고, 뉘우치는 기색이 느껴졌다. 그 애는 자기가 틀렸다는 걸 알았다. 우리는 손을 맞잡고 그 일을 없던 일로 하기로 했다.

아니, 하지만 내게 그 고백은 없었던 일이 되지 못했다. 다른 고통스럽고 난처한 경험들처럼 그날 일도 하나의 매듭이 되어 내 유년의 옷장에 차곡차곡 쌓였다. 내가 잘 따랐던 승마 선생님이 내가 몇 살이 되면 발버둥 치고 비명을 지르면서 끌려가 중매결혼을 하게 될 예정인지, 내가 외국에 계신 할머니를 만나러 갔다가 영화 「솔로몬의 딸」에서처럼 중동에 발이 묶일까 봐 겁이 나진 않는지 물었던 일도 물론 기억하고 있다.

잊을 수 없었다. 잊지 않았다.

불안과 뻔뻔한 거짓 정보와 선전으로 돌아가는 세상 속에서 내가 겪은 모든 경험이 페미니스트가 되는 것의 진짜 의미를 알려 주었다. 나는 뼛속 깊이 확신했다. 나는 페미니스트가 되지 않을 것이다.

물론 그건 내 잘못이었다. 내가 신에게 너무 '복종'했다는 것. 그게 신앙을 가진 내게 가해지는 공격이다. 나와 내 행동을 '복종'으로 칭하는 건 나를 폄하하고, 내 권위를 깎아내리는 짓이다. (그렇다고 들었다.) 내가 마음대로 선택할 권리를 앗아 가는 짓이다. 많은 사람이 현대 여성이 신적 존재 앞에서 하루 다섯 번 머리를 조아려야 한다는 개념 자체를 가부장적이며 비난받아 마땅한 일로 여긴다.

페미니즘은 나 같은 여성들을 비난하는 듯했다. 그래서 나는, 겉보기에 어떠하든 목적이 어떠하든 신경 쓰지 않고, 페미니즘을 비난했다. 이상적 페미니즘이란 신화 속 유니콘과 같았다. 나는 정체성과 뿌리에 충실하게 살겠다는 나의 결의에 대고 문을 부서져라 두드려 대는 그 유니콘에게서 등을 돌렸다.

그러나 내 이야기는 이렇게 끝나지 않는다.

신앙이 나를 다시 페미니즘으로 이끌었기 때문이다.

대답할 수 없는 질문을 마주칠 때마다, 내 결의를 무너뜨리려는 상대가 의기양양한 승리의 미소를 지을 때마다, 나는 불같은 결의로 공부에 매진했다.

고등학교 교과서에는 내가 믿는 이슬람교를 매도하는 부분이 여럿 있었다. 이슬람교는 한 남자가 쥔 칼을 통해 전파되었으며, 그 남자는 여성이 남성보다 열등한 존재로서 고통과 무지 속에 산다고 믿었다고 써 놓은 것이다.

하지만 내가 들은 이야기는 그게 전부가 아니었다. 나는 어머니의 발치에 앉아서 들은 이야기와 선생님들의 이야기를 종합해서 자부심과 영예와 교육이 숨겨진 이야기를 찾아냈다. 예언자는 여자아이들이 생매장당하는 땅으로 찾아왔으며, 어머니와 아내의 머리에 대한 희롱에 눈물을 흘렸다. 예언자는 여자들에게 남자들과 나란히 목소리를 높이라고 말했다.

나는 무슬림 여성들이 이어받은 진정한 유산이 무엇인지 알게 되었다. 코란의 첫 구절("신의 이름으로, 읽어라.")을 마음 깊이 믿은 여성 파티마 알피흐리는 세계 최초로 대학을 세웠다. 아이샤 빈트 아부 바크르는 자기보다 나이 많은 남성들을 가르치고 그들의 종교적 실수를 바로잡았다. 지금 말랄라 유사프자이는 가정 폭력을 뿌리 뽑기 위한 운동을 벌이며 여성들에게 안전한 공간을 열어 주고 있다. 가장 교육받지 못한 나라에서 고위직 정치인이 되는 여성들도 있다.

　나는 운 좋게도 온라인 글쓰기 공동체와 신앙 공동체 속에서 깊이 있는 대화를 나눌 수 있었다. 교차성 페미니즘 덕분에 나는 나를 구성하는 특징들을 이해하지도, 존중하지도 않는 사람들과 타협하지 않고 신앙과 페미니즘 양쪽에 다리를 걸칠 수 있었다. 나는 드디어 소속감을 느꼈다.

　무슬림 여성들은 나를 반갑게 맞이했고, 내게 소속감을 안겨 주었다. 지적이고 설득력 있는 무슬림 여성들은 계속 성장하고, 발전하고, 희망하는 공동체를 만들어 내고 유지시켰다. 나는 경이에 차서 그들의 행보를 지켜보았다.

　제니퍼 조베어는 신앙 있는 페미니스트들과 힘을 합쳐, 자주 묵살당하는 그들의 목소리를 모은 책을 엮어 냈다.

　마가리 아지자와 나미라 알리는 퍼거슨에서 집회를 벌여 인종 차별, 편견, 공동체 안팎에서의 존재 지우기에 대항하는 단체 '무슬림 아크'를 만들었다.

　자린 재퍼리와 살람 리즈, 라일라 알라와, 아이샤 마투, 누라 마즈나비는 기존 온라인 저널리즘의 일방적이고 까칠한 논조에서 벗어나 자기 목소리를 내고 있다. 그들은 감동과 유머가 담긴 실제 경험담을 쓴다. 사랑과 빛과 믿음과 연애와 모든 것에 대해, "중요한 대화에 방해된다."라는 이유로 너무나 자주 폄하되었던 주제들에 대해 쓰고 있다.

이 여성들을 통해 나는 마침내 내 자리를 찾았다는 걸 알게 되었다. 그들은 내 목소리에 귀 기울이는 사람이 있다는 걸 알려 주었다. 비록 항상 옳고 바르다고 여겨지는 (당신은 그게 아닌 걸 알지만) 주류에서 밀려났지만 나의 떨리는 작은 목소리를 누군가는 듣고 있다는 걸 알려 주었다. 우리는 있는 그대로 충분하다. 우리는 강하다. 우리는 단지 중매결혼을 당하고 교육 기회를 박탈당하고 종교 가부장제에 짓눌린 피해자가 아니다.

해시태그 #YesAllWomen을 둘러싼 소동이 사그라들고 몇 달 뒤, 나는 망설임 끝에 온라인에 공개해 둔 나의 프로필을 조심스레 업데이트했다. 그 단어를 쓰고 만 것이다. "페미니스트." 그리고 기다렸다. 나를 비난하는 사람들이 나타났다. 나를 폄하하는 사람들이 나타났다. 마음을 닫고 증오를 내뿜는 사람들, 내가 뭘 몰라서 페미니스트를 자칭한다고 주장하며 손가락질하는 사람들이 나타났다.

하지만 내게 힘을 보태는 격려들도 있었다.

"그래요, 이게 우리 유산이에요."

"그래요, 이게 우리 신앙이에요."

"그래요, 이게 우리 자리예요."

온라인에서 벌어지는 대화가 항상 완벽하지는 않다는 사실은 짚고 넘어가야겠다. 편협한 사고방식을 지닌 사람도 많다. 나 또한 속에 있는 말을 분명하게 표현하지 못할 때도 있고, 상처를 받거나 반대로 의도치 않게 남을 상처 입히는 경우도 있다. 하지만 인터넷은, 안전한 공간이 드물고 나와 비슷한 사람을 찾기가 참으로 어려운 이 세상에 큰 변화를 가져왔다.

인류에게 가장 좋은 것을 내려 주십사 기도하는 걸 부끄러워할 필요는 없다. 무릎을 꿇고 높은 이에게 지도를 부탁하는 것도 부끄러워할 일이 아니다. 이슬람과 그 뿌리를 연구하고 대학에서 인문학과 고전, 젠더학을 공부하면서 나는 평등이 무엇인지 확실히 알게 되었다. 자신에 관한 일을 결정하고 자기를 표현할 권리, 무엇을 믿고 어떤 옷을 입을지 선택할 권리를 비웃고 억압하는 것은 절대 평등이 아니다.

종교가 있는 나는 항상 족쇄를 차고 있다고 멸시받았지만, 알고 보니 그 족쇄가 나의 날개였다.

여러분이 무엇을 믿든, 여러분을 강하게 만들고 자신감을 주고 남들에게 손 내밀도록 이끄는 힘이 무엇이든, 한 가지를 기억했으면 한다. 신앙은 당신의 약점이 아니다. 신앙은 당신을 이루는 요소다. 당신의 희망이자 공포이며 더 나은 미래를 위한 꿈이다. 당신의 경험이고, 당신이 목소리를 낼 원동력이자, 당신이 남들의 목소리를 경청하고 북돋는 이유이기도 하다.

우리의 페미니즘은 신앙에 있다. 손가락질할 필요 없다. 우리는 이미 충분하다.

벡델 테스트

◇◇◇◇◇◇◇◇◇◇◇◇◇

벡델 테스트(요새는 벡델−월러스 테스트라고도 한다.)를 아는가? 영화를 좋아한다면 아마 한 번쯤 들어 봤을지 모르겠다. 만화가 앨리슨 벡델의 이름을 딴 이 간단한 테스트는 1985년 벡델의 연재만화 『레즈비언을 조심해 *Dykes to Watch Out For*』에서 유래했다. 영화, 드라마, 책 등의 매체에서 여성 인물들이 오로지 남성 인물들을 위해 존재하는지, 아니면 자신만의 가치를 가지고 적극적으로 서사에 참여하는지를 판가름하는 것이다. 벡델−월러스 테스트를 통과하려면 우선 적어도 두 명의 여성 인물이 작품에 등장해야 하며 두 여성이 서로 대화를 나누어야 한다. 또 이때 두 사람은 남성이 아닌 다른 것을 주제로 대화해야 한다.

자매를 찾아서

브랜디 콜버트

평단의 인정을 받은 소설 『푸앙트 *Pointe*』를 썼다.
로스앤젤레스에 살면서 글을 쓴다. (brandycolbert.com)

"언니나 여동생이 있으면 좋겠니?"

엄마의 질문에 나는 깜짝 놀랐다. 내겐 오빠가 있고 아빠의 재혼으로 남동생도 한 명 생겼기 때문에 형제가 더 있으면 좋겠다는 생각은 해 본 적이 없었다.

하지만 열두 명의 형제자매와 함께 자란 엄마의 눈에는 삼 남매가 부족해 보였을지도 모르겠다. 엄마네 십삼 남매 중 여자는 엄마를 포함하여 일곱 명이다. 일곱 자매는 미국 방방곡곡에 흩어져 있지만 여전히 가깝게 지낸다. 이모들이 없다면 엄마의 인생은 크게 달랐을 것이다. 엄마와 이모들은 같은 방, 아니 같은 침대에서 자랐으며 어렸을 적에는 할아버지네 목화밭에서 함께 목화를 땄

264

다. 엄마의 삶은 언제나 흑인 여자들의 우정과 자매애로 채워져 있었다.

하지만 내가 자라면서 사귄 흑인 여자 친구의 수는 손에 꼽는다. 교회 친구들을 더해도 다 세는 데 열 손가락이 필요 없는 수준이다.

내가 자란 미주리주의 백인 동네는 흑인 주민 비율이 3%밖에 되지 않았고, 그 3%의 대부분이 내가 다니는 흑인 교회 신자들이었다. 내 또래 아이들은 일요일마다 부모님과 함께 붉은 벽돌로 지어진 교회에 출석했다. 우리는 비좁은 성가대석에 서서 찬송을 불렀다. 부활절과 크리스마스마다 함께 연극을 했고, 여름에는 성경 학교에 다녔다. 하지만 교회 친구들은 학교 친구들과 달랐다. 주중에 매일 만나며 찬송 말고도 많은 걸 함께한 건 학교 친구들이었다. 그 애들은 흑인이 아니었다.

같은 고등학교를 다닌 흑인 여자아이들과 알고 지내긴 했지만 엄밀히 말해 친구는 아니었다. 복도나 수업에서 마주치면 인사하는 사이일 뿐, 관심사도 어울리는 친구들도 달랐다. 그런 사이가 나쁘진 않았지만 나는 흑인 여자 친구들을 진짜로 사귀고 싶었다. 나와 공감할 수 있고, 우리가 남들과 어울리려면 무시해야 한다고 배운 우리의 고유함에 대해서 터놓고 얘기할 수 있는 친구. 나는 서서히 흑인 여자 친구 없이 사는 것에 익숙해졌다. 내가 7년 동안 다닌 댄스 스튜디오에도 흑인 여자는 나 하나뿐이었으니, 말 다 했지.

나는 한 주에도 몇 번씩 그 댄스 스튜디오를 찾아 어려운 탭 댄스와 재즈 댄스 수업을 들었다. 춤을 출 때면 힘이 나고 이해받는 기분이 들었지만, 한편으로는 내가 다른 사람들과 얼마나 다른지 끊임없이 깨달았다. 모두가 입어야 하는 '살색' 스타킹은 내 살색과는 전혀 달랐다. 스튜디오에 다니는 여자애들 대부분은 탭 댄스 수업을 커리큘럼 때문에 어쩔 수 없이 들었지만, 나는 탭 댄스를 진심으로 사랑했다. 어렸을 때 발레 공연을 보는 건 좋아했어도 발레 수업을 받은 적은 없었다. 내가 어렸을 때 흑인 발레리나를 한 번도 보지 못한 건, 단지 내가 발레를 잘 몰랐기 때문일까? 당시 발레에는 미스티 코플랜드도, 미켈라 드프린스도 없었다. 하지만 재즈 댄스와 탭 댄스는 사정이 달랐다. 그레고리 하인스와 세비언 글러버 등 탁월한 재능을 지닌 흑인 댄서들의 공연을 보면서 나는 탭 댄스에 대한 사랑을 키워 갔고, 내 주위 백인 댄서들이 공감하지 못하는 열정을 품게 되었다.

나와 생김새가 비슷한 또래 친구 하나 없이 성장기를 보내는 건 끔찍했다. 나 자신도 흑인 미국인의 역사를 완전히 이해하지 못하는데 남들에게 흑인의 대변인으로 취급받는 기분은 참 별로였다. 학교에서 가르치는 흑인 역사란, 흑인의 달로 제정된 2월에 이틀 정도 노예제와 짐 크로°, 민권 운동 이야기를 하는 게 전부였다. 그

● 짐 크로 미국 노래에 등장하는 흑인 인물로 인종 차별의 상징. 남북 전쟁 이후 제정된 인종 차별법을 짐 크로 법이라고도 부른다.

이틀은 내 인생에서 가장 불편한 날들로 기억된다.

우리 집에는 1990년대 초반부터 인터넷이 들어왔지만 온라인 교류는 채팅방과 게시판으로 한정되어 있었고, 흑인 여성들에 대해 배울 수 있는 웹 사이트도 없었다. 어른이 되고 존경하게 된 민권 운동가 패니 루 해머나 시인 랭스턴 휴스가 '더 키드(the Kid)'라고 별명 붙인 할렘 르네상스 시기의 작가 도러시 웨스트에 대해서도 알 길이 없었다. 학교에서 배울 가치가 있는 흑인 미국인은 마틴 루서 킹 주니어가 유일한 듯했다. 오늘날 그의 발언은 왜곡되고, 편견을 정당화하는 수단으로 쓰이기도 한다.

미디어에서 흑인이 재현되는 것이 중요하지 않다고 은근히 혹은 대놓고 말하는 사람을 종종 본다. 그들이 나와 같은 어린 시절을 겪었다면 그런 말은 못 할 거다. 내 주위에는 또래 흑인 소녀가 없었고, 주류 미디어에서 그들을 찾아보려는 시도는 매번 실패로 돌아갔다. 텔레비전에서 자신과 비슷한 얼굴을 보지 못하면, 자연스럽게 자신의 얼굴에 문제가 있는 건 아닌지 고민하게 된다. 미디어에 나오는 소녀들은 모든 십 대 소녀를 대변하는 역할을 한다. 나 역시 그 소녀들처럼 평범한 일상을 보냈다. 하지만 흑인 소녀가 긍정적으로 그려지는 경우는 찾기 어려웠다. 한 인구 집단을 오로지 스테레오 타입으로만 보여 주는 건 존재를 지우는 교활한 방식이다. 흑인 소녀들은 참혹한 뉴스의 헤드라인에 오를 때만 중요한가? 나는 궁금했다.

내가 열여섯 살 때 영화 「클루리스」가 개봉했다. 나는 그 영화를 극장에서만 세 번 보았다. 20년이 지난 지금까지도 나는 「클루리스」를 제일 좋아하는 영화로 꼽는다. 이 영화를 변함없이 사랑하는 이유 중 하나는 박스 브레이즈라 불리는 근사한 헤어스타일과 끝내주는 의상으로 전형적인 '흑인 친구' 캐릭터를 뛰어넘은 디온 덕분이다. 한편, 나는 나와 이름과 나이가 같은 가수 브랜디 노우드에게 자연스럽게 매료되었다. 브랜디의 이름이 박힌 시디를 볼 때마다 나와 이름이 똑같은 흑인 소녀가 MTV에서 노래를 하고 잡지 표지 모델로 포즈를 취하고 있다는 사실이 어찌나 놀라웠는지 모른다. 나는 흑인 여자 아이돌 TLC와 데스티니스 차일드 멤버들을 아직도 마음속에 소중하게 품고 있으며 죽는 날까지 그들의 유산을 지킬 것이다.

중요한 건, 내 현실의 인생 속에도 흑인 여자들이 있었다는 거다. 외가와 친가 모두 대가족이었고, 교회 여자들 대다수는 나를 생후 몇 주부터 알았다. 교회 지붕 아래에는 여러 세대의 열정적이고 다정한 사람들이 모여 있었다. 그들과 어울리며 나는 어려서부터 흑인들이 아주 다양하다는 것을 알았다. 찬송가를 같이 부를 때, 그들이 나를 콜버트 자매님이라고 부를 때 나는 깊은 소속감을 느꼈다. 나이가 들수록 교회 사람들에게 느끼는 고마움은 점점 커져 갔다. 하지만 존경할 흑인 여성이 있는 것만큼이나 우정을 나눌 내 또래 흑인 소녀가 있는 것도 중요하다는 사실을 차츰 깨닫게 되었다.

대학을 졸업하고 채 한 달도 지나지 않은 시점에 나는 짐을 싸서 캘리포니아주로 이사했다. 로스앤젤레스에 끌린 첫 번째 이유는 연중 따뜻한 기후와 곳곳에 깔린 야자나무였다. 내가 새 도시에 정착하자 어머니가 예리하게 질문했다. 흑인 친구를 얼마나 사귀었냐는 것이었다. "음, 한 명도 안 사귀었어요." 나는 순순히 인정했다. 내가 사람들에게 공공연하게 밝힌, 로스앤젤레스를 선택한 또 다른 이유는 고향에서 만날 수 없었던 나와 닮은 사람들을 더 많이 만나기 위해서였다.

2년이 흐르고 새 친구들을 사귀기 시작하자 마침내 상황이 달라졌다. 나와 똑같은 피부색에, 부잣집 소녀의 전형인 밸리 걸 억양을 지닌 M을 마주친 것이다. M을 보고 나는 깜짝 놀라 턱이 빠지도록 입을 벌렸다. 그녀의 표정을 보건대 놀란 건 나 혼자가 아니었다. 우리 둘의 차이는 내 머리가 천연 곱슬이고 M은 곧은 머리라는 것 정도였다.

우리 집에서는 흑인 문화를 즐겼다. 1980년대에 부모님은 어렵게 가게를 뒤져 피부색이 어두운 인형을 샀고 흑인 잡지 『제트』와 『에보니』를 여러 해 구독했다. 나는 흑인이 아름답다는 걸 알았지만, 헤어스타일 때문에 몇 년을 고생했다. 머리는 내가 스스로를 받아들이고 아름답다고 느끼는 데 있어 중요한 부분이었다. 어렸을 적엔 굵고 아름다운 내 머리칼을 고데기로 펴고 화학 물질을 발라서 멋없이 처진 백인의 생머리처럼 만들어야 하는 이유를 이해할 수 없었다. 그때 내가 이해한 건 내 일부를 반드시 숨겨야 한다는 사실뿐이었다. 내가 타고난 곱슬머리를 보여 주면 많은 사람이, 심지어 다른 흑인들조차 불편해한다는 걸 배웠으니까.

22년 동안 스트레이트파마를 했더니 화학 물질로 두피가 상하는 것도, 비 오는 날과 수영장을 피하는 것도 지겨워졌다. 하지만 내가 아는 흑인들 중에는 나처럼 천연 곱슬머리인 사람이 없었다. 게다가 당시에는 흑인식으로 근사하게 땋은 머리인 드레드락스나 트위스트아웃을 하는 방법을 어디서도 찾을 수 없었다. 그러던 어느 날, 나는 웹서핑을 하다가 다양한 종교와 성 정체성과 사회 경제적 배경을 지닌 전 세계 흑인 여성 수천 명이 모여서 흑인의 머리 관리에 대한 정보를 나누는 사이트를 발견했다.

그 사이트에서 나는 흑인이 곱슬머리를 갖게 된 경위부터 시작해 내가 지금까지 10년 넘게 사용하고 있는 머리 관리 제품에 대한 정보까지 수많은 걸 알게 되었다. 하지만 최고의 수확은 레슬리를 알게 된 것이었다. 내 또래 여자인 레슬리는 수제 헤어 액세서리를 만들었다. 그녀는 내가 온라인에서 만난 제일 재미있는 사람이었다. 우리는 둘 다 소설을 썼고, 언젠가 책을 내겠다는 포부를 갖고 있었다. 레슬리는 내가 아는 재능 있는 작가 중 하나로, 나이지리아 출신 미국인으로서의 경험을 바탕으로 마법적이고 스릴 가득한 이야기들을 써낸다. 게다가 불공평할 정도로 아름다운 머리칼을 지녔다. 레슬리는 내가 성인이 되고 처음 사귄 흑인 여자 친구였다. 그때는 몰랐지만 10년이 지난 지금은 레슬리를 믿고 의지할 수 있는 게 대단한 행운이라는 걸 안다.

레슬리는 나와 수천 킬로미터 거리에 있었지만 M은 나와 같은 도시 로스앤젤레스에서 살아 숨 쉬고 있었다. M과 나는 같은 경험을 공유했기에 친구가 될 수밖에 없는 사이였다. 실제로 우리는 만나자마자 빠르게 친구가 되었다. 나는 M에게 진심으로 믿을 수 있는 사람을 찾지 못하면 평생 털어놓지 못할 거라 생각했던 경험들을 고백하며 우정을 키웠다. 예를 들어 "흑인 여자치고 너무 백인처럼 말한다."라는 비난을 지겹게 듣는다는 것에 우리는 격하게 공감했다. '백인처럼 말하기'는 실체조차 없는 개념인데 말이다. 우리는 둘 다 백인 동네에서 자랐기 때문에 남자 친구도 항상 백인이었다. 그건 인간 대 인간의 만남이라는 관점에서는 자연스러웠지만, 다른 한편으로는 크게 잘못된 일처럼 느껴지기도 했다. 미국 내 흑인 여성과 백인 남성 사이의 과거사와 더불어 백인 남성들이 우리가 누리지 못하는 특권을 누리고 있다는 사실 때문이었다. 나처럼 또래 흑인 여자 친구가 없었던 M은 나를 만나고 큰 위안을 얻었다고 했다. M은 평생 내가 찾아 헤매던 사람 같았다. "나처럼 자란 사람은 나밖에 없는 줄 알았어."라고 말하자 M은 대답했다. "나도."

M과 나는 몇 년이나 가깝게 지냈다. 공통 관심사는 별로 없었지

만 M과의 우정 덕분에 나는 나의 진짜 모습을 좀 더 편안하게 받아들일 수 있었다. 솔직히 말하자면 M을 만나기 전 대부분의 시간 동안 나는 사기꾼이 된 기분을 느꼈다. 남들이 보기에 분명히 흑인이었지만, 그럼에도 내가 **진짜** 흑인이 아니라는 말을 어찌나 많이 들었는지 모른다. 흑인이 흑인다워야 한다고 우기는 이들의 논리에 따르면 나는 흑인처럼 말하거나 행동하지 않았고, 그래서 같은 흑인들 앞에서 스스로를 지나치게 의식했다. 사기꾼이라고 비난받을까 봐 괜히 혼자 불안해했던 거다.

교회 사람들이 나를 콜버트 자매님이라고 부르면 나도 누구 형제님이나 누구 자매님이라고 정겹게 대답하고 싶었다. 하지만 그랬다간 내가 그 호칭을 자연스럽게 발음하기가 얼마나 어려운지 들킬까 겁이 났다. 나는 흑인 작가인데도 흑인 인물을 구상하는 게 어렵다. 흑인의 경험을 잘못 묘사할까 봐 걱정이 된다. 흑인이 충분히 재현되지 않는 미디어를 접하며 나는 흑인들이 등장하는 이야기는 기껏해야 몇 종류로 한정되어 있고, 내 이야기는 거기 들지 못할 거라고 믿게 되었다. 이렇듯 자신감을 잃은 나는 훗날 가장 크게 후회하게 되는 선택을 하는데, 대학에서 흑인 여학생회에 들지 않은 것이다. 나는 내가 진정한 흑인이 아니라고 걱정한 나머지 진정한 자매들을 만날 기회를 포기했다. 누구도 나를 진정한 자매로 여기지 않을 거라고 확신했으니까. 그 정도로 자신감이 떨어져 있었다.

이십 대의 꽤 오랜 기간 동안 수천 킬로미터 밖에 있는 레슬리를 제외하고는 흑인 여자 친구가 한 명도 없었다. 그게 내 운명이려니 했다.

당시 나는 책을 출판하려고 진지하게 고심 중이었다. 흑인 십 대 소녀들을 다룬 소설이 워낙 적은 걸 감안하면 나 역시 큰 기대는 버려야겠다고 생각했지만, 그럼에도 내 이야기는 들려줄 가치가 있다고 믿었다. 성장기에 내가 친구들과 이질적인 존재라고 느낀 것이 마냥 부끄러워할 경험이 아니라 남들과 공유해야 할 경험이란 걸 깨달았기 때문이다. 흑인 여자라는 정체성을 강하게 의식하며 백인이 대다수인 동네에서 자란 흑인 소녀가 M과 나 둘뿐일 리는 없었다.

그래서 나는 글을 썼다. 첫 소설을 냈고, 그 뒤에도 세 권의 책을 더 써냈다.

독자들이 내 책에 공감해 주는 건 언제나 기쁜 일이지만, 특히 흑인 소녀들에게서 내 이야기에 공감했다는 이야기를 들으면 무척 뿌듯하다. 드디어 인정을 받은 기분이다. 우리가 얼마나 다채로운 인생을 살아가든, 흑인 여성으로서 산다는 독특하고도 충만한 경험 하나만은 공유하고 있다는 생각도 참 즐겁다. 출판계에서 버팀목이 되어 주는 진짜 친구들을 찾았다는 점에 대해서도 마음 깊이 감사한다. 그럼에도 출판계에는 지금보다 훨씬 많은 흑인 여성 작가가 필요한 게 사실이다.

때로는 주어진 것보다 더 많은 걸 원하는 내가 욕심쟁이처럼 느껴지기도 했다. 살면서 내가 만난 사람들은 내게 든든한 힘이 되어 주었고, 나는 피부색과 무관하게 그들을 친구로 맞아들였다. 내게는 인종 차별과 일상 속에서 흑인이 은연중에 겪는 미묘한 공격들에 대한 이야기를 부정하지 않고 들어 주는 백인 친구들이 있었다. 내게는 '타자'가 된 기분으로 살아가는 게 어떤 기분인지 잘 아는 유색 인종 친구들도 있었다. 하지만 문화를 공유하고, 같은 나무에 뿌리를 두고 있으며, 내가 특정한 방식으로 행동하는 이유를 해명하지 않아도 알아주는 사람들과 어울리는 경험은 다른 무엇으로도 대체할 수 없다.

지금 나는 생애 어느 시점보다도 많은 흑인 여자 친구와 함께하고 있다. 유년기와 십 대 시절에 미디어에서 나와 생김새가 비슷한 사람들을 많이 보지 못한 건 여전히 안타깝지만, 그때 내 우상이었던 소수의 흑인 여자들에게 영원히 깊은 애착을 느낄 것이다. 루피타 뇽오나 아만들라 스턴버그나 리나 웨이스 같은 여자들이 우아하고 유머러스하게, 재주 있고 아름답게 그 명맥을 이어 나가는 것을 보면 힘이 난다.

엄마와 달리 나에게는 친구 같은 자매들이 없지만, 여자 친구들과의 우정은 내 인생에서 항상 중요한 부분을 차지했다. 흑인이자 여성으로 자라는 게 어떤 의미인지 이해하는 여자들과 나눈 우정은 내가 오늘날 강인하고 타인에게 공감할 줄 아는 사람이 되는

데 꼭 필요했다. 마침내 나는 흑인 여자들의 클럽에 들어가기 위한 열쇠나 암호가 따로 없다는 걸 알게 되었다. 내가 바로 흑인 여자 니까.

그러니까 엄마의 질문에 대한 답은 '아니야.'이다. 언니나 여동생이 있었으면 하고 바라지 않는다. 한 번도 바란 적 없다. 흑인 여자 친구들과의 우정만으로도 내겐 충분하다.

페미니스트의 사랑

제시카 루서

독립 저술가이자 탐사 저널리스트. 『스포츠맨답지 않은 행위: 대학
풋볼과 강간의 정치학Unsportsmanlike Conduct: College Football
and the Politics of Rape』이라는 책을 썼다.

내가 그 남자를 만난 건 아직 어릴 때였다. 열여덟 살 생일 직후
였으니 좀 더 정확히 말하면 막 어린 티를 벗었을 때였다고 해야
할까. 그는 귀엽고 수줍고 똑똑하고 친절했다.

나는 대학 기숙사 라운지에 앉아서 천문학 교과서를 펼쳐 놓고
학구적인 신입생인 척을 하고 있었다. 남편을 처음 만난 순간 나는
태양 플레어에 대해 읽고 있었다. (지금은 태양 플레어에 대해서
는 다 까먹었고, 남편을 만난 순간만 생생히 기억한다.) 교과서 속
사진에 집중하려고 애를 썼지만 나도 모르게 책 너머로 자꾸 라운
지 맞은편의 남자아이를 훔쳐보게 되었다. 그 애 역시 나를 의식하
고 있기를 바라면서. 그 애가 근처에 있다는 생각에 내 몸은 평소

보다 조금 더 따뜻해졌다. 그 따뜻함은 곧 나의 일상이 되었다. 아직도 남편 곁에 있으면 몸이 따뜻해진다.

　이제는 중년에 다다른 그 남자와 내 생의 거의 절반을 함께 보냈다. 우리의 관계는 내가 살면서 이룬 가장 성공적인 것이기도 하다.

　대중문화는 사랑과 연애의 형태에 대해 강력한 메시지를 전한다. 두 사람, 백인, 이성애자, 일부일처제, 끝나지 않으며 행복하고 편안한 관계. 대부분의 로맨틱 코미디 영화와 로맨스 소설이 이 공식을 따른다. 그리고 그 관계의 바탕에는 언제나 사랑이 있다. 사랑이 모든 걸 이겨. 필요한 건 사랑뿐이야. 나는 그냥 한 남자에게 사랑받길 원하는 여자일 뿐이야. 어쨌든 지금은 16세기 유럽이 아니다. 입에 풀칠하기 어려울 정도로 가난해서 생존을 위해 결혼을 해야 했던 시대가 아니란 말이다. 이제 우리는 기본적으로 사랑을 따라 상대를 고르고 관계를 유지한다. 뭐, 그렇게들 말한다.

　대중문화는 여자가 행동해야 하는 방식에 대해서도 강력한 메시지를 심어 준다. 여자들은 자신보다 타인의 감정, 필요, 욕구를 우선시하라는 가르침을 받는다. 이런 식의 메시지는 때로는 노골적으로 드러나기도 한다. 여자들은 안정적인 결혼 생활이나 가족을 위해 자신의 행복을 희생하라는 요구를 받는다. 그러나 결혼의 또 다른 당사자에게는 같은 요구를 거의 하지 않는다. 여자들은 학대당하고 자아를 잃어 가면서도 침묵을 지켜야 칭찬받을 수 있다.

페미니스트의 사랑은 이런 메시지를 부정한다. 페미니즘적인 관계에서는 누구 한 사람의 감정과 필요와 욕구가 더 중요하지 않다. 모두 똑같이 존중받는다. 그게 페미니스트의 사랑이다.

하지만 그게 쉽지는 않다. 이성애 관계는 결코 페미니즘적 관계가 될 수 없는 것처럼 보일 수 있다. 지긋지긋한 보통 가부장제처럼 남자가 상대방과 두 사람의 관계를 통제하는 것으로 보일 수도 있다. 실제로 페미니스트의 사랑에서도 때때로 남성의 감정, 필요, 욕구가 여성의 것보다 우선시된다. 여성이 통념상 '여자가 하는 일'로 여겨지는 육아, 집안일, 저녁 식사 준비하기 등을 맡기로 결정할 수도 있다. 때때로 남들이 "페미니즘적이지 못하다."라고 평하는 로맨틱 코미디 영화와 로맨스 소설을 좋아할 수도 있다. 그래도 괜찮다.

페미니스트의 사랑이 가진 비밀이 여기에 있다. 관계의 형태가 고정되지 않고 언제나 임시적이라는 것이다. 오늘은, 혹은 이번 주는, 혹은 올해는 상대의 필요가 더 중요할지 모른다. 하지만 페미니즘적인 관계에서는 언젠가 때가 되면, 자신에게 필요할 때가 오면 그 상황이 변할 것을 믿는다. 대부분의 경우는 그 믿음으로 타협이 가능하다. 그게 페미니스트의 사랑이다.

나는 남편과 4년 반 가까이 사귀고 스물두 살에 결혼했다. 우리는 연애 중 커플 상담의 도움을 받은 적도 있고, 미국 한쪽 끝에서 반대쪽 끝으로 가는 이사도 경험했다. 함께 보낸 지난 17년 동안 우리 두 사람 각자도, 우리의 관계도 성장했다. 지금 우리는 캠퍼스 커플도, 졸업 직후 미국 반대쪽으로 이사한 연인도, 7년 전 막 부모가 된 사람들도 아니다. 우리의 관계처럼 우리 두 사람도 계속해서 변한다. 우리들 자신과 우리의 관계가 끊임없이 변한다는 사실을 인정하는 건 삶의 큰 지혜가 되었다. 나와 남편은 일이나 육아로 인해 아무리 바쁘더라도 일부러 서로를 위한 시간을 낸다. 우리가 완벽하지 않으며 우리의 관계도 절대 완벽하지 않다는 걸 인정하기 때문이다. 남편과 내가 아직도 완벽하게 의사소통을 하지 못한다 해도, 서로를 만난 건 무척 행운이다. 내가 아무리 빠르게 모퉁이를 돌더라도 남편은 절대 내 손을 놓지 않을 테니까. 우리 둘 다 팔을 있는 힘껏 뻗는 한이 있더라도 말이다.

이 관계에서 벗어나고 싶은 날이 올지도 모른다는 건 상상조차할 수 없다. 그러나 그런 날이 온다면 확실히 알 것이다. 내가 개인으로서의 정체성을 완전히 잃고, 이 관계 밖에선 아무것도 아니라고 느낄 때. 혹은 남편에게 그런 일이 일어날 때. (우리가 남자들의 땅에서 사회화되었음을 감안하면 그럴 가능성이 낮긴 하다.) 혹은 우리 둘 중 한 사람이 관계를 자기 뜻대로 휘두르려 들고, 다른 사람을 중요하게 여기지 않을 때. 혹은 우리 둘 중 한 사람이 상대를 돌이킬 수 없을 만큼 다치게 했을 때. 일어나지 않을 일들이라고 낙관하면서도 나는 혹시 그런 일이 벌어지면 바로 알아차릴 수 있도록 상상의 여지를 남겨 둔다. 이 역시 페미니스트의 사랑이다.

모든 관계가 나의 경우와 비슷한 건 아닐 테다. 그럴 필요도 없고. 그게 페미니스트의 사랑의 요점이다. 어떤 사람은 개인으로서의 정체성을 지키는 걸 중요하게 생각해서, 상대와 타협하지 않고 자기가 원하는 것을, 자신에게 필요한 걸 추구한다. 어떤 사람은 한 사람이 아니라 여러 상대에게 헌신한다. 아이를 낳지 않는 부부도 있고, 아이를 열 명 낳는 부부도 있다. 형태가 어떻든 전부 페미니스트의 사랑이 될 수 있다.

35년 인생의 절반을 남편과 보낸 지금, 사랑이 언제나 멋지다고는 말 못 하겠다. 하지만 사랑은 멋질 수 있다. 만약 여러분의 사랑이 멋지다면, 마음껏 즐기기 바란다. 사랑이 더는 멋지지 않다면, 어쩌겠나. 받아들이고 넘어가라. 사랑이 쉽다는 말도 못 하겠다. 그건 사랑에 발끝만 들여 보아도 알 수 있는 사실이다. 사랑은 제대로 시작하기도 전부터 노력을 요구하니까. 여러분이 자신을 더 좋아하게 만드는 사람, 여러분의 안에 숨겨져 있던 최고의 것들을 꺼내 놓게 만드는 사람을 찾으면 충분하다는 말도 못 하겠다. 완전한 삶을 사는, 완전한 사람에게 사랑은 그 자체로 결코 충분할 수 없다. 그냥 사랑만으로는 절대 충분하지 않다. 자기 자신을 사랑하는 게 필수다. 상대와 페미니스트의 사랑을 나누되, 자신을 사랑하는 것도 잊지 말자.

사랑에 관해 내가 할 수 있는 말은, 사랑이 따뜻하다는 것이다. 문자 그대로 사랑은 따뜻하다. 내가 슬플 때나 기쁠 때 안아 주는 따뜻한 몸, 내가 추울 때 침대에서 체온을 나눌 수 있는 따뜻한 몸, 정신과 의사를 만나러 갈 때 손을 잡아 주는 몸, 내가 한 아기를 세상으로 내보내는 동안 손을 잡고 옆에서 같이 호흡해 주는 몸, 외톨이처럼 느껴질 때 손을 잡아 주며 내가 혼자가 아니란 걸 알려 주는 따뜻한 몸. 사랑은 비유적으로도 따뜻하다. 취업 면접 자리에 앉아 있을 때 몸을 감싸는 자신감, 인생에서 적어도 한 사람만큼은 나를 원하는 대로 봐 준다는 안도감, 마침내 긴 프로젝트를 마쳤을 때 나만큼이나 기뻐할 한 사람이 있다는 데서 오는 즐거움. 그게 내 인생과 나의 관계에서 사랑이 작동하는 방식이다. 사랑은 계속해서 내게 따뜻함을 주었다.

여러분도 어떤 형태로든 페미니스트의 사랑을 발견하길, 그 사랑으로 인해 따뜻해지길 바란다.

6부

자신감과 꿈

HERE WE ARE

요즘 같은 세상에서 꿈을 품고, 자신감을 갖고

용감하며 대담한 사람으로 산다는 건 급진적인 일일지도 모릅니다.

『뉴욕 타임스』의 전 편집장 질 에이브럼슨이나 유력 정치인 힐러리 클린턴처럼

잘나가는 여성들은 여성에게 사회적으로 허용되는 행동과 꿈이라는 좁은 틀에

자신을 끼워 맞추려 하지 않습니다. 주류 미디어는 이런 여성들을

'강압적이다' '퉁명스럽다' '남자 같다' '잘난 척한다'라는 식으로 묘사하지요.

획일적 잣대로 평가받는 건 여성뿐만이 아닙니다.

여성과 달리 남성은 지도자가 되라고 격려받습니다.

지도자가 되지 않기로 선택한 남자들은 약하고, 여성스럽고, 예민하고,

어떤 식으로든 결함이 있다고 묘사됩니다. 스스로 아무리 만족하더라도 말이죠.

강한 건 부끄러워할 게 아닙니다. 강해지는 방법이 하나만 있는 것도 아니고요.

스스로에게 충실하고, 자신이 믿는 가치를 이루어 나가는 게 곧 강인함입니다.

페미니스트가 된다는 것은 매일의 일상 속에서 자신 있게 야망을 성취해 나가며,

때로는 안전지대를 벗어나 대담하고 용감한 선택을 한다는 뜻입니다.

여러분을 여러분답게 만드는 것, 여러분을 여러분이 되고 싶은 사람으로 만드는 것들에

자부심을 가져도 괜찮습니다.

'착한 여자' 페미니스트

애슐리 호프 페레스

소설 『어둠의 바깥으로 *Out of Darkness*』로 2016년 프린츠 상과 토마스 리베라 상을 받은 작가. '뉴욕 타임스 북 리뷰'에서는 이 소설을 "흑인 차별과 사랑과 싸움이 층층이 겹쳐진 이야기"이며 "인종 차별이라는 현실적인 비극이 우리 모두를 삼킨다."라고 평했다. 페레스는 오하이오주립대학에서 세계 문학을 가르치고 있다.

나는 기독교적 색채가 강해 바이블 벨트라고 불리는 지역의 한복판인 텍사스주 동부의 보수적인 동네에서 자랐다. 젖니가 빠지기도 전에 십계명을 배웠는데 십계명 말고도 많은 규칙이 내 소녀 시절을 지배하고 있었다는 건 훨씬 나중에야 알게 되었다. 그 규칙들은 성경 속 모세가 시나이산에서 받아 적은 석판 속 십계명이 아니었다. 내가 지금 '착한 여자의 계명'이라고 부르는 그 규칙들은 가정과 학교, 교회와 직장 같은 일상적 공간에서 은연중에 퍼져 나갔다.

다른 누구나처럼 '착한 여자'도 페미니스트가 될 수 있다. 하지만 그러기 위해서는 우리 '착한 여자'들이 사회화되면서 배운 보이지 않는 규칙들을 반드시 마주해야 한다. 그 규칙들이 우리의 행동과 말에 어떤 영향을 주었는지 이해해야만 우리를 우리답게 살지 못하게 하고 우리의 잠재력을 꺾어 놓는 '계명'들을 깰 수 있으니까. 여기서 내가 페미니즘에 이르기 위해 깨야 했던 '착한 여자사 계명'을 소개하겠다. 여러분의 계명이 이와 다르더라도 상관없다! 여러분의 행동이 본질적으로 불평등한 규칙에 조금이라도 얽매이지 않기를 바랄 뿐이다.

제1 계명: 착한 여자는 말대꾸하지 않는다

대부분의 사람들이 '말대꾸'를 버릇없고 못된 행동이라고 생각한다. 어른(보통 부모나 교사)이 무언가를 지시하거나 요구했을 때 여자아이가 순순히 따르는 대신에 이유를 묻거나 거부하면, 혹은 어떤 방식으로든 저항하면 그 아이는 말대꾸를 한다고 혼이 난다. 부모님이나 윗사람에게 공손하게 말하는 건 좋은 거다. 하지만 남부에서는 곰곰이 생각한 끝에 조심스럽게 던진 질문이나 신중한 거절조차도 곧잘 말대꾸나 '주제넘은 짓'으로 여겨지곤 한다. 남자아이들은 의견을 내고 좋아하는 것을 지지하라고 격려받는데 여자아이들은 부적절하거나 문제가 될 만한 말을 듣더라도 부드럽고 상냥한 표정을 짓도록 교육받는다.

십 대 시절, 하루는 가족과 외식을 하고 있는데 같은 교회에 다니는 나이 많은 남자가 우리 테이블로 걸어 왔다. 그는 내 머리를 쓰다듬으면서 "귀염둥이"라고 불렀다. 그는 미소 지으며 내 대답을 기다렸다. 나는 감사의 미소를 짓고 고맙다고 말해야 했다. 하지만 그러지 않았다. 마침내 할머니가 무언가 듣기 좋은 말로 어색한 침묵을 깼다. 나는 고맙다고 말하지도 않았지만, 내 진심을 말하지도 않았다. 착한 여자는 말대꾸하지 않으니까. 나는 열일곱 살 여자이고 '귀염둥이'가 아니라고 지적해선 안 되는 거였다. 외모보다는 지성에 대한 칭찬을 바란다는 대답 역시 해서는 안 되었다.

대학 시절 나는 말대꾸를 시작했다. 많이 하지는 않았고, 가끔만. 내가 다니던 교회 목사가 여자는 기껏해야 어린이 성경 공부반이나 이끌 수 있다고 말했을 때 나는 이유를 물었다. 온 가족이 모인 추수 감사절 식사 후, 엄마가 설거지를 도와 달라고 하자 나는 기꺼이 싱크대 앞에 서면서 남동생도 도와야 하지 않겠느냐고 지적했다. 올해도 말대꾸는 계속됐다. 병원 행정부에서 내 성에 찍힌 악센트 부호를 내 아들의 출생증명서에 넣을 수 없다고 고집을 부리는 게 아닌가. 나는 그 부호가 왜 중요한지를 설명했고, 이 문제를 해결할 수 있는 다른 사람을 불러 달라고 공손하되 단호하게 요청했다. 성인이 되고 고향을 떠난 지도 15년이다. 그동안 말대꾸는 내 레퍼토리가 되었다. 그러나 나의 말대꾸는 어디까지나 공손하고, 사려 깊고, 상대의 말을 경청할 준비가 된 말대꾸다. 지금도 내가 말대꾸를 할 때면 놀라는 사람들이 있다. 아직도 내가 '착한 여자' 같은 분위기를 풍기기 때문일 거다.

반전을 주는 건 참 짜릿한 일이더라.

제2 계명: 착한 여자는 참견하지 않는다

언뜻 봐서는 말대꾸하지 말라는 계명과 별로 다르지 않아 보일지 모르겠다. 하지만 '참견 금지' 규칙은 본인이 당사자가 아닌 일에 대해서는 뭘 보고 들은 조용히 하라는 뜻이다. 내 생각에 남부 사람들의 신중한 성격의 가장 큰 단점은 그 신중함 때문에 당장에 바로잡아야 할 심각한 상황을 못 본 척하고 합리화한다는 것이다. 일례로 우리에겐 아동 학대로 의심되는 상황을 신고하지 않는 걸 범죄로 규정하는 법이 필요했을 정도다.

어느 날 나는 친구와 함께 뭘 가지러 친구네 집에 잠깐 들렀다가, 집 안쪽에서 친구의 사촌이 자기 여자 친구에게 마구 소리를 지르는 걸 들었다. 우리가 있는 줄 알았다면 절대 하지 않았을 말들이 들려왔다. 그 순간, 온몸이 마비되는 기분이었다. 그의 목소리는 내가 들어 본 어느 성인 남자의 목소리보다도 비열하기 짝이 없었고, 여자 친구는 겁에 질린 듯했다. 두 사람의 아기가 울기 시작하자 그는 더 크게 소리를 질러 댔다. 친구와 나는 오랫동안 말없이 눈빛만 교환하다가 집 밖으로 달려 나갔다. 우리는 다시는 그 일에 대해 이야기하지 않았다. 돌이켜 보면 그 상황은 언어적 학대였다. 그때 우리는 무언가 잘못되었다는 걸 알면서도 아무 말 하지 않았다. 바로 그 '착한 여자' 규칙 때문에.

내 안의 '착한 여자'에게 발목을 잡히기 싫다는 생각이 든 게 그즈음이었다. 나는 차츰 '참견'에 대해 다시 생각하기 시작했다. 참견은 내가 어떤 일이 벌어지고 있는지 주시하고 있다는 메시지를 보내는 방법이다. 가게에 갔는데 영어를 잘 못 하고 스페인어를 쓰는 손님이 직원에게 무례한 대우를 받는 걸 보면, 나는 반드시 손님을 돕거나 직원의 이름을 묻는다. 그리고 점장을 보면 내가 방금 어떤 장면을 목격했는지 알려 주고, 어떤 손님이든 무례하게 대해선 안 된다고 힘주어 말한다.

참견하는 걸 일종의 지지 표명으로 생각할 수도 있다. 휴스턴에서 고등학교 교사 생활을 할 때 아기가 있거나 임신한 제자가 여럿 있었다. 내겐 그 애들을 다른 길로 인도할 결정권이 없었다. 그러나 교사인 나는 적어도 그 애들의 가정 상황을 이유로 편견을 가져서는 안 된다고 생각했다. 교사 휴게실에서 누군가 '그런 여자애들'에 대해 부정적으로 말하거나 그 애들을 깎아내리면 나는 곧장 대화에 끼어들었다. 임신한 학생이 이룬 성취를 칭찬하거나, 그 학생이 당신 수업에서 더 잘할 수 있게 내가 도울 길이 있느냐고 물었다. 나의 '참견'이 그 선생님의 생각을 바꾸는 데 큰 기여를 하지는 못했을지 몰라도 내가 그 학생을 지지한다는 사실은 확실히 밝힐 수 있었다.

의미 있는 개입에 꼭 거창한 행동이 필요한 건 아니다. 공중화장실에 들어갔는데 칸 안에서 누군가 우는 소리가 들렸다면? (지나가는 얘긴데 나도 살면서 화장실 칸 안에서 허다하게 울었다.) 그 사람이 딱하다는 생각이 들면서도 한편으로는 울음소리를 '못 들은 척' 화장실을 빨리 걸어 나가고 싶기도 하다. 내 할 일이나 신경 쓸 것인가, 남에게 참견할 것인가? 과거의 나는 '착한 여자'라면 다른 사람을 성가시게 해선 안 된다는 생각에 얽매여 있었다. 하지만 이제는 안다. 용기 내어 건넨 한두 마디 말이 상대를 위로할 가능성이 있다면 조금의 불편 정도는 무릅쓸 가치가 있다. 가능성이 아무리 희박하더라도 말이다. 정중하게 물어보자. "누군가에게 이 상황을 알리고 싶으세요?" "제가 뭔가 도와드릴까요?" 밑져야 본전 아니겠는가, 최악의 경우라도 상대는 자신의 고통에 마음 쓰는 사람이 있다는 걸 알게 될 거다. 누군가에게는 참견으로 보일 행동은 사실 연대의 행위이자, 순수하게 인간다운 친절을 베푸는 행위이다.

제3 계명: 착한 여자는 예뻐야 하지만 야해선 안 된다

속눈썹을 바짝 올리고 화장을 하고 머리를 펴고 '뽕 브라'를 하고 침대에 누워 용을 쓰며 스키니 진 지퍼를 올린다. 예뻐 보이고 싶어서 우리가 하는 짓들이다. 텍사스에서 자라면서 알게 된 사실이 있다. 착한 여자는 노출이 심한 옷을 입어선 안 되지만, 매력적으로 보이기 위한 노력은 해야 한다는 것이다. 착한 여자는 예뻐야 하고 심지어는 섹시해야 하지만, 절대로 '싸' 보여서는 안 된다. 남들의 욕망이 되는 건 괜찮지만 자신의 욕망을 드러내는 건 안 된다. '섹시함'과 '헤픔' 사이의 경계선을 긋는 게 바로 그 욕망이니까. '나쁜' 여자들은 그걸 하고 싶어 했고 너무 많이 했다. 반면 '착한' 여자들은 그걸 해서도, 하길 원해서도 안 됐다. 절대로.

모든 게 변한 순간을 기억한다. 내가 실제로 첫 섹스를 하기 훨씬 전의 일이다. 같은 대학 학생이 설문 조사를 하면서 내게 오르가즘을 느낀 적이 있냐고 물었다. 나는 얼굴이 새빨개져서 내 안의 '착한 여자'에게 대답을 맡겼다. "아뇨, 당연히 없어요!" 그게 올바른 답이라고 생각한 거다. 거짓말도 아니었고. 하지만 인터뷰를 하던 사람은 당황한 것 같았다. "한 번도요?" 그녀가 확인차 물었다.

"한 번도요." 대답하며 나는 그녀가 나를 딱하게 생각한다는 걸 알아챘다. 성적으로 개방된 환경에서 자란 사람들에게는 내 대답이 우스워 보일지도 모른다는 걸 깨달았다. 그 순간 나는 머릿속으로 메모했다. 오르가즘이 대체 뭐길래 그런지 알아내자. 전에도 성적으로 흥분한 적이 있기는 했다. 하지만 그때까지도 나는 성에 대해 내가 느껴야 하는 감정이 오로지 수치심뿐이라고 믿고 있었다.

설문 조사를 받은 그해 나는 연극 「버자이너 모놀로그」를 관람했다. 쉬쉬해 온 것들의 이름을 제대로 또박또박 부르는 건 해방으로 가는 한 단계였다. 보지, 자지, 오르가즘, 음모. 나는 얼굴을 붉히면서도 지금부터는 성이라는 현실을 살금살금 피해 다니지 않겠다고 맹세했다.

그로부터 몇 년 뒤 나는 남자 친구와 섹스를 했다. 아주 어색한 섹스였다. (다행히 갈수록 나아졌다.) 섹스를 마친 나는 이제 내가 세상의 어떤 곳들에서 '나쁜 여자'로 취급받고 어떤 곳들에서 여전히 '착한 여자'로 불릴지 생각해 보았다. 하지만 내가 제일 많이 생각한 건, 내가 섹스를 하든 말든 그건 진짜 내가 어떤 사람인지와는 무관하다고 여겨 주는 곳들이었다. 내가 누워 있는 침실을 포함해서.

제4 계명: 착한 여자는 언제나 미소를 짓는다

마지막으로…… 내가 가장 지키기 힘들었던 계명이자, 아이러니하게도 가장 깨기 힘들었던 계명이다. 내 출신지를 들은 사람들은 종종 말한다. "어머나 세상에. 댈러스에 한 번 간 적 있었는데 사람들이 어찌나 친근하게 구는지 소름이 돋을 정도였어요." 대학에 들어가면서 매사추세츠주로 이사한 지 얼마 안 되었을 때의 일이 아직도 기억난다. 주유소 직원에게 "안녕하세요, 오늘 하루 어떻게 보내셨어요?" 하고 물었는데 직원이 멀뚱히 내 얼굴만 쳐다보는 것이었다. 상처받은 나는 기숙사 방에 돌아가 울었다. 내가 어린 시절을 보낸 남부에서는 거리에서 스친 사람이나 식료품점에서 마주친 사람에게 인사를 한다. 그게 불문율이다.

또 하나의 불문율은 안부를 묻는 질문에는 반드시 인생이 행복하다는 선언으로 답해야 한다는 것이다. 다른 사람이 실제로 어떻게 지내고 있는지는 아무도 궁금해하지 않는다. 그 질문은 단지 미소 지으면서 "잘 지내요, 고마워요!" 혹은 "좋아요, 당신은요?"라고 말할 기회를 주는 예의상의 질문이다. 착한 여자들은 그 누구보다도 밝고 쾌활하게, 미소 띤 얼굴로 "멋져요!"라고 대답하길 기대받는다.

미소가 뭐가 나쁘냐고? 사실 미소는 상당히 나쁠 수 있다. 할머니가 암에 걸렸거나, 가족이 빚더미에 앉았거나, 어떤 식으로든 삶에 문제가 있을 때 착한 여자인 척하는 건 어렵다. 세상이 무너지고 있는데 계속해서 밝은 척을 하다 보면 속이 문드러진다. 미소를 짓고 미소를 짓고 또 미소를 짓는 동안, 마음속에서 벌어지고 있는 일과 남들에게 보여 줄 수 있는 모습은 우스꽝스러울 만큼 어긋나고 만다. 그 간극을 좁힐 길이 없다.

열다섯 살 때, 어머니가 자살 시도를 했다. 그 뒤 몇 달 동안 나는 착한 여자 연기를 하며 살았다. 상황 자체도 참 힘들었지만, 괜찮은 척을 하려니 백배는 더 외로웠다. 심각한 우울증을 앓으면서도 겉으로는 미소를 지어야 했던 날들도 마찬가지였다. 치료를 받으면서 나는 다시는 내 진심을 가짜 미소로 덮지 않겠다고 결심했다. 일상적인 질문조차도 솔직하게 답할 수 없는 게 지겨웠다.

그렇다고 오해하지는 마시길. 내게 안부를 묻는 사람들 모두에게 내 마음의 짐을 꺼내 낱낱이 보여 주겠다는 말이 아니니까. 단지 기분이 좋지 않은 날에는 행복한 척을 하지 않겠다는 거다. "그럭저럭이요." "내일은 좀 나았으면 좋겠네요." "인생이 다 그렇죠, 뭐." 같은 말로 대답하면 된다. 정말로 내게 무슨 일이 있는지 궁금한 사람은 더 물을 것이고 그렇지 않은 사람은 다른 화제를 꺼낼 것이다. 이런 솔직함은 사소해 보이지만 놀랍도록 힘이 세다. 상황이 아무리 엉망이라도 여러분에게는 진짜 어떻게 지내고 있는지 솔직하게 말할 권리가 있다는 것, 그게 가장 중요하다.

'착한 여자' 페미니스트

나보다 자유로운 환경에서 자란 독자들은 지금쯤 '착한 여자'를 벗어나겠다는 결의로 버둥댔던 내 꼴을 보고 배꼽을 잡고 웃을지도 모르겠다. 누가 그런 걸 일일이 신경 써? 하지만 내가 무슨 말을 하고 있는 건지 정확히 아는 독자들도 있을 거다. 한때 신이 정한 계명처럼 느껴졌던 말들이 사실은 공동체가 정한 규칙일 뿐이었다는 발견은 나를 페미니스트로 만든 과정 중 하나였다.

요즘에도 나는 착한 여자가 되려고 노력한다. 다만, 남부 여러 지역에 아직도 널리 퍼져 있는 기준에 맞는 재미없는 '착한 여자'가 아니라 관대하고 희망찬 사람이 되고자 노력한다. 다른 사람에게 '착한 여자'로 보이려고 애쓰는 것은 페미니스트다운 것이 아니지만 진정한 다정함과 낙관, 예의는 페미니스트다운 것이 될 수 있다. 사실 '착함'이라고도 불리는 이런 특징들은 페미니즘의 대의에도 보탬이 된다.

나는 남들이 기대하는 '착한 여자'에서 벗어나기 위해 용을 써야 했지만, '착한 여자'를 기대하는 사람들 앞에서 처신하는 법을 배운 것에는 장점도 있었다. 공격적인 페미니스트들을 받아들이지 않는 사람들에게도 페미니즘을 전파할 수 있었던 거다. 모두가 내 방식을 따라야 한다는 말은 아니다. 서슴없이 직설적으로 진실을 말하는 여자들도 물론 필요하다. 하지만 나와 같은 부드러운 접근법은 가령 페미니즘이라는 단어에 반사적으로 고개를 돌리는 우리 할아버지 같은 사람들에게도 귀를 기울이게 하는 효과가 있다. '착한 여자'로 살던 시기의 경험 덕분에 남들 앞에서 중요한 생각을 펼쳐 놓았던 경우도 있었다. 정말이지, 페미니스트가 되어서 너무나 다행이다.

'착한 여자'라는 기준은 모순투성이의 수수께끼다. 그 모순을 알아차리고 나면 여러분도 알게 될 것이다. 다른 사람의 틀에 스스로를 욱여넣고 매 순간 남들이 바라는 대로 행동하지 않아도 된다. '착한 여자' 놀이를 관두는 것이 페미니즘의 시작이다.

'착한 여자' 페미니스트를 위한
다섯 가지 팁

1. **자신을 친절하게 대해라**
   자신을 향한 못된 말, 비판적인 대화는 그만두자. 스스로에게 말할 때도 친구를 대하듯 다정하게 말해 주길.
2. **자신의 본능을 믿고, 자기 생각을 말해라**
   다른 사람을 불편하게 하는 한이 있더라도 말해야 한다. 불편은 변화로 가는 발걸음이니까.
3. **착한 얼굴을 한 가면 뒤에 숨지 마라**
   당신과 진정한 우정을 나누는 친구들이라면 당신의 진짜 감정에 대처하는 법을 알 거다.
4. **남들에게 어떻게 보일지 너무 신경 쓰지 마라**
   스스로 '나쁜 여자' 페미니스트라고 생각할지 몰라도, 아마 남들이 보기에 당신은 여전히 꽤 착해 보일 테니까.
5. **인내심을 가져라**
   '착한 여자'를 극복하는 건 긴 과정이다.

포옹과 키스를 보낸다!
애슐리 호프 페레스

추신. '착한 여자'인 나는 애벌레였고, 페미니스트인 나는 나비다.
고치를 뚫고 나와 나비가 된 데 한 점의 후회도 없다!

패배에서 오는 승리

웬디 데이비스

전 텍사스주 상원 의원으로 '낙태 금지법' 통과를 막기 위해 열세 시간 동안 필리버스터를 한 것으로 잘 알려져 있다. 1990년 앤 리처즈가 당선된 이래 24년 만의 민주당 소속 텍사스 주지사가 되려고 도전했으나 실패했다. 그렇지만 지금도 데이비스는 전진 중이다.

2014년 11월 5일 아침 (내가 공적으로 가장 큰 '실패'를 겪은 바로 다음 날 아침) 나는 호텔 스위트룸 침대에서 일어나 텍사스 주지사 선거 운동 본부에 마지막으로 출근할 준비를 했다. 지난 1년 동안 지칠 줄도 모르고 일해 온 핵심 팀원 50여 명이 그곳에서 나를 기다리고 있을 것이었다. '뭐라고 말하면 좋을까?' 고민이 됐다. 우리는 진심을 다해 이루고 싶은 목표 아래 모였었다. 텍사스주 의회를 진짜 사람들의 목소리로 채우고 싶었다. 그러나 전날 우리는 패배했다. 모두가 깊은 실망에 잠겨 있을 터였다.

이 호텔 스위트룸에는 전에도 와 본 적이 있다. 2008년, 공화당의 승리가 당연시되었던 텍사스주 상원 의원 선거에서 불리한 확률을 뚫고 당선된 밤이었다. 호텔 텍사스의 그 스위트룸은 1963년 존 F. 케네디 대통령이 암살당하기 전날 밤 묵은, 역사 깊은 방이기도 했다. 그곳에 숙박하는 건 내게 큰 의미가 있었다. 미국 역사의 현장이자, 내가 커다란 정치적 성공을 거둔 장소니까.

상원 의원 선거에서 승리한 다음 날 아침은 얼마나 달랐던지! 2008년의 그날 나는 행복한 아드레날린에 가득 차서 일어났다. 그러나 2014년의 그 아침에는 둔탁한 두통을 느꼈고 심장이 아플 조짐을 느꼈다. 식탁 위에 널린, 거의 손대지 않은 음식을 주워 먹다가 빈 와인 잔을 발견하고 거기에 미지근해진 샴페인을 채워 마셨다. 용기를 내기 위한 한잔이었다. 그리고 청바지를 입고 호텔 로비를 나서, 포트워스 남부에 위치한 선거 운동 본부로 향했다.

크고 어두우며 창문 하나 없는, 나무로 장식된 회의실로 들어가 보니 침울한 분위기였다. 무슨 말을 해야 할지 모른 채로 입을 열었다. 가장 솔직한 말이 튀어나왔다. "나는 지는 게 더럽게 싫어요."

그게 내가 자란 방식이었다. 거친 말을 배웠다는 게 아니라, 경쟁을 배웠다는 거다. 아버지는 모든 종류의 게임을 좋아했다. 아이에게 져 주는 보통 부모들과 달리 아버지는 이기기 위해 게임을 했고, 우리에게도 최선을 다하라고 부추겼다. 내 크로케 공을 탁 쳐 내면서 아버지가 짓던 미소를 평생 잊지 못할 것이다. 내가 처음으로 체스에서 아버지를 이겼을 때 아버지의 얼굴에 떠오른 자랑스러운 표정도.

아버지는 매 승부에서 우리에게 승리와 패배 둘 다에 감사하는 법을 가르치려 했다. 하지만, 당연한 거 아닌가, 이기는 게 더 좋다.

나의 원동력은 아버지에게서 배운 경쟁심이었다. 그게 가난하고 젊은 싱글 맘이던 내가 더 나은 길을 걷게 만든 힘이었다. 어린 딸 앰버와 함께 살았던 트레일러에서 전문대를 거쳐 하버드 로스쿨에 입학하기까지, 아버지가 내 안에 불어넣어 둔 전투심 덕분에 나는 힘든 시간들을 버틸 수 있었다. 언제나 더 잘하고자 하는 욕구, 어떤 도전에 맞닥뜨리든 내 최고의 모습을 끄집어내고자 하는 바람. 그게 없다면 내가 아니다.

삶을 통해 나는 배웠다. 승리의 가치는 명백하다. 그러나 패배에 이르기까지 쏟은 노력에서도 많은 걸 얻을 수 있다. 원하는 결과를 얻지 못할지라도, 자신에게 중요한 무언가를 위해 싸우는 것은 가치 있다.

목사 로버트 슐러는 물었다. "반드시 성공할 한 번의 기회가 있다면 무엇을 하겠는가?" 물론 이 질문의 원래 의도는 꿈을 위해 노력하라는 것이다.

하지만 나는 조금 다른 질문을 던지고 싶다. "이길 가능성이 거의 없는 싸움에 당신을 뛰어들게 만드는 게 무엇인가?" 이 질문에 대답해 보면 당신이 정말로 중요하게 여기는 가치가 무엇인지 알게 된다. 당신의 꿈뿐만 아니라, 당신이라는 사람의 본질을 정의하는 질문이기 때문이다.

살다 보니, 싸울 가치가 있는 싸움이야말로 제일 이기기 어렵다는 걸 깨닫게 된다. 그렇지만 그 싸움에선 지더라도 얻을 게 참으로 많다. 그게 내가 고향 텍사스를 떠나고 싶다는 유혹에 꿋꿋이 저항해 온 까닭일 거다. 이곳에서는 진보적 가치를 추구하는 게 불가능한 목표를 이루려는 것처럼 여겨지곤 하니까. 내가 열세 시간의 필리버스터를 통해 낙태 금지 법안의 통과를 막았음에도 주지사는 다른 회기 때 다시 한번 의원들을 소집해 그 법안을 통과시켰다. 내가 기를 쓰고 통과시킨 동등 임금 법안은 거부권으로 인해 기각되었다. 공립 학교 기금 지원을 확대하고자 하는 싸움에서도 패배했다. 하지만 그 모든 싸움에는, 진실을 말하고 인기 없는 대의를 위해 목소리를 내는 일에는 의미가 있었다.

주지사 선거는 내게 충격적인 패배를 안겨 주었지만 그 과정에서 나는 소중한 선물을 받았다. 미국 각지의 젊은이들이 선거 캠프로 찾아와 주었다. 내 덕분에 정의에 대한 열망을 품고, 무력하고 목소리를 빼앗긴 사람들에게 힘을 줄 수 있었다고 말해 주었다. 가난한 노동자들은 생업에 시달리면서도 밤 시간과 주말을 이용해 선거 운동에 나서 주었다. 우리 텍사스주를 모두에게 목소리와 기회를 제공하는 주로 만들겠다는 의지가 강했기 때문이었다.

변화를 만들어 내고자 3만 4,000명 이상의 사람들이 자진해서 열정을 쏟았다. 우리 선거 운동은 18만 명 이상에게서 후원금을 받는 신기록을 세웠는데, 후원금의 대부분이 몇 달러 정도의 작은 금

액이었다. 허리띠를 졸라맨 가정에서 몇 달러를 기부했다는 건 그들이 진정으로 희생했다는 의미다. 우리는 모두 팀이었다. 더 나은 세상을 만들기 위해 힘을 모아 싸우는 하나의 팀.

1년이 지난 지금, 우리가 어떤 일을 해낸 건지 분명히 알겠다. 우리는 텍사스 지역 시민 운동가의 세대교체에 성공했다. 그들은 쉼 없이 움직이고, 진보를 위해 싸웠다. 그들도 나처럼 지는 걸 '더럽게' 싫어한다. 거기에는 힘이 있다. 나는 크나큰 자부심에 차서 그들의 노력을 지켜본다.

휴스턴의 차별 금지 법안인 일명 HERO(Houston Equal Rights Ordinance, 휴스턴 평등 권리 조례)가 투표에서 통과되지 못한 2015년 11월 3일처럼 전부 그만두고 싶다는 유혹에 스멀스멀 사로잡힐 때면, 승산 없는 싸움에 자신의 모든 걸 쏟아붓고 있는 미국 각지의 사람들을 생각한다. #blacklivesmatter(흑인의 생명은 중요하다) 운동을 이끄는 패트리스 컬러스, 오팔 토메티, 얼리셔 가자, 캠퍼스 내 성폭력 반대라는 강렬한 메시지를 전달하기 위해 1년 동안 기숙사 매트리스를 어깨에 이고 다닌 에마 설코위츠 같은 젊은 여성들을 생각하며 경탄한다.

가까이에서는 텍사스 남부 리오그란데 밸리 출신의 세이디 에르난데스에게 경탄한다. 그녀는 가족 계획 연맹이 암 진단 기금을 삭감한 것에 항의하는 뜻으로 주지사 관저 앞에서 삼 주 동안 시위를 벌였다. 인종 차별에 들고일어나 구체적인 변화를 일으킨 미주리

대학교 학생들에게도 경탄한다.

패배한 다음 날, 선거 운동 팀원들 앞에 선 나는 그런 정신으로 무장하고 있었다. 패배에 대한 애석한 마음을 전한 다음, 팀원들이 얼마나 많은 사람에게 영감을 주고 얼마나 많은 사람의 삶을 바꾸어 놓았는지 말했다. 전 미국 대통령 테디 루스벨트의 말을 빌려 그들을 격려했다. "실패하는 건 힘들지만, 성공하려고 시도조차 하지 않은 것보다 낫다." 나는 팀원들에게 위대하고 어려운 일에 감히 도전했다는 것에 대해 자부심을 갖자고 말했다. 용기를 가지라고, 우리가 이대로 포기하고 시도하는 일을 그만둔다면 정말로 지는 거라고 말했다. 그리고 자신들을 위해, 이 여정에서 만난 모든 사람을 위해, 영영 마주치지 못할 사람들을 위해 계속 싸워 달라고 부탁했다.

오해는 말라. 나는 아직도 지는 게 끔찍이 싫다. 지는 걸 싫어해도 된다. 바로 거기서 대단한 도전에 맞설 원동력이 태어나니까. 하지만 지금껏 패배를 이겨 낼 때마다, 나는 내가 실패에 갇히기에는 너무 강한 사람이라는 걸 알게 되었다. 그러니 당신에게도 조언 한마디 하겠다. 기왕 실패할 거라면, 크게 실패해라! 끝내주게 실패해라! 진짜 중요한 것, 어려운 것을 시도하다가 실패해라.

그리고 그 과정에 처음부터 끝까지 자부심을 가져라. 전투에서 입은 상처 하나하나를, 언젠가 치유되어 당신을 더 강하게 만들어 줄 작은 흠집으로 생각해라. 텍사스에선 이렇게들 말한다. 다시 말 등에 올라, 내일을 향해 달리라고.

모든 게 변했을지도,
아무것도 변하지 않았을지도 몰라

에리카 T. 워스

소설 『미친 말의 여자 친구 *Crazy Horse's Girlfriend*』, 시집 『인디언 열차 *Indian Trains*』 『바다로 가는 천 마리의 말 *A Thousand Horses out to Sea*』 등을 냈다. 현재 웨스턴일리노이대학교에서 문예 창작을 가르치고 있다. 아메리카 원주민인 아파치, 치카소, 체로키 부족의 피를 받았고, 콜로라도주 덴버 교외에서 자랐다.

열여섯 살의 에리카에게

머릿속에서 이 편지를 몇 번이나 고쳐 썼는지 몰라. 잠자리에 누워서 자주 그랬지. 나는 지금 알고 있는 것들을 그때도 알았더라면 다르게 행동했을 텐데, 하고 망상하길 즐기는 사람이잖아.

LOL˙ 요샌 웃음소리를 이렇게 쓴다고 해. 그런데 내 눈에는 LOL이란 단어가 댄스파티의 여왕이 소리를 지르는 것처럼 느껴

˙ LOL Laugh Out Loud(크게 소리 내 웃다.)의 약자로 영어권 인터넷 사용자들이 웃음소리를 표현할 때 사용한다.

져. 나는 1975년에 태어났고, 용이 나오는 책을 읽었고, 책 읽는 모습을 깡패들에게 들키면 얻어맞을까 봐 카운터 옆자리에서 혼자 점심을 먹던 우울한 외톨이였으니까.

1980년대에는 백인, 아메리카 원주민, 라틴계를 막론하고 모든 애들이 파마를 했어. 진짜로 그랬다니까. 타고난 금발이 아니면 반드시 금발로 탈색을 했어. 내 머리칼은 (아기 때는 가느다랬지만) 점점 굵고 뻣뻣해지고 짙어지고 있었어. 엄마와 나는 그런 변화를 어떻게든 막아 보려면 나도 파마를 하는 게 낫겠다 생각했어. 그런데 머리칼이 굵은 내가 파마를 했더니 드라마 「신나는 개구쟁이」에 나오는 흑인 소년 아놀드처럼 거대한 오렌지 모양의 아프로 헤어스타일이 되고 만 거야. 돌이켜 보면 파마를 한다고 해서 용이 나오는 책을 읽는 괴짜에서 벗어날 수 있는 건 아니었어. 나는 여전히 친구 한 명 없는 외톨이였고, 솔직히 말해 겁쟁이였으니까.

엄마는 나를 걱정했지만 나는 괜찮은 어른으로 자랐어. 그런데 말이야, 자꾸 이런 생각을 하게 돼. 시간을 거슬러 내 인생이 어떻게 펼쳐질지 어린 나에게 알려 줄 수 있었더라면 뭔가 달라지지 않았을까. 그때 내가 느꼈던 막막한 외로움이 아주 사라지진 않겠지만 외로움을 견디는 건 한결 쉬워지지 않을까. 그 외로움이 내게 필요하다는 걸, 아니 그 외로움이 나 자체라는 걸 알게 될 테니까 말이야. 나는 용이 나오는 책을 그렇게 좋아했는데도 용이 나오지 않는 책을 쓰게 됐어. (이유는 모르겠어.) 남자 친구는 영영 사귀지 않을 거야. (남자 친구를 사귀는 게 그때나 지금이나 정상으로 여겨지지만.) 그 덕분에 내 바로 곁에 있는 사람을 힘들게 미워할 일은 없었어. 어떻게든 시간을 거슬러 갈 수 있다면, 과거의 나에게 작가가 되는 건 정말 괜찮은 일이라고 말해 주고 싶어. 남들이 뭐라 말하든 신경 쓰지 말라고. '범생이' 아메리카 원주민이었던 내가 작가가 되었을 뿐 아니라, 문예 창작을 가르치는 교수가 되었고, 그 덕분에 글 쓸 시간이 아주 많아졌거든. 학자금 대출을 어마어마하게 받아야 했지만 그 시간을 얻게 된 건 정말 행운이야. 우리 부모님이 틀렸어. 나는 어떤 의미에서도 '글은 부업으로' 쓰지 않았어.

문제는 가끔 이런 생각도 든다는 거야. 과거의 나에게 찾아가 다른 미래를 말해 주면 어떨까? 처음 만난 사람들이 내 새카만 머리칼을 구경거리 취급하는 중서부의 작은 마을이 아니라 도시에서 살게 될 거라고. 나처럼 아메리카 원주민이면서 책을 좋아하는 남자 친구를 사귀고, 우리와 닮은 아기를 낳을 거라고. 첫 책은 서른아홉 살이 아니라 서른 살에 나오고, 남편과 사랑스러운 아이들과 함께 이를테면 앨버커키 같은 도시에서 기적 같은 삶을 살게 될 거라고. 하지만 그건 거짓말이지. 재미없고 이기적인 거짓말이야. 지금의 나는 이미 많은 걸, 아니 모든 걸 가지고 있으니까.

정말이야. 어렸을 때 나는 작가가 되고 싶은 마음이 간절했어. (열두 살 때 불면증으로 새벽 두 시까지 잠을 못 이루고 용이 나오는 책 뒤표지에 실린 작가 사진을 보다가 갖게 된 마음이긴 하지만.) 그런데 솔직히 말하자면 용기가 없어서 꿈을 이루지 못할 거라고 생각했어. 엄마 친구들에게서 내가 아이들을 잘 돌보니까 초등학교 선생님이 되는 게 좋겠다는 말을 듣고 대들었지만 (아마 그건 내가 여자, 그것도 아메리카 원주민 여자라서 한 말일 거야), 그러면서도 나 역시 마음속으로는 작가가 되지 못할 거라고 생각하고 있었어. (정말 터놓고 말하자면) 지금도 나는 이따금 스스로에게 물어. 작가가 되지 않았다면, 적어도 남들에게 구경거리로 취급당하지 않는 도시로 이사할 수 있지 않았을까? 아, 그 꿈이 이루어졌다면 참 좋았을 텐데. 왜냐면 작가가 된 나는 저속하고, 어둡고, 음침하다는 말을 듣거든. 책에 대한 비평에서 그런 말을 하는 사람도 있고 면전에서 대놓고 말하는 사람도 있어. 언론이며 출판사며 그런 말로 잘도 내 기를 꺾어 놓지.

예전에 윌리엄 S. 버로스가 판타지 소설에서 타자기를 바퀴벌레와 똥구멍의 교배종으로 표현한 걸 읽고 웃음을 터뜨린 적이 있어. 솔직히 상상해 보면 우습잖아. 그리고 배부른 소리라는 생각도 들었고. 작가를 꿈꾸던 내게는 타자기가 그보다 훨씬 대단하게 여겨졌거든. 버로스에게 묻고 싶었지. 진짜 그렇게 생각하세요? 작가라는 세계 최고의 직업을 가졌는데 정말 그렇게 말씀하실 거예요? 당신은 다른 직업을 선택할 수도 있었잖아요. 하지만 이제 나는 깨달았어. 버로스는 다른 직업을 가질 수 없었을 거야. (작가는 선택으로 갖게 되는 직업이 아니거든.) 게다가 작가는 결코 낭만적인 직업이 아니야. 지난 10년 내내 나는 작품이 어둡고 저속하다는 말을 들어 왔어. 낯선 이들이 자꾸 내 머리카락을 만지는 동네에서 10년을 살았지. 글쓰기에 모든 걸 바쳤어. 내가 뭘 하고 있는지도 잘 모르고 글쓰기를 선택한 거야. 사실은 이 모든 게 내 선택이 아니었지.

사람들이 내 작품이나 나를 두고 뭐라 왈가왈부하든 바뀌지 않는 사실이 하나 있어. 그들이 나를 작가라고 **불러야 한다**는 거야. 열여섯 살의 나에게 그 사실을 알려 주었다면 어떻게 되었을까? 내 안이 이루 말할 수 없는 아름다움으로 가득 차서, 모든 게 변했을지도 몰라. 아니면 아무것도 변하지 않았을지도 모르고. 혹은 내가 아니라 세상이 완전히 달라졌을지도 모르지.

(이 글은 2015년 2월 '십 대의 나에게'(dearteenme.com)에 실렸다.)

페미니즘
FAQ

Q 성차별이 성에 대한 편견을 품고 다른 사람을 대하는 것이라면, 여자도 남자를 성차별할 수 있나?

성차별은 젠더를 이유로 누군가를 차별하는 것이다. 성차별 여부를 따지는 건 그리 간단하지는 않다. 이 사회는 남성에게 우호적이다. 설사 남성이 성차별을 받는다 해도 여성이나 젠더에 순응하지 않는 사람들이 받는 것처럼 큰 피해는 아닐 것이다. 성차별은 사회적 특권을 누리지 못하는 사람들에게 심한 해를 입힌다. 그런 점에서 권력 불균형은 중요한 문제다. 페미니스트들은 여자가 남자를 성차별할 수 없다고 생각한다. 우리 사회에서 남성이라 차별당하고 편견에 시달리는 일은 없기 때문이다. 하지만 한편으로 여성도 젠더에 순응하지 않는 개인이나 트랜스젠더를 성차별할 수 있다. (트랜스젠더 혐오자들이 트랜스젠더에게 편견을 가지고 심하게 해를 끼치는 것처럼.)

Q 타인의 젠더를 대놓고 얘기하는 건 성차별이 아닌가?

이상하게 들리지만 자주 받는 질문이다. 젠더를 얘기하는 건 성차별이 아니다. 교차성 페미니즘에서는 젠더가 어떻게 사회적 기준과 충돌하고, 그것이 개인에게 어떤 영향을 미치는지 이해하고자 한다. 젠더는 끊임없이 변하는 것일지라도 개인의 정체성을 구성하기 때문에 그에 대해 이야기하는 건 중요하다.

종이에 베인
천 개의 생채기

시베타 사크라르

남아시아풍 판타지 소설을 쓰는 작가이자 사회 운동가. 때때로 인도 신화에 나오는 뱀의 정령인 나기니로 활동한다. 거미줄과 그림자, 마법과 약탈자들, 무지갯빛 불꽃, 춤을 추는 용기 있는 소녀들에 대해 자주 공상한다. (shvetathakrar.com/ 트위터 @ShvetaThakrar).

옛날 옛적에, 자신의 목소리를 잊은 소녀가 살았다.

자기 몸이 너무나 비좁게, 간지럽고 낯설게 느껴지는 기분을 아는가? '불안'이라는 이름의 괴물이 마음속에 둥지를 틀어서 도무지 긴장을 늦출 수 없는 기분. 심장이 뛸 때마다 '불안'이 마치 마음의 주인인 양 당신을 휘두르는 것이다. 당신은 핏빛 심장을 날것 그대로 으깨 글자와 단어와 문단으로 만들어 종이 위에 쏟아 내는데도, 남들의 눈에는 그 글이 부족하다고 여겨질 때, 종이 위로 뚝뚝 떨어지는 핏방울로도 부족할 때의 기분을 아는가? 뭘 어떻게 더 하라는 걸까? 사실 내 글 따위는 아무 가치 없는 게 아닐까?

여자는 눈에 보이되 귀에 들리지는 않아야 한다고들 이야기한다.

나는 그 고통이 무엇인지 안다. 당신을 부정하고 고치려 하고 바꾸려 드는 모든 시도는 종이에 베인 천 개의 생채기처럼 남는다. 지금도 내 살갗에는 내게만 보이는 상처들이 새겨져 있다.

말조차 마음껏 할 수 없는 사람이, 어떻게 작가가 되겠는가?

옛날 옛적에, 셀 수 없이 베인 탓에 피투성이가 된 소녀가 있었다.

열셋, 열넷, 열다섯 살 즈음 나는 세포 하나하나가 느껴질 만큼 생생한 백일몽을 꾸곤 했다. 짝사랑하는 상대들이 나를 좋아해 줄 거야. 학교 친구과 잘 어울리게 될 거야. 작가가 될 수 있을 거야. 당시의 나는 심지어 『잊힌 왕국』이란 소설을 써서 출판사에 보내고 계약서를 기다리기까지 했다.

그러나 꿈은 하나도 이루어지지 않았다. 단 하나도. 배 속에서 나비들이 뛰노는 것처럼 나를 설레게 만들었던 남자아이들은 대놓고 나더러 멍청하고 못생겼다고 말했고, 내 갈색 피부를 조롱했다. 그렇게 생채기 하나. 내가 어울리고 싶었던 친구들은 내 머리에 물건을 던졌다. 내 상상과 달리 나는 파티에 절대 초대되지 않았다. 생채기 또 하나. 출판사에서는 적어도 개인적인 거절 편지를 보내는 성의는 보였다. 하지만 그 역시 하나의 생채기가 되었다.

그럼에도 나는 계속 바랐다. 단, 내가 바라는 대로 이루어질 거라는 믿음은 버렸다.

자꾸 살갗이 찢기고 피를 쏟다 보면 몸이 움츠러든다. 자신의 모습이 최대한 세상에 드러나지 않도록 몸을 공처럼 둥글게 말게 된다.

우리가 사는 세상은 소녀들에게 가르친다. '너희는 원하는 걸 이룰 수 없어.' 소녀들은 외부의 누군가가 강요하는 역할로 스스로를 한정해야 한다. 예의 바르고 순종적이며 고분고분해야 한다. 얼마나 여성스러운지로 평가받고 그 여성성(혹은 여성성의 부족)으로 인해 조롱당한다. 여자들의 생각과 통찰은 폄하되거나 남자의 공으로 돌려진다. 올바른 겉모습을 지녔는가?(날씬하고, 관습적인 의미에서 예쁘고, 피부가 하얀가?) 올바른 말을 하는가?(말투가 부드러운가?) 살아서 존재하는 것 자체를 죄스럽게 여기고, 남이 뭐라 하면 찍 소리도 못하는가?(자신의 존재감으로 타인을 불편하게 하는 건 까다로운 사람들뿐이니까?) 여자들이 걸어야 할 길이라고 말하는 길을 따르는 편이 훨씬 쉽다.

오랫동안 나도 그 길을 따라갔다. 몸을 웅크렸다. 내가 예술가이자 세상에 대해 할 말이 많은 철학자라는 마음의 소리를 무시했다. 내게는 하고 싶은 이야기가 있었고 영원히 시들지 않을 것 같은 상상력도 있었지만 남들의 기분에 맞추느라 그것들을 묵살했다. 내 꿈 이야기를 듣고 싶어 하는 사람이 없다는 걸 알았으니까.

그렇게 나는 속에서부터 시들고 문드러졌다. 그러는 동안 내 안에서는 이야기들이 몸을 뚫고 나오려고 안간힘을 쓰고 있었다.

야망을 가지는 건 어렵다. 세상은 여자들에게 기댈 사람을 찾으라고 말한다. 여자들이 너무 무르고 예민하다고 말한다. 감정을 드러내면 가부장제 사회에서 벌을 받는 게 당연하다고 말한다. '세게' 행동하면 남자 기를 죽이는 못된 년 취급을 당한다. 세상은 계속해서 알려 준다. 우리의 역할은 기껏해야 남자들에게 웃어 주고 샌드위치를 만들어 주는 일이라는 걸.

하지만 큰 소리로 자기 생각을 말하는 여자들 덕분에, 자기 길을 개척해 나가는 여자들 덕분에 상황은 서서히 변하고 있다.

감히 무언가를 원하고 그것을 얻고자 노력하는 것이 바로 페미니즘적인 행동이다. 다른 사람들의 말보다 자신의 직감을 믿고, 자신이 원하는 길을 가면서 만일 실수를 하더라도 스스로 책임지겠다는 뜻이다. 여자가 야망을 품고 무언가를 하고자 마음먹으면, 그 결심만으로도 세상에는 작은 변화가 일어난다.

그게 곧 우리 뒤에 오는 다른 여자들에게 문을 열어 주는 일이다. 때로는 문을 여느라 벽 전체를 부숴야 할 때도 있지만.

(원래 품행이 방정한 여자들이 역사를 만드는 경우는 드문 법이다.)

옛날 옛적에, 마법의 바다를 헤엄쳐 건너면서 그 마법의 바닷물을 세상에 전하고자 한 소녀가 있었다.

이십 대 초반의 어느 날 나는 책꽂이를 보다가 문득 깨달았다. 나는 언제나 남아시아의 신화적 존재들과 나와 비슷한 이름을 지닌 갈색 피부의 인물들이 나오는 판타지 소설을 읽고 싶었는데, 아무도 그런 소설을 쓰지 않았다. 누군가 변화를 일으킬 필요가 있었다.

어쩌면, 하는 생각이 들었다. 심장이 의심으로 쪼그라들었다가 꿈에 부풀기를 반복했다. 두근거렸다. 어쩌면 내가 그 **누군가**가 될 수 있을지도 몰라.

여전히 의심하면서 여전히 꿈꾸면서 나는 십 대에 첫 소설을 썼다. 그리고 내 소설을 깎아내리는 말들을 숱하게 들었다. "틈새시장을 노리는구나." "갈색 피부 사람들은 잘 팔리지 않아." "너희 나라 음식이랑 요가랑 발리우드 영화를 받아들였다고 해서, 너희에 대한 책에 관심이 있을 것 같니?"

나는 감히 야망을 품었기에 여러 사람에게서 바보로 불렸다. 내가 하는 일이, 내 글과 말이 중요하지 않다는 얘기도 자주 들었다. 종이 위에 쏟아 낸 나의 조각들, 내 욕망과 소원, 인도계 미국인 소녀로서 겪은 경험들이 그들에겐 '공감할 수 없는 것'이었다.

더 솔직하게는 이런 말이었을 것이다. "여기는 우리 놀이터야. 갈색 피부를 지닌 너는 여기 어울리지 않아."

나는 여성과 남성이 (그리고 둘 중 하나로 젠더를 정하지 않은 사람들도) 모두 평등하다고 믿는 페미니스트였다. 하지만 어느 시점에 여성 혐오(우리 문화에서 여성들을 남성보다 못한 존재로 보고, 여성을 혐오하고 수치스럽게 여기도록 가르치는 방식)가 문제의 전부는 아니라는 걸 깨달았다. 사람들을 소외시키거나 배제시키는 기준에는 성별 말고도 여러 가지가 있었다. 백인이 아니라면, 이성애자가 아니라면, 기독교도가 아니라면, 비장애인이 아니라면. 중산층 이상이 아니라면, 시스젠더가 아니라면, 날씬하지 않다면 중요한 사람이 될 수 없다는 메시지가 난무했다.

하지만 여기 해당되는 사람들이 얼마나 많은데? 나도 그중 하나 잖아?

그때 나는 스스로를 믿을 방법을 몰랐고, 내 꿈을 실현시킬 방법도 몰랐다. 하지만 세상이 어떤 단일 집단에 의해 돌아가는 게 아니라는 사실만은 알고 있었다. 그게 내가 다양한 차원에서 억압이 이루어진다는 개념인 교차성을 이해한 순간이자 모든 여성이, 모든 사람이 중요하다는 생각을 받아들이는 3세대 페미니즘을 발견한 순간이었다.

우리의 목소리는 중요하다. 한 사람도 빼놓지 않고 중요하다. 우리의 이야기는 들려야 한다. 그래서 나는 계속 글을 썼다.

내 생각과 꿈이 현실이 되는 걸 보고 싶었다. 나뿐 아니라 모두의 생각과 꿈이 현실이 되는 걸 보고 싶었다. 모두의 예술과 그들이 꿈꾸는 미래를 보고 싶었다. 어떤 배경을 지니고 어떤 경험을 했든, 당신이 꿈꾸는 미래는 중요하다. 나는 여전히 남들의 이야기를 듣고 싶다.

나는 계속 글을 썼다. 마침내 소설을 출판하기로 계약했고, 이제 나는 놀이터가 우리 모두의 것이라고 말하고 싶다.

옛날 옛적에, 자신이 괴물의 모습을 갖고 있다고 생각한 소녀가 살았다. 소녀는 그 사실을 뿌듯하게 여겼다.

불행히도 다른 사람들은 동의하지 않았다. 너는 못생겼어. 너는 멍청해. 너는 피부가 너무 갈색이야. 너는 피부가 더 갈색이어야 해. 너는 너무 시끄럽고 자기주장이 강해. 너는 너무 물러 터졌어. 해야 할 말도 제대로 다 못 해. 너는 쓸데없는 것들만 좋아하더라 (독서, 공상, 글쓰기, 판타지, 민담). 그런 말들을 듣다가 나는 그림 그리기를 그만뒀고 글쓰기를 그만뒀고 더는 말조차 하지 않았다.

하지만 중요한 건, 남들의 의견이 진실이 아니라는 거다. 세상 사람들은 우리를 상자에 넣고 이름표를 붙이고 싶어 한다. 하지만 그 상자들은 싹 다 거짓말이다. 상자는 우리를 납작하게 눌러 가두고 우리의 한계를 정한다.

페미니즘은 사람이 아니라 상자를 납작하게 만들어 재활용품 수거장에 내던져 버린다. 베스트셀러 표지에 미소 짓는 흑인 소녀가 실리면 안 된다고 누가 그래? 남아시아 출신 소녀가 미국 20달러 지폐에 실릴 수 없다고 누가 그래? 금발의 백인 소녀가 제트기를 몰 수 없다고 누가 그래? 퀴어 소녀가 에너지 자급 기술을 발명할 수 없다고 누가 그래? 어떤 이름표를 받아들일지, 받아들이지 않을지 결정권을 가진 건 우리 자신뿐이다.

나를 덮고 있던 자기혐오란 껍데기를 벗어던지고 거울을 똑바로 마주 보기까지 여러 해가 걸렸다. 내 갈색 피부를, 세상을 보는 나만의 독특한 방식을 받아들이고 마침내는 그것을 사랑하게 되었다. 오랜 시간이 필요했지만 결국 나는 해냈다. 내가 지닌 힘이 내 사고방식과 믿음, 감정과 인생관에서 비롯된다는 사실을 마침내 깨달았기 때문이다.

내가 세상에 이름을 알린 것도 그 덕분이었고.

자신을 나누는 것, 자신의 생각과 포부를 공유하는 것은 페미니즘적 행동이다. 세상은 우리가 하찮은 사람이며 무얼 하든 길게 보면 소용없다는 메시지를 자꾸 보낸다. 그 메시지는 때로는 미묘하게, 때로는 청옥색 네온사인처럼 분명하게 다가온다. 유색 인종이거나 퀴어거나 장애가 있거나 그 밖에 어떤 이유로든 사회에서 중요하지 않다고 낙인찍힌 여자들에게는 그 메시지가 세 배로 강하게 전달된다.

하지만 그런 말들은 들을 필요 없다. 직접 목표를 세우고, 자신의 가치를 믿자. 상자 밖으로 뛰쳐나가 자신의 이야기를 쓰자.

페미니즘의 본질은 각자 자신의 목소리를 찾고, 남들도 그러도록 돕는 것이다. 세상이 괴물 같다고 말하는 당신의 모습, 오로지 당신만이 가진 힘과 아름다움과 열정과 이야기로 빛을 발하는 그 모습을 끌어안는 것이다.

하나의 불길이 헤아릴 수 없이 많은 촛불에 불을 붙이는 법이니까.

옛날 옛적에, 날개를 펼치고 뱀의 꼬리를 드러낸 소녀가 살았다.

세상이 소녀들에게 친절하지 않다는 얘기는 굳이 하지 않겠다. 이미 매일 느끼고 있을 테니까. 당신을 가로막으면서 중요하지 않은 사람으로 남으라고 요구하는 사람들이 있을 것이다. 그들의 말이 맞는 것 같아서, 한발 물러서야 할지 고민하고 있는지도 모르겠다.

그들의 말은 틀렸다. 세상에는 당신만의 자리가 있다. 세상에 당신의 자리가 있다는 건, 당신이 중요하다는 뜻이다. 당신이 중요하다면, 다른 사람들도 누구나 똑같이 중요하다. 당신과 아무리 다른 경험을 지녔다 해도, 당신이 싫어하는 사람들이라고 할지라도. 페미니즘은 지상에서의 삶이라는 식탁에 모두가 앉을 자리를 만든다.

페미니스트는 다른 사람과 자신을 연민한다. 자신의 몸을 진짜로 소유한다. 우리가 원하고, 믿는 것을 추구한다. 세상에는 우리의 목소리와 꿈이 필요하니까.

씩씩하게 뛰는 당신의 심장, 그것을 예술이나 스포츠, 과학, 운동, 뿌리 찾기, 무엇에 사용해도 좋다. 우리에게 필요한 건 그 심장이 신나게 뛰는 소리 하나뿐이다. 당신의 심장이 뛰는 소리가 들린다. 당신이 내뿜는 엄청난 힘을 느낀다. 경이감에 입안이 바싹 마를 지경이다. 당신이 우리 문화를 어떻게 빚어 나갈지 궁금하다.

빨리 보고 싶다.

옛날 옛적에, 목소리를 되찾은 소녀가 살았다.

그녀는 마음속에 머물던 못마땅한 세입자 '불안'을 쫓아내고 그 자리에 '공감'을 들였다. 그녀는 자신의 세계관이 얼마나 가치 있는지 알게 되었다. 그러자 입을 열 시간이 되었다.

그녀는 말하고 말하고 말했다. 여성 혐오와 인종 차별에 대해, 판타지를 사랑하지만 판타지 속에서 자신과 닮은 이는 한 사람도 찾을 수 없는 갈색 피부의 소녀로 사는 것에 대해, 마법과 연민과 글쓰기에 대해 말했다. 놀랍게도 사람들은 귀를 기울였다. 그녀의 이야기를 읽고 말했다. "그런 생각은 한 번도 못 했어! 우리가 어떻게 하면 나아질지 얘기해 줄래?"

소녀에겐 물론 할 말이 아주 많았다. '이게 나 한 사람이 입을 열었을 때 벌어지는 일이라면, 이 세상의 모든 소녀가 서슴없이 피어나 자기 자신의 봉우리를 틔웠을 때는 또 어떤 일이 벌어질까? 소녀들이 거리낌 없이 원하는 걸 하고, 그럼으로써 다른 소녀들에게도 손을 내민다면?'

소녀는 그러면 어떤 일이 벌어지는지 알아보기로 결심했다.

친애하는 소녀들이여, 나는 지금 당신에게 손을 내밀고 있다. 내게로 달려올 준비가 되었는가?

줄어드는 여자들

릴리 마이어스

워싱턴주 시애틀에 산다. 작가 겸 음악가로 블로그 '우리가 만드는 형태들(shapeswemake.com)'에서 페미니즘과 자기 자신을 사랑하는 법, 신체 긍정성에 대해 이야기한다. 가족과 신체 이미지를 다룬 성장 소설 『불가능한 빛*This Impossible Light*』을 썼다. 트위터 @lmyerspoetry에서 그녀를 만날 수 있다.

부엌 식탁 맞은편, 어머니가 계량컵에 와인을 담아 마시며 미소 짓고 있어
어머니는 굶는 건 아니라고 말하지만
나는 알아. 의미를 읽는 법을 배웠거든
포크의 움직임 하나만 봐도
접시에 남긴 음식을 내게 권할 때 눈썹에 잡히는 주름에서도
어머니는 내가 권할 때만 저녁을 드셔
저녁을 권하는 내가 없을 때는 어찌하고 계실까?

그게 내가 올 때마다 집이 더 커져 있는 이유일지도 모르겠어,
크기란 상대적인 거니까

어머니가 줄어들수록 어머니를 둘러싼 공간은 점점 광활해져

아버지가 차오를수록 어머니는 쪼그라들어. 아버지의 배는 와
인과 늦은 밤과 굴과 시로 둥글게 부풀어 있어. 아버지의 새 여자
친구는 십 대 땐 비만이었지만 지금은 "과일에 미쳐 있다"던데

아버지의 부모님도 똑같았어

할머니가 연약해지고 뾰족해지는 동안 할아버지의 붉은 뺨은
둥글게 부풀었고 배는 살쪘지

내 핏줄은 줄어드는 여자들의 핏줄인가

남자들이 들어올 수 있도록 자신을 줄이고

그들이 떠난 후에도 다시 채우는 방법을 모르지

나는 순응하는 법을 배웠어

남동생은 말하기 전에 생각하는 법이 없지만

나는 말을 거르는 법을 배웠어

"음식과의 '관계'라니 무슨 헛소리야?" 남동생은 탄수화물이
적은 검은 콩 수프를 먹는 나를 비웃지.

나는 말하고 싶어. 우리는 다른 곳에서 왔어, 조나스

너는 밖으로 자라는 법을 배웠고

나는 안으로 자라는 법을 배웠지

아버지에게서 너는 발산하는 법, 생산하는 법, 자신감 있게 혀를 굴려 생각들을 내뱉는 법을 배웠어. 소리를 하도 질러서 보름에 한 번 꼴로 목소리가 안 나왔잖니

하지만 나는 흡수하는 법을 배웠어

어머니에게서 내 주위에 공간을 만드는 법을 배웠어

남자들이 굴을 먹으러 나가면 어머니의 이마에 잡히는 매듭을 읽는 법을 배웠어

어머니를 닮고 싶다는 생각은 손톱만큼도 없었지만

누군가의 맞은편에 충분히 오래 앉아 있으면 습관을 닮고 말더라

그게 우리 집안 여자들이 수십 년 동안 줄어들고 있는 이유야

우리는 서로에게서 배웠지, 한 세대에서 다음 세대로 뜨개질 비법을 전수하듯

실과 실 사이 침묵을 자으면서

점점 커지는 이 집 안을 걸을 때면 아직도 느껴져

피부가 따끔거리지

어머니가 침실에서 부엌으로, 다시 침실로 수없이 오가며 구겨진 종잇조각처럼 자기도 모르게 떨어뜨린 습관을 내가 주워 들어

어머니가 허락되지 않은 칼로리를 훔치는 도망자처럼 어둠 속에서 계단을 몰래 내려가 플레인 요거트를 먹는 소리를 들어

몇 술을 먹어야 너무 많지 않은지
내겐 얼마만큼의 공간이 허용되는지 고민하는 밤

그 싸움을 지켜보며 나는 어머니를 따라 하거나 미워하지
둘 다 이제 그만두고 싶어
하지만 이 집의 무게는 나라 반대편까지 나를 쫓아왔어
오늘 유전학 수업에서 "죄송한데"로 시작하는 질문을 다섯 개
나 던졌거든
내가 사회학 전공에 필요한 요건을 모르는 건, 설명 내내 피자를
한 조각 더 먹어도 될지 고민하고 있었기 때문이야.
결코 원한 적 없는 강박의 순환
뜻하지 않은 대물림이 이루어지고
지금도 부엌 식탁 맞은편에서 와인에 물든 입술로 나를 바라보
고 있지.

7부

당신의 길을 가라

H E R E   W E   A R E

페미니즘을 향한 여정에서 어떤 사람은 착실히 지도를 보며 걷겠지만,

어떤 사람은 길을 돌고 돌아 헤매다가 파티에 이르는 길을 찾아낼 거예요.

지금껏 살펴보았듯 페미니즘은 하나의 단일한 개념이 아니거든요.

페미니즘에는 여러 수단과 방법이 있고 각기 다른 통찰과 깨달음이 있습니다.

페미니즘은 여러 생각과 믿음, 생활 방식과 열정의 집합체입니다.

그 다양성이 페미니즘을 위대하게 만들죠.

마지막 7부에서는 사람들이 어떻게 페미니즘을 자기 인생의 주요한 부분으로 받아들이고

사는지 소개하려 합니다. 여러 인생 이야기에 귀를 기울여 보세요.

응급 구조사 겸 사회 운동가로 일하던 사람이 페미니즘 예술에 발 담그게 된 이야기.

여자가 쓴 책은 읽을 가치가 없다는 말을 듣고 오로지 여성 작가 작품으로만 이루어진

독서 커리큘럼을 만든 작가의 이야기.

자신이 어떤 사람이고,

어떤 사람이 아닌지 알아 가는 이야기.

이제 발걸음을 떼 볼까요. 페미니즘을 향한 당신만의 길을 찾아 나설 시간입니다.

기억하세요. 파티도 중요하지만 당신이 파티에서 남들과 주고받을 영감 또한 중요하다는 걸.

많은 이야기, 많은 길

다니엘 호세 올데르

소설 『그림자를 빚는 자*Shadowshaper*』의 저자. 이 책은 『뉴욕 타임스』가 선정한
2015년의 주목할 책이자, 커커스 청소년 문학상과 안드레 노튼 상 후보였으며 『에
스콰이어』의 '모든 사람이 읽어야 할 책 80선'에 뽑혔다. danieljoseolder.net에서
글쓰기에 대한 그의 생각을 엿보고, 뉴욕에서 응급 구조사로 일했던 10년 동안의
생생한 기록을 읽고, 그의 음악을 들을 수 있다. 트위터 계정은 @djolder이다.

방랑자여, 그대 발걸음이 곧 길일지니
그뿐이라네 방랑자여,
길 같은 건 없다네, 길은 걸으면서 생겨난다네
— 안토니오 마차도

한번은 이런 꿈을 꾸었다. 내가 아는 모든 사람과 함께 넓고 탁
트인 방에 있었다. 개조한 헛간 같은 건물이었는데, 커다란 창문을
통해 햇빛이 쏟아져 들어왔다. 우리는 춤을 추었다. 반쯤은 정해진
안무를 따르고 반쯤은 마음대로 움직이면서 사는 동안 겪은 모든

사랑과 슬픔을 거칠고도 자유롭게 표현했다. 다른 사람과 완벽히 박자를 맞춰 춤추는 사람도 있었고 모두가 스텝을 익힐 때까지 천천히 춤을 추다가 다시 신명나게 속도를 올리는 사람도 있었다. 그런가 하면 홀로 춤추는 사람도 있었다.

페미니즘은 그 방과 비슷하다. 그곳에 도착하기까지 사람들은 저마다의 여정을 겪었다. 누가 파티에 나타나는지, 누가 떠나지 않고 남아 있는지에는 의미가 있다. 어떻게 문을 찾고 그 안으로 걸어 들어왔는지에도 의미가 있다.

다른 여러 사회 운동과 마찬가지로 페미니즘도 폐쇄성과 선 긋기가 문제다. 특히 인종 차별, 동성애 혐오, 계급주의, 트랜스젠더 혐오 같은 억압들이 페미니즘 파티장의 입구를 지나치게 열정적으로 막아서고 있다. 그 바람에 많은 댄서가 아름다운 방에 들어가지 못한다. 방문을 막아선 이들은 언제 새 스텝을 밟고 언제 다음 춤으로 넘어갈지 골몰하느라, 우리 자신을 비롯한 모두의 여정이 얼마나 중요한 것인지 자꾸 잊어버린다.

2005년 1월이었다. 스물다섯 살의 라틴계 청년이었던 나는 스페인 바르셀로나의 자갈 깔린 골목길을 배회하며 내가 어디서 왔는지, 어디로 가고 있는지 고민하고 있었다. 고등학생 때만 해도 나는 스스로를 페미니스트라고 부르지 않았다. 하지만 이후 여성들의 말에 귀 기울이는 법을 배우면서 남성으로 사는 것에는 기사도 정신이나 마초다움과는 관련 없는 어떤 책임감이 따른다는 걸 알게 되었다. 이 불공평한 세상을 갈기갈기 찢어 버리고 내가 사랑하는 사람들을 위해 정의로운 세상을 만들고 싶다고 생각하게 되었다. 나는 대학 때부터 인종 차별 반대 운동을 해 왔다. 지난 몇 년 동안은 뉴욕 길거리에서 응급 구조사로 일하면서 내 형제자매들의 부서진 몸을 지역 병원으로 옮겼다. 때로는 그들의 몸에 시트를 덮고, 서류의 '도착 시 사망' 란에 체크했다. 폭력을 당한 여성을 돕는 건 일상이었다. 가정 폭력은 어찌나 흔하던지 심장 마비, 총격, 약물 남용 같은 사건들에 비하면 일상적인 배경이나 다름없었다. 처음에는 한 발짝 물러서 있으려 했다. 하지만 그러지 못했다. 야간 근무 때 남성이 여성을 학대하는 사건을 목격하는 게 이토록 흔하다니. 우리가 사는 세상은 대체 어떤 곳일까? 브루클린의 밤에 극명히 드러난 힘과 폭력의 패턴을 바깥세상에서는 모를 것이다. 같은 환자를 몇 번이나 병원에 싣고 가는 일이 흔하다는 걸 결코 모를 것이다.

우리 남성들은 천천히 펼쳐지는 재앙 앞에서 침묵을 지킨다. 특권을 유지하기 위해서다. 말하지 않으면 사라질 거라고, 모든 것이 멀쩡히 돌아가는 척할 수 있을 거라고 생각한다. 하지만 침묵은 비극을 부르고 우리가 더욱 빠져나가기 힘들게 옭아맨다. 시인 오드리 로드가 말했듯 침묵은 우리를 지켜 주지 않는다. 우리 자신도 다른 사람도 보호해 주지 않는다. 안전하다는 위험한 착각을 일으킬 뿐이다. 그렇게 악순환은 조금도 수그러들지 않고 계속된다.

어떻게 말해야 할까? 저항한다는 게 무슨 뜻일까? 내 머릿속은 이

두 질문으로 가득했다. 대학 시절에는 답이 간단했다. 문제를 확인하고, 그것이 어떤 사회적 기준에서 비롯되었는지 밝혀냈다. 행사나 건물을 장악하고, 대화를 시작했다. 그러나 대학 바깥에서의 저항은 한결 복잡했다. 비영리 단체와 기금들이 한데 얽혀 있는 데다 정치와 역사의 깊은 미로가 영감과 자발성을 억누르는 느낌이었다.

내 머릿속에는 지도 비슷한 것이 있었고 힘과 특권을 이해할 언어도 자라나고 있었다. 하지만 그것으로 무얼 해야 할지, 내가 이 복잡한 교차로의 어느 위치에 있는지는 전혀 알 수 없었다. 우리가 사용하는 언어는 지극히 개인적이라, 문제 많은 세상을 이해하기에는 부족하다. (그렇기 때문에 우리가 겪은 경험들과 남들의 지혜를 꿰어 맞춰 공통의 언어를 만들어야 한다.) 개인의 언어는 밀물과 썰물처럼 움직이며 계속 진화하기 마련이지만, 당시 내 언어는 횡설수설에 지나지 않았다.

그때 내가 더 잘 이해한 건 언어보다 예술이었다. 정확히 말해, 이야기의 예술. 나는 상상력을 이용할 줄 알았다. 좌절된 로맨스의 아픔을 흥미로운 서사로 바꾸었고, 몇 주에 걸쳐 낡은 스프링 노트에 유쾌한 인형극을 구상하기도 했다. 독재 시대 스페인의 이루어질 수 없는 로맨스, 망명, 음악, 역사의 흐름 등을 주제로 삼았다. 그때 나는 이미 알고 있었던 거다. 직접 경험한 진실의 잿더미에서 소설적 진실을 만들어 내는 것이 다시 삶으로 돌아가는 나만의 방식이란 걸.

그래서 나는 바르셀로나에 왔다. 고민에 잠겨 자갈 깔린 골목길을 배회하던 스물다섯 살의 라틴계 청년은 어느새 바다에 다다라 있었다. 나는 대서양을 탐욕스럽게 바라보는 콜럼버스 동상의 실루엣을 올려다보았다. 역사의 끔찍한 흐름을, 세상을 서서히 지금의 모습으로 만든 모든 비극을, 정치인들이 행한 폭력과 자원 전쟁을, 내 가계도 안에서 그려진 전선(戰線)들을, 그 자체로 표적처럼 여겨지는 유색 인종이란 정체성을 생각했다. 복잡성에 대해, 급변하는 세상을 지켜만 보고 있는 나의 역할에 대해 생각했다. 내가 사랑했고 잃은 여자와 나를 사랑했고 잃은 여자를, 여전히 언어로는 그 고통을 표현할 수 없다는 사실을 생각했다. 그 모든 생각이 한순간, 아주 갑작스럽게, 반대 방향으로 치는 파도처럼 맞부딪쳤다. 누군가에게는 파괴를 의미하지만 다른 누군가에게는 자부심을 의미하는 탐험가의 동상 아래에서 역사적 슬픔과 개인적 슬픔이, 거대한 슬픔과 아주 사소한 슬픔이 전부 하나가 되었다. 끔찍한 일처럼 들리겠지만 그렇지 않았다. 그 순간 나는 평화를 느꼈다. 숨을 멎게 만드는 놀라운 평화를.

내 안의 벽이 무너진 것이다. 나는 탐욕스럽게 바다를 보고 있는 콜럼버스를 등지고 바르셀로나를 굽어보는 대성당에 갔다. 그곳에서 이 문제의 정치적, 감정적 심장을 정확히 관통한 작가 벨 훅스에 대해 생각했다. 훅스의 에세이는 페미니즘이라는 커다란 방으로 들어가는 초대장이자, 포괄성을 위한 요구이자, 미묘한 차이와 용기에 관한 노래였다. 나는 연금술을 통해 분노와 슬픔을 문학으로 제련해 낸 제임스 볼드윈, 에두아르도 갈레아노와 아룬다티 로이를 생각했다. 나는 그들의 말을 성스러운 유물처럼 품고 걸었다. 나의 걸음에는 뉴욕 길거리에서 만난 죽거나 다친 사람들의 삶과 나의 삶, 내가 사랑하는 사람들이 함께했다. 그들은 무너진 벽 너머 자유를 찾은 나와 함께 걸었다.

이야기하지 않고서는 아무것도 정리할 수 없다. 정리한다는 건 원래 이야기를 하는 것 아니던가? 나는 언덕을 따라 오르막을 걸었다. 내 양쪽으로 정원이 나타났다. 저항하는 데 있어 꼭 어떤 패턴을 따라야 할 필요는 없다. 아니, 끝까지 따르지 않는 편이 더 좋을지도 모른다. 어쩌면 그게 지금까지의 문제였을지도 모른다. 잠들어 있던 내 머릿속 한구석이 깨어났다. 내게는 언어가 있다. 내가 예술을 만들 때 사용하는 도구는 저항의 도구가 될 수도 있다. 예술과 저항은 마음을 아프게 하고, 부서진 조각들을 모으는 일이라는 공통점이 있다. 우리가 다시 사랑할 수 있다는 사실을 기억하게 만드는 즐거운 일이기도 하다. 우리는 다시 사랑할 수 있다. 눈앞에 펼쳐진 도시를 보고 나는 깨달았다. 우리는 다시 사랑할 수 있다.

가부장제는 날카로운 이빨을 갖고 있다. 가부장제가 우리의 정체성과 마음 둘레에 가차 없이 그은 경계선들에는 깨진 유리 조각과 가시철사가 촘촘히 꽂혀 있다. 작가 치마만다 응고지 아디치에는 남성성을 '단단하고 작은 새장'이라고 부른다. 가부장제의 젠더 기준은 우리에게 각각 '남자'와 '여자'라는 이름표가 붙은 상자에 몸을 맞춰 넣으라고 말한다. 이러한 규칙은 사랑과 무관하고, 오로지 힘의 논리로 돌아간다. 그것들은 우리의 발걸음을 이끌어 우리의 삶을, 자신에 대한 생각을, 우리가 다른 사람들과 맺는 관계를 차례대로 파괴한다. 우리 사회 전체가 가부장제를 믿고 그것을 정상으로 생각하기 때문에, 가부장제는 우리가 세상과 처음 만날 때부터 우리에게 스며든다. 머리와 마음에 뿌리를 내리고 이윽고 다른 곳까지 세력을 넓힌다.

페미니즘을 향한 여정에서 나는 내 안과 밖을 두루 살펴야 했다. 여정은 아직 진행 중이다. 나는 경청하는 법, 입 다무는 법, 필요할 때 큰 목소리를 내는 법을 배우고 또 배우고 있다. 트라우마를 없애는 데 정해진 해법 같은 건 없다. 모든 위대한 여정과 마찬가지로 우리가 걸어가면서 길을 만들어야 한다. 처음에는 두려울지도 모른다. 누군가 제시한 길을 마냥 따라가면 필요한 곳에 다다를 수 있다고 믿고 싶은 마음도 생길 것이다. 그렇게라도 거짓 위안을 느끼고 싶을 테니까.

하지만 더 어려운 진실에는 더 진실한 즐거움이 따르기 마련이다. 이 투쟁은 아름답다. 페미니즘 덕분에 우리는 창조성을 발휘하고, 사랑할 능력을 되찾고, 용기를 낸다. 무엇보다도 우리의 특권과 억압을 동시에 마주하고 복잡한 역사를 똑바로 바라볼 수 있게 된다. 모두 함께 해가 잘 드는 큰 방에 모여서, 서로에게 새로운 춤의 스텝을 가르쳐 주면서.

그녀에게는 영웅이 필요했다

그래서 그녀는 영웅이 되었다

그녀가 된 것

젠 탤리

◇◇◇◇◇◇◇◇◇◇◇◇◇◇◇◇◇◇◇◇◇◇◇◇◇◇◇◇◇◇◇◇◇◇◇◇◇◇◇

젠 탤리는 지금껏 학생, 작가, 사서, 예술가로 살아 왔다. 그녀의 작품은 jentalley.com
에서 확인할 수 있다. 배트걸처럼 지금도 낮에는 사서로 근무한다.

읽을 가치가 있는 여자들

노바 렌 수마

청소년소설 『허구의 소녀들 *Imaginary Girls*』 『17살 떠나다 *17 & Gone*』 『우리 주위의 벽 *The Walls Around Us*』을 썼다. 허드슨 밸리 주위의 여러 소도시에서 살았고, 지금은 뉴욕에서 지낸다. novaren.com에서 그녀를 만날 수 있다.

그 꿈에 사로잡힌 건 열두 살 때였다.

인터넷이 발명되기 전이었던 그 시대, 우리 집은 텔레비전 신호도 잡히지 않는 흙길 끄트머리의 외딴 곳에 있었다. 당시의 나는 집에 있는 책이나 동네 도서관에서 빌린 책들 외에는 바깥세상과의 연결 고리가 없다시피 했다. 나는 그 집에서 꿈을 키웠다. 새아버지의 기분이 안 좋을 때면 갈 곳이 없어 책 속으로 숨었다. 꿈이 나를 찾은 그해, 전학생이었던 나는 낮에는 7학년 학생으로 살아남고, 밤에는 일촉즉발인 우리 집에서 살아남느라 분투했다. 꿈은 내 안에서 점점 몸집을 불렸다.

그 꿈은 작가가 되는 것이었다.

책을 쓰고 싶었다.

그때까지 나는 작가를 직접 만나 본 적이 없었다. 내게 작가란 그야말로 신화적 존재였다. 내가 갖고 있던 『그리스 신화』 책에 나오는 지상을 걷는 신이나 마찬가지였다. 그래서 작가가 되겠다는 꿈은 때로 제정신이 아닌 듯 느껴졌다. 꿈은 연약했고, 못된 말 한마디만으로도 산산이 깨질 수 있었다.

그럼에도 꿈은 계속 자라났다.

방과 후 어머니와 새아버지가 일하는 동안 혼자 집에서 두 동생들을 돌보아야 했던 나는 금세 내 책꽂이의 책들을 모조리 읽어 버리고 거실 서가로 진출했다. 새아버지에게는 스티븐 킹과 딘 쿤츠의 책이 여러 권 있었는데, 나는 그걸 전부 다 읽었다. 소설인지 실제 이야기인지 확신할 수 없는 외계인 납치에 관한 기묘한 책도 읽었고 지루한 자동차 매뉴얼도 건성으로나마 끝까지 훑어보았다. 내가 정말 좋아한 건 어머니의 서가였다. 그곳에는 어머니가 중고 장터와 헌책방에서 사 온 페이퍼백 소설들이 산더미처럼 꽂혀 있었고 매주 그 수가 늘어났다. 그 소설들은 여성 작가가 쓴 것이었다. 여성에 대한 소설이었으며, 때로는 소녀에 대한 소설이었다. 바로 나 같은 소녀.

열두 살에 나는 어머니의 서가에서 마거릿 애트우드를 발견했다. 앨리스 워커, 마지 피어시, 루이스 어드리크 등이 뒤를 이었다.

그렇게 나는 소녀들에 대한 소설이 있다는 것, 소녀들이 소설의 주인공이 될 만큼 의미 있는 존재라는 것을 깨달았다.

나는 그 소설들을 읽고 일기를 썼다. 나도 그런 이야기를 쓰고 싶었다. 어머니에게 모든 걸 말하던 시절이었기 때문에 어머니에게도 그 결심을 전했지만, 그 외의 사람들에게는 거의 비밀로 했다. 내 꿈은 글을 쓰는 것이었고 그건 무언가, 아마도 새아버지와 살면서 내가 바라게 된 무언가와 연관되어 있었다. 탈출 말이다.

작가라는 꿈은 나의 낙하산이었다. 그 꿈을 빼앗으려는 사람이 있다면 그게 누구든 맞붙어 싸웠을 것이다.

"넌 원하는 건 뭐든 할 수 있단다."

새아버지를 피해 내 방에 숨어 있던 어머니가 말했다. 나는 어머니의 맏딸이자 가장 조용하고 수줍음 많은 아이였고, 제일 거창한 꿈을 품은 아이였다.

지난 세월 동안 많은 사람이 나를 믿지 않았지만 어머니만큼은 나를 믿었다. 어머니는 내게 페미니즘 문학을 읽혔다. 결코 나를 하찮고 사소한 존재로 보지 않았다. 내가 초경을 하자 어머니는 축하의 의미로 『우리의 몸, 우리 자신*Our Bodies, Ourselves*』이란 책을 선물했다. 나는 그 책을 읽고 이 세상에서 소녀로, 그리고 여성으로 산다는 것이 어떤 의미이며 내가 어떤 면에서 독립해야 하는지 알게 되었다. 어머니 자신은 패션 디자이너라는 꿈을 포기했지만 내게는 새로운 꿈을 불어넣어 주었다. 자신이 옴짝달싹 못 할 때조차도 내 귓가에 대고 속삭여 주었다. 너는 어디든 갈 수 있어,

무엇이든 할 수 있어, 네가 되고 싶은 무엇이든 될 수 있어.

나는 어머니의 서가에 꽂힌 소설을 쓴 여자들처럼 언젠가 작가가 되기로 했다.

내 꿈을 터무니없다고 여기는 사람들이 있다는 걸 아직 몰랐던 열두 살에 내린 결정이었다. 그 뒤로 많은 사람에게서 내 꿈에는 한계가 있다는, 내가 닿을 수도 없고 닿는 모습을 상상해서도 안 되는 천장이 있다는 말을 들었다.

그 이유는 단지 내가 여자라서였다.

어머니와 새아버지가 직업을 바꾸고 새로운 기회를 찾거나 잃으면서 우리는 계속 이사를 했다. 우리 가족은 다른 산자락, 다른 월셋집, 다른 학군에 살게 되었지만 나는 여전히 탈출을 꿈꾸었다. 지역을 옮겨 다니면서 나는 점점 더 날카롭고 벗기기 어려운 보호막을 두르게 되었다. 나는 분명히 존재하고 있으면서도 다른 사람들 뒤에 숨어 결코 고개를 내밀지 않았다. 나는 부끄러움이 많아서 말을 잘 하지 않았다. 내가 정말 어떤 사람인지 남들 앞에 내보이기가 두려웠다. 때로는 남들과 비슷한 척하면서 대충 살고 싶다는 마음도 들었다. 그게 더 쉬워 보였으니까. 누구와 어울리고, 누구에게 잘 보이고 싶은지에 따라 내가 두른 껍데기의 모양은 변하기도 했다.

하지만 집에 돌아오면 나는 방문을 닫고 글을 썼다. 나는 내가 쓴 시와 단편소설 안에서만 진짜 나 자신일 수 있었다. 그게 내가 숨는 걸 그만두고 목소리를 내기 시작한 방법이자, 유일하게 아는 말하기의 방법이었다.

열여섯, 혹은 열일곱이었을 거다. 나는 뉴욕주 허드슨 밸리의 한 공립고등학교 졸업반이었다. 세세한 부분은 흐릿해졌지만 기억나는 부분만큼은 조금의 흔들림도 없이 또렷하고 생생하다. 그 기억은 사소한 사건이 인생의 중요한 분기점이 될 수 있다는 걸 알려준다. 말 한마디가 한 사람의 인생을 바꿀 수 있다는 것도.

나는 세계 인문 수업을 듣고 있었다. 세계 여러 나라의 문학, 예술, 음악을 공부하는 수업이었는데, 내가 받고자 하는 리젠트 학위로 졸업하는 데 필수였다. 선생님은 진지하고 열성적인 분이었고 본인의 수업이 재미있다는 평판에 대단한 자부심을 가지고 있었다. 수업에는 각자 역할을 맡아 희곡을 낭독하는 시간, 교실의 조명 밝기를 낮추고 수업 내내 음악을 감상하는 시간 등이 예정되어 있었다.

내가 특히 기대한 것은 수업에서 읽게 될 책들이었다. 부모님의 책장이나 내가 서성이는 도서관 서가 바깥에서 새로운 작가를 발견할 기회였으니까.

나는 수업 계획서를 찬찬히 넘기면서 앞으로 몇 주 동안 내가 마주치게 될 가능성에 들떠 있었다. 그러다가, 어느 순간 무언가를 어렴풋이 깨달았다.

나는 수업 계획서를 다시 한번 첫 장부터 살펴보았다.

그러자 확실해졌다. 수업 계획서에는 여성 작가가 없었다. 소설가, 시인, 극작가를 막론하고 단 한 사람도.

아니, 작가뿐 아니라 여성 예술가가 아예 한 사람도 없었다. 화가, 조각가, 사진작가 중 여성은 단 한 사람도 없었던 거다.

작곡가나 음악가도 마찬가지였다.

여러 시대와 장소에서 탄생한 다양한 예술을 감상하고 이해하고자 하는 세계 인문 수업이라면서, 다루는 예술가의 목록에 여성의 이름은 하나도 없다니.

수업 계획서에는 남자만 가득했다.

그게 얼마나 충격이었던지, 뒤따른 복잡한 감정이 아직까지 생생히 기억난다. 혼란(선생님이 그냥 실수하신 건 아닐까?), 짜증(재미있는 수업이라더니 아니잖아.)에 이어 분노가 밀어닥쳤다. 처음에는 조용히, 나중에는 시끄럽게.

뭐라도 말하고 싶었다.

하지만 기억해 주시길. 나는 수줍음이 많았다. 나이가 꽤 들었는데도 여전히 많은 사람 앞에서 말하는 걸 어려워했고 수업 중 발표를 해야 할 때면 얼굴이 새빨개졌다. 선생님에게 뭔가를 따진 적은 한 번도 없었다. 수업 중 모두가 지켜보는 앞에서 수업 계획서에 문제가 있다고 지적할 만한 유형의 학생은 아니었던 거다.

하지만, 이 역시 기억해 주시길. 나는 커서 작가가 되고 싶은 여학생이었고 내 눈앞에는 전 세계의 예술을 다룬다면서 여성의 이름은 하나도 넣지 않은 수업 계획서가 놓여 있었다.

나는 선생님에게 얘기해 볼 작정으로 수업이 끝난 후 교실에 남았다. 커다란 원 모양으로 놓인 책상들, 벽에 붙은 레코드플레이어, 저 멀리 운동장이 내다보이는 창문, 축구 골대, 그 너머 희미한 산맥의 윤곽을 기억한다. 신발이 불편하게 느껴져서 꼼지락거리며 교실에 오래 서 있었다. 선생님은 어떤 남학생과 대화 중이었다. 내가 바로 앞에 서 있는데도 선생님의 관심은 그 남학생에게만 쏠려 있었다.

마침내 남학생이 자리를 뜨고 선생님과 나, 단둘이 남았다.

나는 질문하고 싶었다. 불쑥 입을 열었을 때 나온 목소리는 떨렸고 나는 말을 더듬댄 탓에 내가 원하는 단어들을 술술 발음하지 못했다.

나는 물었다. 왜죠? 왜 수업 계획서에 여자가 하나도 없죠?

선생님이 뭐라고 답했는지 또렷이 기억한다.

선생님은 말했다. 수업 계획서에 여자가 없는 건, 그럴 만한 가치가 있는 여자가 없어서란다.

가치가 있는 여자가 없다. 그 말이 내 안으로 천천히 스며들었다.

작가, 시인, 극작가, 화가, 조각가, 사진작가, 작곡가, 음악가. 가르칠 가치가 있는 여성이 이 중 한 사람도 없었다.

세상의 수많은 여성 예술가 중 단 한 사람도 미국 어느 작은 도시에 있는 고등학교의 세계 인문 수업에서 가르칠 가치가 없었다.

내가 거기 대고 무슨 말을 하겠는가?

지금이라면 할 말이 있겠지만, 과거의 나는 그렇지 않았다. 선생님에게 별말을 하지 못했다. 내가 대답으로 무슨 말을 했는지, 말을 하기는 했는지도 잘 기억나지 않는다. 아마 어영부영 교실을 나섰던 것 같다.

내가 더 강하고 당당하고 자신감 있는 소녀였다면 이 일화가 어떻게 달라졌을지 상상해 보라. 재치 있게 선생님에게 대들었다면. 웃었더라면. 성차별주의자라고 지적했다면. 교문 앞에서 항의 시위를 벌였다면. 졸업 필수 수업인데도 듣지 않기로 결정했다면. 수줍음을 뚫고, 내 껍데기 속 아주 깊은 곳에 존재하고 있던 용감무쌍한 페미니스트의 모습을 드러냈다면. 그냥 교실을 걸어 나가는 대신 뭐라도 했더라면.

그러면 어떤 일이 일어났을까? 어쩌면 소심해서 아무 말도 하지 못한 경우가 이야기로서의 가치는 더 높을지도 모르겠다. 그때 하지 못한 말이 내 인생을 바꿔 놓았기 때문이다.

선생님의 대답에 나는 한 대 얻어맞은 기분이었다. 그날의 사건은 내 내면을 조금씩 갉아먹었다. 내 안에 콕 박혀 평생 빠지지 않는 가시처럼 남았다. 나는 내가 읽은 모든 여성 작가를 생각했다. 여자가 쓴 글 중 세계 인문 수업에서 읽을 가치가 있는 글이 단 한 편도 없다니, 그게 정말 사실일까? 나는 그때 토니 모리슨을 막 읽은 참이었다. 『빌러비드』 『솔로몬의 노래』 『술라』 같은 책들. 그 선생님은 정말로 **토니 모리슨**조차도 읽을 가치가 없다고 생각했을까?

그 질문은 당연하게도 나 자신과도 관련이 있었다. 나는 토니 모리슨이 아니었지만 (누가 감히 토니 모리슨에 견줄 수 있겠는가?) 그럼에도…… 나에 대한 질문처럼 느껴졌다. 내 방문 너머 바깥의 세상에서는, 내가 쓰는 글이 고작 계집애가 쓴 글이라는 이유로 가치 없게 여겨질까?

시작하기 전에 그만두는 편이 나을까?

나는 그렇게 믿지 않기로 했다.

선생님이 틀렸다는 사실을 직접 증명하기로 했다.

그렇게 나는 은밀하고 사적인 반란을 시작했다. 고지식한 선생님과 수업 계획서를 두고 나눈 짧은 대화에서 모든 게 시작되었다. 몇 년 전 나를 사로잡았던 꿈처럼, 그 대화는 내 안에 자리를 잡고 몸집을 점점 불려 나갔다.

나의 사적인 반란이란, 오로지 여성 작가의 책만 읽겠다는 결심이었다.

수업에서 읽어야 하는 책은 어쩔 수 없었지만 방과 후에 내가 직접 **선택**해서 읽는 책은 오로지 여성 작가의 것으로만 고르기로 했다. (나는 엄청난 독서광이었는데도 그랬다.) 배경과 국적, 피부색, 성적 지향과 정체성은 상관이 없었지만 여성이어야 했다. 남성은 안 되고, 오직 여성이어야 했다.

내가 사는 책도 물론 여성 작가의 책이었다. 도서관에서 대출하는 책도 모두 여성 작가의 책이었다. 친구들에게 빌려주는 책, 친구들에게 이야기하는 책, 내 인생을 채우는 책들은 그때부터 전부 여성 작가들의 책일 터였다.

그것이 내가 좀 더 강해지는 방법이었고, 나 자신을 표현하는 조용한 여정의 시작이었다.

여성 작가들의 책을 읽어 나갈수록 나는 반란을 계속할 필요성을 절실하게 느꼈다. 고등학생 필독 도서들은 대다수가 남성 작가가 쓴 것이었다. 아주 나이 들었거나 이미 죽은 백인 남성들이 쓴 그 책들은 대부분 남성과 소년들을 다루고 있었다. 소녀들은 그런 남자들의 이야기에 공감해야 했다. 보편적이며 모든 사람의 마음에 울림을 자아낼 수 있다고 하여 선정된 책들이니까. 고전이란 게 그랬다. 우리는 그런 책들에 둘러싸여 살고 있었다. 남자들의 이야기. 남자들의 삶. 세상이 통째로 남자의 것이었다.

세계 인문 선생님도 문제였지만, 집이라고 편한 건 아니었다.

내가 집이라면 진저리를 치고 매일 탈출을 기원하게 만든 사람도 남자인 새아버지였다. 내가 작가가 되고 싶다고 말하자 그는 비웃으며 말했다. "네가 쓴 걸 누가 읽고 싶어 하겠냐?"

친아버지라고 다를 건 없었다. 글쓰기를 공부하러 대학에 가고 싶다는 말을 하자, 친아버지는 내 눈을 똑바로 바라보며 몹시 진지하게 말했다. 네 꿈은 망상이야. 그건 사실상 공상일 뿐이라고, 좀 더 현실을 알아야 한다고, 내 적성에 맞는 걸 찾아야 한다고. 그러고선 뜬금없이 치과 기공사가 되는 걸 추천했다.

그렇게 나의 반란은 개인적으로도 깊은 의미를 지니게 되었다. 선생님이 틀렸다는 건 물론이고, 새아버지도 친아버지도 죄다 틀렸다는 걸 증명하고 싶었다.

하지만 무엇보다도 나 자신에게 증명하고 싶었다.

나의 개인적이고 사적인 독서 반란의 목적은 하나뿐이었다. 나는 여성이 남성만큼 가치 있다는 걸 내 눈으로 똑똑히 확인하고 싶었다.

내 사적인 독서 반란은 고등학교 시절과 대학 4년을 합해 5년가량 지속되었다. (나는 어머니의 응원 아래 대학 장학금을 받고 마침내 집을 떠났다. 어머니는 이혼을 했고, 그로부터 몇 년 뒤 학교로 돌아가 미술 치료를 공부하기 시작했다.)

그 몇 년 동안 나는 여성 작가의 책을 수없이 읽었다. 전부 기록해 두었더라면 아주 길고 신나고 멋진 목록이 만들어졌을 텐데, 아쉽다. 나는 토니 모리슨의 책을 더 읽었고, 에드나 세인트 빈센트 밀레이와 앤 섹스턴, 실비아 플라스, 오드리 로드, 샤론 올즈, 니키 조반니를 읽었다. 산드라 시스네로스, 맥신 홍 킹스턴, 도리스 레싱, 조라 닐 허스턴, 이사벨 아옌데, 캐시 애커, 지넷 윈터슨, 자메이카 킨케이드, 진 리스를 읽었다. 대학을 졸업한 뒤에야 나는 다시 남성 작가의 책을 읽기 시작했다.

이 경험은 젊은 여성인 나를 빚어냈고, 내가 작가가 되도록 이끌었다. 나는 앞서 작가의 길을 걸은 여성들에게서 많은 걸 배웠다. 영향을 받았고, 영감을 얻었으며 불씨를 지필 수 있게 되었다. 그들이 이끄는 대로 앞으로 나아갔다.

여성 작가들의 책만 읽게 되면서 나는 금세 여성 작가들이 가치 있다는 걸 깨달았다. 과연, 그럴 줄 알았다. 게다가 개인적으로도 얻은 게 있었다. 그들의 말을 통해 나 자신의 말을, 나의 목소리를 찾은 것이다.

그 덕분에 나는 지금 여기까지 올 수 있었다. 나는 지금껏 네 편의 소설을 냈다. 수줍음을 극복하는 방법도 찾았다. 이제는 콘퍼런스나 학교에서 강연을 한다. 내가 존경하는 여성 작가들이 했던 것처럼 사람들 앞에서 내 책을 발췌해 읽으면서 말을 통해 내가 어떤 사람인지 드러낸다.

나는 계속 책을 읽었다. 지금도 내 서가를 훑어보면 내 취향이 여성이 쓴 책, 여성과 어린 소녀들에 대한 책이라는 걸 금방 알 수 있다. 그 책들을 읽으면서 나는 목적을 찾았다. 빛을 찾았다. 나아갈 길을 찾았다. 여성 작가에게 가치가 있는지 확인하기 위해 시작했던 사적인 독서 프로젝트는 이미 오래 전에 마무리했지만, 여성 서사에 대한 사랑과 갈망은 그 뒤로도 커져만 갔다. 이제 내가 쓴 책들도 내 서가의 한 자리를 차지한다.

나는 종종 왜 그런 책을 쓰냐는 질문을 받는다. 왜 청소년소설을 쓰세요? 왜 십 대가 나오는 책을 쓰세요? 사실 사람들이 제일 궁금해하는 건 이거다. 왜 항상 소녀들에 대한 책을 쓰세요?

내 답은 앞에서 이야기한 것과 같다. 여자들이 가치 없다고 생각하고, 여성의 이야기가 남들에게 보여 줄 만큼 훌륭하지 않다고 폄하하고, 세계 각국의 예술을 훑는 목록에 여성은 한 명도 넣지 않는 사람이 아직도 존재하기 때문이다.

여성 작가만 읽는 긴 실험을 벌인 건 꽤 오래전인 1990년대의 일이다. 실험을 한 5년 동안 나는 나의 길을 정했다. 독자층이 한정될 걸 잘 알면서도 꿋꿋이 소녀들에 대한 이야기만 쓰는 여성 작가가 되겠다고 결심했다. 그리고 실제로 그런 작가가 되었다. 나는 소녀들의 이야기가 소년들의 이야기만큼 중요하고, 그만큼 보편적이어야 한다는 사실을 입증하고 싶다는 뜨거운 열정을 바탕으로 이야기를 써낸다.

세계 인문 선생님이 틀렸다는 건 쉽게 증명했다. 이제 그의 수업 계획서가 하찮게 여겨질 정도다. 나의 실험은 그보다 훨씬 중요한 의미를 갖게 되었다.

어떤 사람들은 나의 이야기를 읽고 의아해할지도 모르겠다. 지금은 여성 예술가들이 남성 예술가와 똑같이 세상에 경이롭고 가치 있는 기여를 한다는 게 명백히 인정되지 않았는가? 여성 작가들의 작품도 남성 작가들의 작품만큼 칭찬을 받고, 미디어의 주목을 받지 않는가? 청소년문학을 오늘날의 수준으로 끌어올린 여성 작가들이 공을 인정받고 있지 않은가? 그래, 그렇게 생각하고 싶을 거다.

하지만 청소년문학과 아동문학 분야에서 여성의 작품은 여전히 남성의 작품만큼 대접받지 못하고 있다. 그래서 나를 비롯한 작가들은 지금껏 무시당한 다양한 모습의 모든 사람들을, 그들의 다양한 목소리를 세상에 들려주기 위해 싸우고 있다. 아직도 세상은 모든 면에서 다양성이 지극히 부족하다. 지금 우리는 말한다. "아직도 갈 길이 멀다."

나의 독서 반란은 벌써 오래전 일이 되었지만 아직도 의미가 있다. 주어진 필독서 외의 책을 찾아 읽는 것, 새로운 목소리를 찾아 나서는 것, 이미 지겹도록 많이 이야기된 흔한 책들을 넘어 직접 무언가를 찾아 나서는 것은 의미 있는 일이다.

독자로서 읽을 책을 선택함으로써 무언가를 주장하고, 나아가 변화를 만들어 낼 수 있을지도 모른다. 다른 작가들을 수면으로 끌어올리고, 소수의 목소리가 독차지하고 있는 공간과 관심을 다른 목소리들에게 넘겨줄 수 있을지도 모른다.

독자로서 무엇을 소비할지 선택하는 것에는 힘이 있다. 어떤 목소리를 크게 키우고 의미를 부여하고 다른 사람과 나눌지 선택하는 것에는 힘이 있다.

지금껏 확성기가 주어지지 않은 탓에 우리가 놓치고 있던 가치 있는 이야기가 어딘가 숨어 있지 않을까?

다음엔 그런 이야기를 찾아 읽어 보면 어떨까?

여성에 의한, 여성에 관한, 모두를 위한 걸작 만화 6선

브레나 클라크 그레이

1. 『캡틴 마블 *Captain Marvel*』 켈리 수 디코닉 지음
   여성의 힘을 보여 주는 신나는 이야기로 만화를 좋아하는 여성들을 결집시킨 작품이다. 기존 만화계에서 유례를 찾을 수 없을 정도로 여성 독자들을 향해 적극적인 마케팅을 했고 그 결과 대히트를 쳤다. 여성들도 만화를 좋아한다는 사실을 입증한 책.

2. 『남자와 친구하기 *Friends with Boys*』 페이스 에린 힉스 지음
   홈스쿨링을 받던 소녀가 공립 학교를 다니게 되며 펼쳐지는 이야기. 오빠와의 관계는 앞으로 그녀가 겪을 일에 도움이 될까, 방해가 될까? 그녀는 여자아이들과 친구로 지내는 법을 배울 수 있을까?

3. 『럼버제인스 *Lumberjanes*』 그레이스 엘리스, 노엘 스티븐슨 지음
   모두가 꿈꾸는 여름 캠프 이야기. 모험과 강한 소녀, 페미니즘과 우정, 곰으로 변신하는 여자들에게 호감을 느낀다면 이 만화가 당신의 마음에 쏙 들 거다.

4. 『미즈 마블』 G. 윌로우 윌슨 지음

엄한 부모와 잘나가는 학교 친구들 사이에서 치이던 무슬림 소녀. 어느 날 우연히 초능력을 발견하고 얼떨결에 도시를 수호하는 임무를 맡게 된다.

5. 『그해 여름』 마리코 타마키, 질리언 타마키 지음

그해 여름에 모든 것이 달라진다. 한 소녀가 자신의 몸과 남자들, 언제나 슬픔에 잠겨 있던 어머니에 대해 알아 가는 여름의 이야기.

6. 『톰보이 *Tomboy*』 리즈 프린스 지음

'여자에게 기대되는 방향'과는 맞지 않게 살아온 여자의 개인적인 회고록. 여자보다 남자와 어울리는 게 재미있다면? 그게 다른 사람들이 당신을 대하는 방식을 어떻게 바꿀까?

페미니즘
FAQ

Q *왜 어떤 사람들은 페미니즘을 싫어하나?*

기득권을 가진 사람들은 자신이 누리는 권력에 의문을 제기하거나, 자신의 생각이 어쩌면 편견일지도 모른다는 사실을 확인해야 하는 상황을 두려워한다. 지금 그들에게는 당신들이 남들과 다른 특권을 누리는 이유가 뭐냐는 질문이 쏟아지고 있다. 더 이상 원래부터 그랬다는 이유 하나로 마음껏 특권을 누릴 수 없게 된 것이다. 우리는 성, 교육, 젠더, 그리고 우리가 직접 선택했거나 혹은 선택의 여지없이 받아들여야 했던 여러 지위를 근거로 저마다 사회적, 정치적, 문화적, 경제적 힘을 갖게 된다. 페미니즘은 모든 사람에게 자신들이 가진 힘에 대해 깊이 생각하게 한다.

선택은 당신의 것

코디 케플링어

『뚱뚱한 들러리 친구 *The DUFF*』 등 다수의 어린이책, 청소년책을 썼다. '아동문학 속 장애(disabilityinkidlit.com)'라는 온라인 매체를 만드는 데 참여했으며, 뉴욕에서 글쓰기를 가르치고 있다.

나는 아이를 낳고 싶지 않다.

십 대 청소년을 위한 책에서 꺼내기에는 이상한 주제일지도 모르지만, 이미 나처럼 생각하고 있는 독자도 있을 것 같다. 내가 이 에세이를 쓴 건 나중에 어머니가 되겠다고 결정하라거나 반대로 그러지 말라는 말을 하기 위해서가 아니다. 나는 선택에 대해 이야기하고 싶다. 여자라면 응당 내려야 한다고 여겨지는 선택들이 있지 않은가. 사회에서 기대하는 그 길을 따르지 않으면 생판 모르는 남들이 화를 내기도 한다.

여기에서는 여러분의 자궁에 누군가 살게 될지 여부를 중심으로 얘기해 보자.

아이를 낳지 않겠다고 딱 부러지게 결정한 순간이 있었는지는 기억나지 않는다. 초등학교 때부터 나는 아기 인형을 데리고 놀면서도 그 아기가 내 아이라고 생각하지는 않았다. 아기를 싫어하기는커녕 아주 좋아했는데도 스스로를 엄마가 아니라 베이비시터, 큰언니, 이모로 생각하는 게 익숙했다. 사촌들과 소꿉놀이를 하다가 누가 엄마 역할을 하라고 하면 나는 곧바로 장난감을 정리하면서 말했다. "그럼 안 할래."

그래, 내가 조금 싸가지 없었다는 건 인정한다.

커서 아기를 낳고 싶지 않다고 가족에게 처음으로 말했을 때 나는 채 여덟 살이 되지 않은 어린애였다. 그때 들은 대답을 아직도 기억한다. "생각이 바뀔걸."

그 말을 기억하는 이유는 다른 게 아니다. 그 이후로도 똑같은 대답을 지겹도록 들었기 때문이다. 내 미래 계획을 이야기하면서 아이는 낳고 싶지 않다고 말하면 반드시 그런 대답이 돌아왔다. 언젠가는 생각이 바뀔 거라는 확신하는 말이.

물론 나는 그들의 예상과 달리 생각을 바꾸기는커녕 불같이 화만 났다. 고등학생이면 거의 어른이나 마찬가지인데, 아직도 내 말을 진지하게 들어 주지 않는다니.

그때 나는 십 대 소녀들의 선택과 의견이 곧잘 무시되고 폄하된다는 걸 깨닫기 시작했다. 소녀들이 좋아하는 책과 영화는 보잘것없는 '소녀 취향'으로 치부된다. 감정을 표현하면 진지하게 받아들이기보다 "예민하네." "별것 아닌 걸로 과민 반응하고 그래."라는 말이 돌아온다. 최악은 어른들이 소녀들을 이해하지 못할 때마다 "그러는 것도 한때다."라고 말하는 것이었다.

그래, 어쩌면 다 지나가는 한때일지도 모르겠다. 하지만 어른들도 그런 한때를 살아가고 있는 것 아닌가. 그걸 깎아내리는 사람은 아무도 없다.

게다가 나는 이제 이십 대 중반인데도 여전히 분홍색으로 염색을 한다. 그러니까, 이것도 다 한때라고? 난 그렇게 생각하지 않는다.

많은 사람이 아이를 낳고 싶어 하는 걸 '정상'으로 여긴다. 모든 여성이 결국은 아기를 낳기 원할 거라고 추정한다. 여성의 디엔에이에 아기를 낳고 싶은 욕망이 새겨져 있으며, 아이를 낳지 않겠다 말하는 여성들도 언젠가는 생체 시계가 갑자기 미쳐 돌아가서 '아기 낳고 싶어 병'에 걸릴 거라고 생각하는 모양이다.

나는 그런 생각이 늘 불편했다. 우선, 여성은 다리 달린 자궁이 아니기 때문이다. 그보다 더 중요한 건, 우리가 그 자궁에 대한 결정을 내릴 수도 있기 때문이다. 그런데도 사람들은 여성들이 호르몬에 지배받으며, 그로 인해 자신의 삶에 대한 결정을 내릴 능력이 없다는 듯이 말한다.

단박에 생각이 바뀔 거라고 말하는 대신 내 말을 진지하게 들어주는 사람들도 있기는 하다. 그들은 주로 이렇게 묻는다.

"그런데, 애를 낳기가 왜 싫어요?"

아기를 낳고 싶어 하는 것이 '정상'이고 아기를 낳기 싫은 건 '비정상'이니까 따져 묻는 거다.

"애를 싫어하세요?"

"아뇨, 아주 좋아해요."

"살이 찔까 봐 겁이 나서 그래요?"

"뭐라고요? 아니에요!"

"장애를 물려주기 싫어서 그런 건가요?"

이 말은 아무리 여러 번 들어도 매번 흠칫하게 된다.

나는 희귀한 유전병으로 인한 시각 장애를 갖고 있다. 그 유전병을 자식에게 물려줄 가능성도 없지 않다. 하지만 솔직히 말해, 나는 장애를 문제로 생각해 본 적이 없다. 만일 아이를 낳고 싶다면 장애 때문에 망설이지는 않을 거다.

장애 때문에 아이를 낳기 싫은 거라는 추측은 내게 상처를 준다. 내가 시각 장애를 타고날 가능성이 조금이라도 있는 아기를 낳느니 아기를 아예 낳지 않기로 선택했으리라는 가정이 깔려 있기 때문이다. 어쩌면 그렇게 말하는 사람들은 내가 스스로 태어나지 않았길 바란다고 생각할지도 모른다. 하지만 그건 진실이 아니다.

아기를 낳기 싫은 이유가 뭐냐는 질문을 하도 많이 받아서, 아예 답변 목록을 만들었다. 1위부터 3위까지 소개해 보겠다.

3위, 나는 기저귀 가는 법을 모르고, 알고 싶지도 않다.

2위, 내 몸속에서 다른 인간을 꺼낸다는 건 내게 별로 매력적인 생각이
아니다.
1위, 정말로, 그냥 아이를 원하지 않는다.

이 목록에 장애는 없다. 만약 어느 날 기적이 일어나서 내가 정말
로 생각을 바꿀지라도, 그때도 장애가 선택에 영향을 미치진 않을
것이다.

"하지만 코디, 아기를 낳지 않겠다는 건 이기적이야."

혼란스럽기 짝이 없는 이 말을 어찌나 많이들 하던지. 어떤 생각
에서 하는 말들인지 알 만하다. 아기를 낳지 않기로 결정하는 여자
들은 남는 시간과 돈을 전부 자신에게 쏟아 부어 휴가를 보내고 쇼
핑이나 할 거다. 가족을 돌보는 대신 자기 계발에만 신경 쓸 테고.

잠깐만요…… 이게 뭐가 나쁘다는 거죠?

자라면서 나는 이기적으로 굴면 안 된다는 말을 귀에 못이 박이
도록 들었다. 여러분도 그럴 거다. 이타심을 강조하는 건 당연하
다. 다른 사람의 감정과 삶을 고려하는 건 중요하니까. 하지만 여
자아이들은 다른 사람을 배려하라는 가르침은 많이 받는 반면, 자
기 자신에 대해서도 생각하라는 격려는 충분히 듣지 못하는 것 같
다. 그래서 우리가 우리 탓도 아닌 일에 대해 책임을 느끼고 자꾸
사과하는 것 아닌가?

그러다 보니 우리 여성들은 존재하지도 않는 아이 대신 우리 자
신에게 시간과 돈을 쓴다는 생각에 당황하고 만다.

다시 생각해 보자. 아기를 낳고 싶지 않은 여자들은 존재하지도 않는 아이 대신 자신에게 시간과 돈을 쓸 거라는 이유로 이기적이라는 비판을 듣는다. 그건 실제로 많은 여성이 아이를 낳지 않기로 결정하는 주된 이유도 아니지만, 설령 그렇다 쳐도 뭐가 문제인가? 스스로에게 돈을 쓰고 싶은 사람이 아기를 낳는 게 오히려 더 나쁜 거 아닌가?

그리고 말인데, 아이를 갖지 않는 남자들에게도 '이기적'이라고 하는가?

지난 수십 년 동안 아이를 낳지 않기로 선택한 여성의 수는 뚜렷하게 증가했다. 2014년 미국 인구 조사국의 인구 현황 조사에 따르면 15세에서 44세 여성의 거의 절반이 자녀가 없었다. 이는 미국에서 인구 조사가 시작된 이래 가장 높은 비율이다. 오늘날 아이를 낳지 않는 여성의 수가 늘어난 것은 더 많은 여성이 커리어에 집중하는 쪽을 선택했기 때문이다. 이러한 선택 역시 이기적이라고 매도당한다.

하지만 중요한 건, 우리가 이기적인 사람이 될 권리를 위해 오랫동안 싸워 왔다는 것이다. 과거에 여성은 이런 선택을 내릴 수 없었다. 우리는 여성을 위한 기회를 만들었고, 여성이 미래에 대한 선택을 직접 내릴 수 있도록 노력했으며 지금도 노력 중이다. 과거에는 없었던 선택권을 갖게 된 현대의 여성들은 자신의 꿈을 좇고, 최우선 순위로 커리어를 선택할 수 있게 되었다. 그렇게 일부 여성들은 아이 없는 삶을 선택했다.

만약 여러분도 그런 선택을 고민하고 있다면, 들려주고 싶은 말이 있다. 그 선택은 전혀 이기적이지 않다. 우리가 어떤 선택을 하는 데에는 항상 이유가 있다. 살면서 남들에게 어떤 길을 가라거나 가지 말라는 말을 숱하게 듣겠지만, 결국 선택은 여러분에게 달려 있다.

어쩌면 벌써 아이를 낳고 싶다고 결정했을지도 모른다. 어쩌면 아이를 낳고 싶지 않다고 결정했을지도 모르고. 아직 청소년이라 아이에 대해선 아무 생각이 없을지도 모른다.

어쩌면 언젠가는 마음이 바뀔지도 모른다.

전부 다 괜찮다. 어떤 선택을 해도 다 괜찮다.

십 대 여자 슈퍼히어로가
되기 위한 지침서

앨리슨 페이턴 스태거&리베카 섹스턴

두 사람은 '이번 주의 여자들'(thisweekinladies.com)이라는 웹 사이트를 운영하는 팀이다. 텍사스주 오스틴에서 하찮은 '북 자키'로 활동하는 두 사람은 치즈를 즐겨 먹고, 동네 만화책 가게를 어슬렁거리는 한편, 술집에서 열리는 퀴즈 대회에 열성적으로 참여한다.

슈퍼히어로가 되고 싶다고? 훌륭하다! 시작이 반일지니, 이미 당신은 반쯤은 슈퍼히어로다. 하지만 거리로 달려 나가 세상을 구하기 전에 먼저 해야 할 일이 몇 가지 있다. 걱정 마라, 내 말만 따라 하면 문제없을 테니까.

차근차근 단계를 밟아 나가다 보면 자신도 모르는 사이 대활약을 펼치고, 악당들을 혼쭐내고 있을 것이다.

1단계: 안녕, 내 이름은…….

당신이 어떤 사람이며 어떤 대의를 위해 사는지는 일생에 걸쳐 알아내야 할 문제지만, 다른 사람 앞에 나서기 전인 지금 이 순간 당신이 어떤 사람인지는 파악하고 시작하는 게 좋겠다. 슈퍼히어로 활동명을 직접 정하지 않으면 24시간 뉴스 채널에서 당신의 별명을 멋대로 붙여 버릴지도 모른다. 그럼 팝 스타가 되거나 세계적인 댄스 크루에 들어갈 때를 위해 아껴 둔 이름을 못 쓰게 되지 않겠는가. (물론 슈퍼히어로가 되어도 팝 스타나 댄서가 될 수는 있지만!) 활동명을 고민하면서 당신의 탄생 설화도 지어 보자. 탄생 설화란 원래 고통과 비탄의 연속이니, 살면서 겪었던 끔찍한 일을 재료로 삼으면 된다. 그 역경이 당신을 슈퍼히어로로 만들었다는 걸 잊지 말자.

어떤 이름을 쓸까?

'놀라운'이나 '믿기지 않는' 같은 형용사는 이제 진부하다. 동의어 사전을 펼쳐서 좀 더 산뜻한 형용사를 찾아보자. 이런 건 어떨까?

- 경이로운
- 막돼먹은
- 소름 돋는
- 상상도 못 한
- 기적의
- 유쾌한

직함을 정할 때는 대담하게! '캡틴'은 이미 너무 많이 쓰였다. 이런 건 어떨까?

- 장군
- 수녀원장
- 백작
- 기사

- 부인   • 경
- 술탄

직업이나 취미도 생각해 보자!

- ○○○한 목수   • 재봉사 ○○
- ○○ 님   • 뜨개질하는 ○○
- 트위터 하는 티탄족 ○○

(당신의 젠더 정체성이 여성이라면) 활동명에 '걸'이나 '소녀'보다는 '우먼'이나 '여자' 같은 단어들을 쓰자. 성인이 되어서도 계속 슈퍼히어로로 활동할지 모르니까. 두운을 맞추면 듣기 좋지만 꼭 맞춰야 할 필요는 없다.

말장난도 재미있다. 이런 이름들은 어떤가?

- 캔트미스 에버딘   • 벨라 스트롱
- 앨리스 인 선더랜드   • 레슬리 놉

어떤 초능력을 쏠까?

당신의 특기를 기반으로 초능력을 상상해 보자.

- 고개를 한 번 갸우뚱하면 사람들이 자신들의 선택을 다시 한번 생각하게 만드는 능력!
- 기막힌 소개팅 매치로 세계에 평화를 가져오는 능력!
- 모두가 힘을 모아 하나의 목표를 이루도록 열정을 불러일으키는 능력!

- 부자와 권력자들의 실체를 까발리는 조사 능력!

  (전통적으로 조사는 조수의 몫이지만 여기선 전통을 따르지 않아도 된다.)

기술, 마법, 신체적 힘 셋 중 어디서 기인한 초능력이 좋을까? (셋을 합쳐 버리는 것도 나쁘지 않다!)

초능력은 아무 때나 쓸 수 있는 게 좋을까, 아니면 특정한 물건이나 감정, 행사, 인물에 의해 활성화되는 게 좋을까? ('의로운 분노의 마법 수정'이 있어야만 초능력을 쓸 수 있다거나, 화가 났을 때만 초능력을 쓸 수 있다거나 하는 조건을 생각해 보자.)

당신이 믿는 대의는 무엇인가?

- 쓰레기를 무단 투기하는 사람을 보면 화가 나는가?
- 가부장제를 무너뜨릴 준비가 됐는가?
- 상위 1%를 아래로 끌어내리고 싶은가?
- 일부러 당신의 이름을 잘못 말하는 선생님에게 대들고 싶은가?
- 못된 '악플러'들을 혼쭐내고 싶은가?
- 현실의 무법자들에게 본때를 보여 주고 싶은가?
- 당신이 슈퍼히어로라는 사실을 비밀로 하고 싶은가, 아니면 공공연히 밝히고 싶은가?

2단계: 이 의상을 입으면 슈퍼히어로 같아 보일까?

슈퍼히어로가 특수 복장을 입는다는 것은 아주 당연한 상식이다. 평소에 옷을 잘 입으면 자신감이 차오르듯, 슈퍼히어로 활동에서도 의상은 중요하다! 단, 슈퍼히어로 의상을 고를 때는 활동에 영향을 미칠 수 있는 변수 몇 가지를 고려해야 한다.

- **가장 중요한 규칙:** 기능이 모양보다 중요하다!
- **속옷:** 평소에 브라를 한다면 신세계를 맛볼 시간이다. 좋은 스포츠 브라는 정의를 위한 싸움에서 당신의 진정한 친구가 되어 줄 것이다.
- **러닝화 vs 등산용 부츠:** 날렵하게 움직여야 하는가, 굳건히 버티는 게 더 중요한가? (하이힐을 신고 빨리 움직이는 건 절대 무리이므로, 초능력이 지적인 면에 국한될 때에만 하이힐을 선택지에 넣자.)
- **색상:** 전통적으로 선한 인물은 빨강, 초록, 파랑 같은 원색을 입고 악당은 주황, 보라 같은 중간색의 옷을 입지만 꼭 규칙을 따를 필요는 없다. 게다가 이 구분법에는 금속 색깔이나 호피 무늬 같은 건 아예 빠져 있지 않은가. 당신다운 스타일을 찾아보자.
- **포니테일:** 긴 머리라면 묶는 게 필수다. 땋은 머리도 안정적이지만 얼른 변신해야 하는 다급한 상황에서 머리를 땋기는 쉽지 않을 테다.
- **안경을 쓰는가?:** 안경을 쓴다면 활동 중에 날아가지 않게 조심하라. (물론 콘택트렌즈를 낄 수도 있지만, 평범한 사람인 클라크 켄트는 안경을 쓰고 슈퍼맨은 안경을 쓰지 않는다는 이분법을 꼭 따를 필요는 없다.) 대낮에 바깥에서 범죄자들과 싸울 예정이라면 근사한 선글라스를 장만하자. 선크림도 필수다. 피부암에 걸리는 건 슈퍼히어로답지 않으니까.

- **바지 vs. 치마 vs. 비키니**: 보다시피 가장 실용적인 건 바지다. 하지만 당신이 어떤 정체성을 지녔고 어떤 옷을 편하게 생각하는지에 따라 자유롭게 결정해도 좋다. 단, 이것 하나만 기억하라. 당신이 맨살을 얼마나 노출하는지는 남들이 신경 쓸 바 아니다. 당신이 몸매를 드러내든 말든, 당신이 강하다는 사실은 변함없다.
- **무기**: 여기서도 겉모습보다 실용성이 더 중요하다. 무엇이든 재빨리 꺼낼 수 있는 무기를 택하자.
- **로고**: 당신을 상징할 만한 문자를 넣은 게 좋은가, 아주 추상적인 것이 좋은가? 로고에 있어선 선택의 폭이 넓다. 로고를 어디에 넣을지도 고민해 보자. 크기와 명료성도 고려해야 한다. 슈퍼맨의 'S'가 사실은 가문을 상징하는 문장인데 모두가 '슈퍼'의 머리글자로 착각했다는 슬픈 전례를 밟지 않도록.
- **정체를 숨기기**: 눈만 가리는 가면이 일반적이지만 얼굴 전체를 가려도 된다. 아니면 화려한 분장으로 맨얼굴을 숨겨도 된다!

하나의 의상에 정착하기 전에 여러 스타일을 탐험해 보길 바란다. 남들이 몰라볼 만큼 색다르게 꾸미고 사진을 찍어 보자. 유행을 타지 않는 디자인을 찾으려고 굳이 애쓰지 않아도 된다. 질릴 때쯤 디자인을 바꾸면 그만이다.

3단계: 배트모빌을 타고!

악당들은 슈퍼히어로를 찾아오지 않으니 당신이 악당을 찾아가야 한다. 그러려면 이동 수단이 필요한데, 어떤 이동 수단을 택할지는 당신의 선택이다.

당신의 활동 지역은?

- 고향에 살고 있는가? 동네를 지키는 데 집중하자.

- 애국심에 불타는가? 나라 전체로 영역을 확장해도 괜찮겠다.

- 전 세계를 돌아다니고 싶은가? 세계를 무대로 슈퍼히어로 활동을 하면 시야가 넓어질 거다.

- 지구를 벗어나고 싶은가? 은하 영웅도 좋은 선택지다. 단, 이동 시간이 빠듯할 수 있다는 걸 명심하도록!

운전면허가 있는가?

- 면허가 있다면, 잘됐다! 언제나 어디서나 자유롭게 움직일 수 있을 거다.

- 면허가 없어도 괜찮다. 아무 문제없다!

배트맨에게는 으리으리한 전용 자가용이 있고 어벤저스에게는 근사한 전용기 퀸제트가 있다. 하지만 대중교통과 자전거도 절대 꿀리지 않는다!

- 휘황찬란한 차를 모는 것의 단점은 몰래 잠입하기가 어렵다는 거다. 실질적인 접근 전략을 고려하면 사람들의 눈에 덜 띄는 게 슈퍼히어로의 진짜 강점이 될 수 있다. 게다가 배트모빌은 기름값이 엄청 드니, 백만장자가 아닌 이상 금전적으로 부담스럽다.

- 보험도 잊어선 안 되겠지! 자가용을 몬다면 꼭 보험에 들어야 한다. 현실적으로

일반 시민보다 슈퍼히어로의 차가 사고 가능성이 훨씬 높다. 추격전을 벌이는 중 선량한 시민들에게 피해를 줬다면 그것 역시 배상해야 한다. 슈퍼히어로라면 보험금을 꼬박꼬박 내자.

교통 체증이 싫고 대중교통 시간표를 확인하는 것도 귀찮다면 자체 추진력이 있는 이동 수단을 고려해 보자.

- 제트 부츠를 신으면 재미있겠지!
- 스케이트보드를 타고 출동하면 재미도 있고 폼도 날 거다.
- 세그웨이도 여러 조건을 충족하는 좋은 선택지지만 제트 부츠만큼 폼이 나진 않는다.
- 현실적으로 얘기해 보자. 자전거는 기름을 넣지 않아도 되고 자동차가 들어갈 수 없는 비좁은 골목에도 들어갈 수 있다. 게다가, 자전거 앞주머니에 무기를 담아 놓으면 얼마나 멋질까!

4단계: 누구를 부를까?

세상을 구하는 데는 마을 사람 전체가 필요하다는 옛말이 있다. 당신이 무엇과 싸우든 누구와 싸우든, 혼자서 싸울 필요는 없다. 슈퍼히어로들로 이루어진 팀은 삐걱거리기 일쑤이니 단독으로 활동하는 것도 괜찮지만 엄마에게 같이 있다고 둘러댈 사람, 당신의 부서진 물건을 고치고 찢어진 의상을 꿰매 줄 사람, 고된 하루를 마치고 함께 핫초코를 홀짝일 사람이 있으면 정말 도움이 된다!

단독으로 활동할 것인가, 팀이나 조직에 들어갈 것인가, 아니면 상황에 따라 결정할 것인가?

당신이 팀이나 조직의 일원이라면 꼭 기억할 게 있다. 집단에 속해 있더라도 당신 자신의 윤리적 판단과 옳고 그름에 대한 감각을 따라야 한다. 테이블을 뒤집고 방에서 씩씩대며 나가는 순간이 올지도 모르지만, 음…… 그건 슈퍼히어로 세계에선 흔한 일이다.

정체를 감추기로 했다면, 당신의 비밀을 믿고 털어놓을 수 있는 사람이 누군지 생각해 봐라.

물론 아무에게도 당신이 슈퍼히어로라는 사실을 말하지 않기로 결정할 수도 있다. 당신의 비밀을 안다는 이유로 위험해질 수도 있으니까. 하지만 당신을 정말로 사랑하고, 당신에게 힘을 보태기 위해 약간의 위험은 감수하는 사람들이 있을 것이다. 당신도 의지할 사람이 있으면 조금은 위험을 덜 수 있을 것이다. 그리고 솔직히 말해서, 이렇게 멋진 비밀을 털어놓고 싶어 입이 근질거리지 않겠는가?

조수:

- 친구를 조수라고 부르면 깎아내리거나 대수롭지 않게 여기는 느낌이 든다. 당신과 긴밀한 관계로 일하는 사람을 조수보다는 파트너나 짝꿍이라고 부르자.
- 유용한 기술을 지닌 독특한 동물에게 조수를 맡기는 건 어떨까? 작은 공룡인 벨로키랍토르를 데리고 다니면 악당을 겁줄 때 좋겠다. 유니콘을 한 마리 들이면 장거리 이동도 문제없다.

- 동생을 조수로 삼는 것도 재미있을 테다.
- 누구를 조수로 선택하든 기억해야 할 게 있다. 누구나 자신의 삶에서는 조수가 아닌 주인공이다. 공룡이든 남동생이든 그들의 인생에서는 다른 일들이 일어나고 있음을 기억하자.

　단독으로 행동하는 슈퍼히어로에게도 배후의 조력자들이 필요하다. 당신을 도울 이들을 모집하고, 그들이 얼마나 소중한 사람인지 아낌없이 표현하자. 공휴일에는 휴가를 주고 생일엔 케이크를 사다 바치자.

- **조사원:** 위키피디아에 온종일 코를 박고 있는 친구가 있는가? 도서관 회원증 없이는 외출하지 않는 친구가 있는가? 정보원으로 활용하자. '나를 알고 적을 알면 백전백승'이라고 하지 않는가. 당신에게 승리를 안겨 줄 소중한 친구다.
- **의상 디자이너:** 어떤 상황에서도 딱 맞는 옷을 입고, 늘 갈아입을 옷을 지니고 다니고, 떨어진 단추 다는 법을 아는 친구가 있는가? 당신에게 꼭 맞고 보기도 좋은 의상을 만들어 달라고 하자. 만약 친구가 망토는 안 된다고 딱 잘라 말한다면, 이것만큼은 친구의 의견을 존중하자.
- **기술 천재:** 효과적인 슈퍼히어로 활동을 위해선 믿음직한 의사소통 시스템과 GPS는 필수다. 토스터를 분해하다가 외출 금지 처분을 받은 친구가 있는가? 기술 담당자로 모셔 오자.
- **간호사:** 슈퍼히어로 활동은 쉽지 않다. 멍이 들거나 상처를 입으면 친구의 도움이 필요할 것이다. 피를 봐도 기절하지 않을 친구가 있을까? 의사 지망생이나 생물 수업에서

해부를 하는 날 유독 들뜨는 친구를 찾아보자.

- **라이벌:** 라이벌이라고 하면 너무 무겁게 들릴지 모르겠다. 그러나 당신의 생각에 반대하고, 문제를 다른 각도에서 바라보게 해 주는 사람은 귀중하다. 당신을 제치고 토론 팀 주장이 된 친구가 있다면 슈퍼히어로 팀에 모셔 오자. 똑똑하고 의지가 강하고 능력 있는 사람을 주위에 두면 당신도 최고의 기량을 뽐내게 될 것이다.

- **어른:** 뱀파이어 슬레이어 버피에게는 아버지 자일스가, 소녀 탐정 베로니카 마스에게는 아버지 키스가, 스파이더맨 피터 파커에게는 메이 이모가 있었다. 이따금 어른의 도움이 필요한 상황이 생기기 마련이니 어른들을 포섭해서 단축 번호에 등록해 둬라.

자, 지금까지 세상을 멋지게 구하기 위한 4단계를 간단히 훑어보았다. 사실 슈퍼히어로가 되는 방법은 슈퍼히어로로 활약하고 있는 멋진 여성의 수만큼이나 많다. 세상을 더 나은 곳으로 만들고, 사람들을 돕고, 변화를 일으키는 데에는 정답이 없다. 가장 중요한 게 무엇인지, 문제를 해결하기 위한 최적의 방법이 무엇인지 당신이 직접 정해라. 마음의 소리를 듣고, 본능을 믿어라. 당신은 멋진 슈퍼히어로가 될 것이다.

당신의 도움이 필요할 때가 오면, 배트맨을 부르는 배트시그널처럼 우리만의 신호가 되어 줄 조명을 켜겠다. 당신이 거기 있음을 아는 것만으로도 벌써 용기가 난다.

나다운 페미니즘

켈리 젠슨

책과 관련된 콘텐츠를 제공하는 웹 사이트 북라이엇(bookriot)의 편집자로 일하며 젊은 독자들과 사서들을 위한 뉴스레터를 만든다. 트위터 @veronikellymars를 통해 그녀를 만날 수 있다. 『그럴 수 있어 It Happens』 『내가 미쳤다고 (하지 마)(Don't) Call me Crazy』 등의 책을 냈다.

대학 시절, 페미니즘에 대해 당당하게 이야기하는 여자들에게 자꾸 눈길이 가곤 했다. 그들은 수업 시간에 손을 번쩍 들고 자기 경험을 털어놓았다. 여성과 유색 인종들이 더 나은 대우를 받아야 한다며 눈에 눈물까지 맺힌 채 열띠게 주장하는 이들도 있었다. 그 여자들은 학생회관에 테이블을 펴 놓고 페미니즘 단체 가입을 권유했고, 평등이 필요하다고 믿는 누구라도 참여할 수 있는 교육 프로그램을 운영했다.

나처럼 작가였던 한 친구는 강의실이나 열린 연단에서 자기 작품을 낭송하고는 했는데, 한편으로는 내게 자기 작품을 보여 주면서 의견을 묻기도 했다. 그 친구 앞에 서면 나는 항상 위축되는 기분이었다. 그녀는 강하고 시끄러운 여자들, 역경을 극복하는 여자들의 세상을 언어와 이미지로 묘사했다. 내가 말하고 싶었지만 말할 수 없었던 것들에 대해 썼다.

친한 친구 한 명은 지역 여성 건강 클리닉에서 자원봉사를 했다. 임신한 소녀들에게 어떤 선택을 할 수 있는지 상담해 주는 일이었다. 친구는 내게 같이 봉사를 하자고 권했지만, 나는 핑계를 댔다. 과제가 너무 많다고. 너무 피곤하다고. 아르바이트를 해야 한다고.

솔직히 말하면 나는 겁이 났다.

나는 내 주위의 결의에 찬 대단한 여성들처럼 위풍당당한 '페미니스트'가 절대 아니었다. 거창한 토론에선 슬그머니 발을 뺐고, 공적인 공간에서 내 의견 말하기를 꺼렸다. 마음 깊이 아끼는 것들에 대해 당당하게 큰 소리로 얘기하지 않았다. 내 의견은 중요하지 않다고 생각했다. 내 생각을 훨씬 더 잘 말해 주는 사람들이 있었으니까. 언젠가 내가 손을 들고 말하는 날이 오더라도, 그건 오랫동안 많은 곳을 돌아다니며 생각을 가다듬은 뒤일 거라고 생각했다. 나는 두려웠다. 크게 목소리를 내며 앞으로 나아가는 대담한 여자들만큼 잘 해낼 자신이 없었다.

나는 혼란에 빠져 있었고, 우유부단했고, 말도 잘 못 했으니까.

페미니스트인 척하는 가면을 쓴 기분이었다.

그럼에도 나는 여성에게 영향을 미치는 문제들에 대해 쓰기를 원했다. 글쓰기에 재능이 있는 걸 남들에겐 숨기고 있었다. 내게 글쓰기는 오로지 나 자신을 위한 활동이자, 내가 생각하는 것들을 풀어낼 수 있는 최고의 방법이었다. 내 시의 주인공은 소녀들이었다. '여성스럽'거나 '얌전'하지 못한 소녀들, 남자애들과 깊은 관계를 맺는 소녀들. 내 시는 쉽게 읽히지 않았다. 그 소녀들은 짙은 감정을 토해 냈고, 예리한 눈으로 독자들이 불편하게 여길 것들을 포착했으므로. 나는 다른 소녀와 깊은 관계를 맺는 소녀들에 대해 썼다. 비밀과 담배를 나누는 소녀들, 세상이 언제나 자신을 관찰하고, 검사하고, 좋거나 나쁘게 평가하고 있다는 걸 아는 소녀들.

대학 시절 수업 리포트에서 소녀나 여성과 관련된 주제를 자주 다루었다. 심리학과 졸업 논문에서는 대학에 입학한 여학생들이 남학생들보다 더 자주 힘들어한다는 것에 초점을 맞추었다. 집을 떠난 직후인 대학 1학년 여학생들은 정신 건강에 위기를 겪고 고독감과 무력감을 느끼기 쉬운데 그 이유 중 하나는 여성들이 시간과 에너지를 들여 타인과 관계를 일구는 걸 즐기기 때문이다.

졸업을 목전에 두고 이 논문을 쓰면서 나는 4년 동안 내가 대학에서 무엇을 경험했는지 드디어 이해하게 되었다. 내 페미니즘은 누군가에게 보여 주기 위한 공연이 아니었다. 내 페미니즘은 최전선에 나서는 것이 아니었다.

내 페미니즘은 연결에 있었다. 타인을 지지하고, 격려하고, 그들의 이야기를 경청하는 견고하고 믿음직스러운 바위가 되는 것. 내 주위 사람들을 응원하고 자극하는 것.

그 순간 나는 깨달았다. 나는 가면을 쓴 게 아니었다. 내 페미니즘은 당당하고 패기 넘치는 대문자 페미니즘이 아니라, 조용하고 내적이며 소문자를 자청하는 페미니즘이었다. 내 주변의 여자들과는 달랐지만, 내 페미니즘 역시 유효했다.

'가면 증후군'은 자신의 방식이 의미 없고, 잘못되었으며, 절대 충분한 결과를 내지 못할 거라는 믿음이다. 이 증후군은 실제로 존재하는 것이며 이를 경험하는 사람에게 치명적인 악영향을 미친다. 가면 증후군은 대문자 페미니즘과 소문자 페미니즘이 둘 다 중요한 이유이기도 하다. 우리 사회와 문화, 미디어에서는 우리에게 아직도 부족하다고, 지금껏 우리가 이룬 것들이 하찮으며 어떤 변화도 불러오지 못했다고 말한다. 그건 거짓말이다. 우리의 심장에 불을 붙이는 것은 전부 중요하다. 우리가 세상을 바꾸기 위해 선택하는 수단은 무엇이든 중요하다.

모든 혁명은 하나의 불꽃에서 시작되며 그 불꽃을 찾는 방법은 사람마다 다르다.

여자가 어떤 일을 하는지보다 그 일을 얼마나 잘하는지가 더 의미 있다.
— 엠마 골드만

엠마 골드만은 페미니스트 혁명가다. 내가 다닌 대학 근처에 골드만의 이름을 딴 여성 클리닉이 있었다. 골드만의 말은 대학 시절부터 여러 해가 지난 지금까지 한결같이 내 마음을 울린다. 나는 스스로 가짜 페미니스트라고 생각했지만, 그렇게 생각하게 만든 나의 특징들은 알고 보니 페미니즘을 위해 사용할 수 있는 도구들이었다. 나는 결코 낙태 클리닉 폐쇄에 항의하기 위해 봉고차를 타고 미국 방방곡곡을 누비지는 못할 것이다. 토론 시간에 손을 당당히 들고 상대편 토론자가 여성 혐오나 인종 차별, 장애 차별의 언어를 사용했다고 지적하는 일도 없을 것이다.

하지만 나는 종이에 내 생각을 쏟아 낼 수 있었다. 다른 사람의 말에 귀 기울이며 그들이 인생의 크고 작은 역경을 이겨 내도록, 자신의 목소리를 더 예리하고 확신 있게 가다듬도록 격려할 수 있었다.

나는 친구들이 목표를 이루도록 응원했고, 그들이 필요할 때마다 기댈 수 있는 사람이 되어 주었다. 나는 그들에게 버팀목이 되었고, 애정을 주었다. 이따금 상황이 너무 벅차게 느껴지면 한발 물러서서 쉬어도 된다고 알려 주었다. 다시 검토하고 다시 시도해도 된다고 다독여 주었다.

자신의 작품에 대한 의견을 원하는 사람에게는 기꺼이 시간을 내어 비평가의 눈으로 작품을 평가해 주었다. 그들을 밀어붙이기도 했다. 이 선을 더 날카롭게 하라거나, 운율이 깨지거나 이미지가 어울리지 않는 부분을 찾을 때까지 단락을 반복해서 소리 내 읽어 보라고 시켰다. 그들이 쌓아 올린 구조와 선택한 단어들이 찬란한 빛을 발하도록, 구태의연한 길을 포기하라고 요구했다.

나의 페미니즘은 그때나 지금이나 화려하지 않다. 내 강점은 듣기와 생각하기, 평가하기와 지지하기인데 이것들은 눈에 잘 보이고 귀에 잘 들리는 다른 페미니스트들의 강점만큼이나 중요하다. 나의 페미니즘도 변화를 일으킬 수 있다.

여성 참정권 운동을 이끈 여성들의 이름을 기억하지 못한다고? 페미니즘 운동사의 중요한 날짜들을 기억하지 못한다고? 페미니즘이 몇 개의 세대로 구분된다는 걸 몰랐다고? 그건 페미니즘의 본질과는 아무 관련 없다. 그걸 안다고 당신의 페미니즘이 더 중요해지는 건 아니며, 모른다고 해서 덜 중요해지는 것도 아니다.

가면 증후군은 권력을 유지하고자 하는 사람들이 사용하는 비열한 문화적 무기다. 당신을 움직이게 하는 건 무엇이든 중요하다. 지나치지도 부족하지도 않다. 시끄러운 사람들과 조용한 사람들이 함께 내딛는 한 걸음 한 걸음에서 변화가 일어난다. 나의 목소리와 당신의 목소리에는 똑같은 무게가 있다. 그 목소리를 사용하는 한, 누구나 자기 나름의 독특한 마법을 부릴 수 있다.

그 마법은 당신의 것이다. 열정을 담아 마법 지팡이를 휘둘러 보길 바란다. 당신의 마법이 중요한 건, 당신이 중요하기 때문이다.

당신은 결코 가면을 쓴 게 아니다. 지금도, 앞으로도.

리벳공 로지, 교차성 페미니즘 버전

타일러 페더

◇◇

타일러 페더는 일러스트레이터이자 코미디 작가이자 '프로 걱정러'이다. 일리노이주 시카고
에서 도움이 되지 않는 조수 미츠바와 함께 산다. (미츠바는 고양이다.)

감사의 말

편집자 엘리스 하워드와 크리스티나 라이펜 두 사람이 없었다면 이 책은 세상에 나오지 못했을 것이다. 트위터에 책에 대한 아이디어를 썼을 때 신이 나 연락해 주어서, 내 꿈을 현실로 만들어 주어서 정말 고맙다. 새로운 아이디어를 주고 내 질문들에 답해 준 세라 알퍼트, 아일린 로런스를 비롯한 앨곤퀸 출판사의 모든 사람, 특히 이 책이 가능하게 만들어 준 저작권 팀 직원들에게 감사한다. 프로젝트 중간에 합류한 (그리고 앞으로 더 많은 프로젝트를 함께 할) 나의 에이전트 티나 웩슬러에게 깊은 감사를 전한다.

이 책을 만드는 동안 영리하고, 통찰력 있으며 다재다능한 주변 사람들에게서 많은 도움을 받았다. 나는 그들에게서 온갖 것을 얻었다. 눈과 귀, 심장, 때로는 셋 다. 앤드리아 포크트, 브랜디 콜버트, 코트니 서머스, 저스티나 아일랜드, 캐서린 설리번, 킴벌리 프랜시스코, 레일라 로이, 리즈 번스, 트리시 달러, 세라 매캐리에게 감사한다. 이들을 내 친구라고 부를 수 있다는 건 엄청난 행운이다. 이들은 언제나 내가 더 깊이 파고들고, 조금 더 멀리 나아가고, 조금 더 성장하게 만드는 자극제다.

팀 하퍼의 숙녀분들, 페미니즘이 왜 중요한지를 이야기하는 꿈의 책을 엮으면서 언행일치를 중시하는 여러분 같은 여성들과 연대할 수 있어 기뻤다.

내게 앤솔러지의 개념을 알려 준 제시카 스파츠우드와 앰버 J. 케이서스에게 감사한다. 당신들의 조언과 통찰은 대단한 힘이 되었다.

이 책에 참여한 뛰어난 필자들에게 감사한다. 여러분 각각에게서 얼마나 많은 것을 배웠는지 이루 말할 수 없다. 여러분 덕분에 이 책을 만드는 일은 즐거움 그 자체였다. 함께 일할 수 있어 영광이었다.

엄마, 그리고 할머니. 제가 하고 싶은 일을 하고, 읽고 싶은 것을 읽고, 제가 최선이라고 믿는 방식대로 세상을 헤쳐 나갈 수 있게 해 주셔서 감사합니다. 그리고 제가 열여덟 살이 되기 전까지 대신 내 주신 도서관 연체료를, 없었던 셈 쳐 주셔서 감사해요. 안 그러면 영원히 빚을 갚아야 할 판이었어요.

그리고 에릭에게, 언제나 고마워. 우리는 좋은 팀이야.

켈리 젠슨

나다운 페미니즘

초판 1쇄 발행 • 2018년 6월 22일
초판 2쇄 발행 • 2019년 9월 11일

지은이 • 코트니 서머스, 애슐리 호프 페레스, 정세랑, 이랑 등 44인
엮은이 • 켈리 젠슨
옮긴이 • 박다솜
펴낸이 • 강일우
책임편집 • 이현선
조판 • 박아경
펴낸곳 • (주)창비
등록 • 1986년 8월 5일 제85호
주소 • 10881 경기도 파주시 회동길 184
전화 • 031-955-3333
팩시밀리 • 영업 031-955-3399 편집 031-955-3400
홈페이지 • www.changbi.com
전자우편 • ya@changbi.com

한국어판 ⓒ (주)창비 2018
ISBN 978-89-364-5875-1 03300